# 유대인은 왜?
― 유대주의를 버린 유대인들 ―

르몽드코리아

## 목차

[서문] 반유대주의에 맞선 투쟁은 아직도 진행형 _ **그레고리 르젭스키**    4
[책을 내며] 유대인은 누구인가 _ **성일권**    8

## 1부 셈족에서 반유대주의까지, 그 역사

2,000년의 고독 _ **소피 베시**    14
신나치즘으로 진화한 유대-볼셰비즘의 신화 _ **폴 헤인브링크**    25
'1967년 6일 전쟁'에 대한 아픈 기억    35
우크라이나 '포그롬', 서구가 외면한 대학살 _ **장자크 마리**    43
헨리 포드의 민낯, 히틀러를 찬양한 반유대주의자 _ **미카엘 뢰비**    57
히틀러는 누구에게나 원하는 걸 약속했다 _ **귄터 홀츠만**    62
침묵으로 지워진 학살, 리투아니아의 어두운 그림자 _ **피에르 랭베르**    67
역사 부정에 집착한 극우 'FN'의 속셈 _ **발레리 이구네**    75

## 2부 반유대주의와 반시오니즘, 그 거대한 혼돈

유대 민족은 어떻게 '창조'되었는가 _ **쉴로모 산드**    90
막을 수 없는 좌파 시온주의의 쇠락 _ **토마 베스코비**    99
가자에서 드러난 서구 자유주의 진영의 위선 _ **질베르 아슈카르**    113
이스라엘의 심각한 국제인도주의법 위반 _ **안세실 로베르**    126
신은 존재하지 않으나 우리에게 이 땅을 주셨다 _ **안 월레스**    135

| | |
|---|---|
| 이스라엘, 팔레스타인 사람들 쫓아내고 나무 심는다 _ 아이다 델퓌슈 | 142 |
| 이스라엘은 팔레스타인의 문화유산을 어떻게 약탈하는가 _ 올리비에 피로네 | 151 |
| 오렌지 포장지에 감춰진 이스라엘의 탐욕 _ 알랑 포플라르 외 | 165 |
| 이슬람 포비아의 위험성 _ 브누아 브레빌 | 174 |
| 쇼아(Shoah)의 이름으로 _ 이드잇 제르탈 | 185 |
| 이스라엘 정보부의 냉혹한 시나리오 _ 질베르 아슈카르 | 190 |
| 검열에 저항하는 팔레스타인 예술가들 _ 올리비에 피로네 | 201 |

## 3부 작동하지 않는 평화 메카니즘, 그 이면

| | |
|---|---|
| 우리에게 모든 것을 말할 권리가 있는가? _ 아녜스 칼라마르 | 212 |
| 진실을 말하면, '반(反)유대주의'로 낙인찍는 기술 _ 세르주 알리미 외 | 217 |
| "이중 충성심"? _ 실비 브레방 | 229 |
| 노동당과 제러미 코빈은 '반유대주의자'? _ 다니엘 핀 | 236 |
| 독일에서 이스라엘 정책을 비판할 수 있는가? _ 소니아 콤브 | 253 |
| 동독은 과연 반유대적이었을까? _ 소니아 콤브 | 262 |
| "그들을 보면 우리가 보인다" _ 실비 로랑 | 273 |
| 왜 〈알자지라〉 다큐멘터리는 방영이 금지됐나 _ 알랭 그레쉬 | 285 |
| [만화 _ 빗겨간 경로] 이스라엘이 반유대주의에 불을 붙이다 _ 엘리 밸리(Eli Valley)의 오리지널 창작물 | 302 |
| [부록] 진실의 소리 | 306 |

서문

# 반유대주의에 맞선 투쟁은 아직도 진행형

그레고리 르젭스키 Grégory Rzepski

이스라엘, 유럽, 중동의 지정학적 갈등과 반유대주의·인종주의의 역사를 중심으로, 유럽 내 극우 정치와 기억의 정치 등을 주요 주제로 기사를 집필하고 있다. 저서로 『Tous les médias sont-ils de droite ? : Du journalisme par temps d'élection présidentielle』(모든 언론은 우파인가? : 대통령 선거 시기의 저널리즘), 2025년이 있다.

"그들이 반유대주의자일지도 모르지만, 어쨌든 우리 편이다." 2019년, 이스라엘 우파 정당인 리쿠드당 소속 국회의원 아나트 베르코는 헝가리, 슬로바키아, 체코 총리들로 구성된 대표단을 예루살렘에 초청한 결정을 이와 같이 옹호했다. 이들은 자국 내에서 유대인에 대한 적대감을 조장해온 인물들이었다.(1) 2009년 베냐민 네타냐후가 정권에 복귀한 이후, 이스라엘은 유럽연합 내 친(親)팔레스타인 여론에 대응하기 위해 중앙·동유럽 국가들과의 외교적 유대 강화에 나섰다.

헝가리, 슬로바키아, 체코 등 극우 성향이 강한 국가들의 지도자들은, 외부의 비판에 전혀 흔들림 없이 강경하게 통치하는 이스라엘의 권위주의적 리더십, 첨단 기술력을 갖춘 군사 강국으로서의 위상, 그리고 무엇보다도 '이슬람권에 맞선 '서구 문명의 최전선''이라는 상징성에 강한 매력을 느껴왔다. 실제로 이스라엘은 2018년, 우크라이나 내 극우 무장세력 신나치 민병대에 통신 장비를 제공한 바 있다.(2)

이스라엘이 아이러니하게도 독일의 반유대주의적 극우 정당인 '독일을 위한 대안(AfD)'으로부터 확고한 지지를 받는 또 다른 이유는, 이들이 공유하는 이슬람 혐오 때문이다. 독일의 이 정당은 제2차 세계대전 이후 독일 사회가 꾸준히 이어온 '기억의 작업'을 부정하고, 반복적으로 반유대주의적 발언을 쏟아내고 있다.(3)

각국마다 반유대주의와 이스라엘 지지의 양상은 저마다 다르게 나타난다. 프랑스에서는 '대이스라엘(le Grand Israël)' 구상이 극우 정당 국민연합(RN)과 언론재벌 뱅상 볼로레 소유의 미디어를 중심으로 이스라엘의 팽창주의를 정당화하는 주요 의제로 떠올랐다. 프랑스 우파는 유대 공동체 내부의 발언권마저 사실상 장악하여, 친이스라엘 입장만을 유대인의 집단적 목소리인 양 대변하고 있다.

조제프 다둔 - 「서로 갈라지는 두 개의 내밀한 가지들」, 2023

이는 유대 공동체 내부의 점진적인 우경화와도 맞물려 있다. 역사학자 피에르 비른바움(Pierre Birnbaum)은 이러한 현상을, 공동체화한 유대교와 이스라엘 간의 결속이 강화된 결과로 해석하며, 이를 "이스라엘화

(israélisation)"라는 개념으로 설명한다.(4) 언론인 아담 샤츠는 "오늘날 프랑스에는 비달나케(Vidal-Naquet, 프랑스의 저명한 반시온주의 좌파 유대인 지식인) 같은 인물들이 어디에 있는가?"라고 반문한다.

대체로 온건한 진보 성향인 미국의 유대인들은 극우의 네타냐후가 이끄는 이스라엘에 점차 등을 돌리고 있다. 그러나 친이스라엘 로비는 이들의 이탈에 개의치 않는다. 그들에게는 이미 기독교 근본주의자들과 백인 우월주의자들의 지지만으로도 충분하기 때문이다.(5)

중동에서 벌어지고 있는 현재의 전쟁은, 중세 이래 이어져온 반유대주의와 이후 등장한 반셈주의(antisémisme)에 뿌리를 두고 있다. 그런데 과거 반유대주의와 반셈주의를 뒷받침했던 논리들이 이제는 팔레스타인인들에 대한 차별과 혐오를 정당화하는 무기로 쓰이고 있다. 예컨대, 일부는 '인간성'으로, 다른 일부는 '야만성'으로 낙인찍는 이분법, 유대인은 유랑할 수밖에 없는 존재라는 운명론적 규정, 극히 일부의 자본 투기자나 '유대-볼셰비즘'과 같은 혐오 담론을 근거로 전체를 비난하는 방식 등이 그러하다.

철학자 에마뉘엘 토드는 〈르푸앙(Le Point)〉 2024년 7월 4일 자 인터뷰에서 "우파의 철저한 유대인 숭배가 드러나고 있으며, 이는 사회 상층부가 여전히 유대인에 집착하고 있음을 보여준다"라고 우려했다.

프랑스에서 최근 급증한 혐오 범죄는, 반시온주의를 반유대주의와 동일시하는 담론과 무관하지 않다. 이 같은 프레임은 이스라엘 정부에 대한 비판조차 유대인 전체에 대한 적대감으로 비화시키며, 결국 모든 유대인을 시온주의와 그로 인해 발생한 수많은 희생자들과 동일시하게 만들어 또 다른 위험에 빠뜨릴 수 있다.

그러나 이런 위험은 이스라엘 우파에게 별로 중요하지 않다. 오히려 이들은 이러한 공격을 자신들의 정치적 목적에 맞게 능숙하게 이용한다. 2015년 2월, 파리에서 반유대주의적 테러가 발생했을 때, 베냐민 네타냐후는 유럽 유대인들에게 이스라엘로 이주할 것을 촉구했다.(7) 시온주의를 정당화하고, 이스라엘의 안보 국가 이미지를 강화하는 계기로 삼은 것이다.

그러나 대부분의 유대인들은 자신이 살고 있는 프랑스를 떠나지 않고 증오를 설파하는 자들과 맞서 싸우기를 선택했다. 프랑스 시민들의 연대 속에서 그 싸움은 여전히 현재진행형이다.

---

글 · 그레고리 르젭스키 Grégory Rzepski

(1) 에탄 네친, 「네타냐후는 이제 유대인 파시즘을 지지한다. 미국 유대인들이여, 지금 그와의 관계를 끊어라」, 〈하아레츠〉, 2019년 2월 21일.
(2) 존 브라운, 「인권 단체들, 이스라엘에 우크라이나 신나치 무장단체에 대한 무기 지원 중단 촉구」, 〈하아레츠〉, 2018년 7월 9일.
(3) 보리스 그레시용, 「극우가 겨냥한 청년 세대」, 〈르몽드 디플로마티크〉, 2025년 1월.
(4) 피에르 비른바움과 아담 샤츠의 언급은 실뱅 시펠, 『이스라엘 국가 대 유대인 - 가자 이후』(증보판), 라 데쿠베르트, 2024 / 알랭 그레쉬, 『이스라엘, 팔레스타인 - 한 갈등에 대한 진실들』(개정판), 파야르, 2024 참고.
(5) 에릭 알터만, 「미국 유대인, 이스라엘, 그리고 미국의 대외정책」, 〈르몽드 디플로마티크〉, 2024년 2월.
(6) 이츠하크 라오르, 『유럽의 새로운 필로세미티즘과 이스라엘의 '평화 진영'』, 라 파브리크, 2007.
(7) 도미니크 비달, 「격렬하지만 주변적인 반유대주의」, 〈르몽드 디플로마티크〉, 2015년 2월.

책을 내며

# 유대인은 누구인가

성일권

〈르몽드 디플로마티크〉 한국어판 발행인. 파리8대학에서 정치사상 연구로 정치학 박사학위를 받았다. 지은 책으로 『오리엔탈리즘의 새로운 신화들』, 『비판인문학 120년사』, 『소사이어티 없는 카페』 등이 있다. 관훈클럽 국제보도상을 수상했고, 저서가 문화관광부 우수교양 도서에 선정되기도 했다.

유대인은 대체 어떤 이들이길래, 왜 이렇게 국제사회의 평화를 깨는가? 이는 단순한 자극적인 의문이 아니다. 최근 국제사회를 전쟁의 혼란 속으로 빠뜨리는 이스라엘과 극우 유대인들의 행태에 독자들은 이런 의문을 가질 법하다. 이 책은 2천 년의 역사 속에서 '유대인'이라는 이름에 부여된 정치적·종교적·민족적 의미를 짚어보고, 오늘날 이스라엘이라는 국가가 자행하는 폭력적 정책의 도덕적 책임을 다층적으로 따져 묻는다.

국제전문매거진 〈르몽드 디플로마티크〉는 수년에 걸쳐 유대인과 시온주의, 반유대주의에 관한 기사와 연구를 축적하여, 자매지 〈마니에르 드 부아르〉(Manière de voir) 최근호로 「반유대주의와 그 정치적 도구화」(Antisémitisme et ses instrumentalisations)라는 책자를 냈다. 유대인에 대한 본격적이고, 학문적이며, 시의적절한 탐구서(書)라고 할 만하다.

편집자 그레고리 르젭스키는 이 책의 서문에서 이스라엘 우파가 유럽 극우와 손을 잡는 현실을 고발한다. 유럽 극우가 반유대주의적 성향이 있음에도 불구하고, 이스라엘은 이들과 "어쨌든 우리 편"이라며 정치적 연대를 맺는다. 특히 네타냐후 정권 이후 이스라엘은 유럽 극우와 전략적 제휴를 강화해왔으며, 이는 시온주의가 반유대주의와 기묘하게 공모하는 새로운 정치 지형을 드러낸다. 르젭스키는 이러한 공모 구조가 전통적 유대 공동체와도 단절된 "이스라엘화(israélisation)"의 일환이라고 본다.

이 책은 크게 3부로 나뉜다. 1부에서는 유대인 혐오의 역사를 조명한다. 소피 베시는 '2,000년의 고독'이라는 표현으로 유대인이 겪어온 박해의 역사적 층위를 조망한다. 고대 로마의 추방, 중세 기독교 사회의 '신을 죽인 민족' 낙인, 근대 유럽의 인종주의적 반유대주의, 그리고 나치의 홀로코스트에 이르기까지, 유대인은 '내부의 타자'로 기능했다는 것. 특히 '신을 죽인 민족(deicide people)'은 기독교 역사 속에서 유대인을 낙인찍을 때 사용된 극히 위험하고 반유대주의적인 개념이다. 이는 예수를 십자가에 못 박아 죽인 책임이 유대 민족 전체에게 있다는 주장에서 비롯된 것이다.

그러나 이슬람 세계에서는 달랐다. 유대인은 '경전의 백성'으로, 제한적이지만 종교적 자율성을 인정받았고 오스만 제국이나 마그레브 지역에서 공동체를 이루며 문화적 기여를 한 것으로 평가받았다. 그럼에도 근대 이후 등장한 '유대-볼셰비즘' 신화, 그리고 『시온 장로 의정서』 같은 위서들은 유대인을 세계 파괴의 음모세력으로 몰았고, 이러한 망상은 오늘날까지도 극우 담론의 핵심 신화로 작동하고 있다.

2부에서는 이스라엘 정치세력이 획책한 시온주의의 변질과 국제적 위선을 지적한다. 슐로모 산드는 「유대 민족은 어떻게 창조되었는가」라는 문제적 논제를 통해 유대 민족이라는 개념 자체가 근대 시온주의에 의해 만들어진 허구에 가깝다고 주장한다. 이어 이드잇 제르탈은 쇼아(Shoah, 홀로코스트)의 기억이 이스라엘의 국가폭력을 정당화하는 '성역'이 되는 구조를 비판한다.

질베르 아슈카르는 가자에서의 폭격과 학살을 비판하며, 서구 자유주의 진영이 "이스라엘의 자기방어"라는 수사(修辭)를 통해 학살에 눈감아주는, 오히려 학살을 정당화하는 이중 잣대를 지적한다. 유대인이라는 이름으로 이루어지는 국가폭력은 진정한 유대적 윤리, 예언자적 정의와는 아무런 상관이 없음을 폭로하는 것이다.

3부에서는 이스라엘과 그 후원자격인 미국이 정당한 비판에 대해 반유대주의 프레임를 씌우고, 폭력과 착취를 정당화하는 현실을 고발한다. 세르주 알리미와 피에르 랭베르는 "진실을 말하면 반유대주의자로 낙인찍는 기술"을 진단한다. 서구사회에서는 이스라엘 비판은 곧 '혐오'로, 팔레스타인 연대는 곧 '반유대'로 환원되는 게 현실이다. 특히 영국 노동당의 제러미 코빈, 프랑스의 멜랑숑 등 좌파 정치인들은 이런 프레임의 희생양이었다.

동시에 독일처럼 홀로코스트의 역사에 강박을 느끼는 국가에서는, 이스라엘 정책 비판조차 '죄책감에 대한 배신'으로 해석된다. 이는 곧 정치적 비판의 자유 자체를 억압하며, 반시온주의와 반유대주의를 의도적으로 혼동시켜 반대자들을 침묵시키는 결과를 초래한다.

'유대인은 왜 이렇게 국제사회의 평화를 깨는가'라는 문제의식은 유대인이라는 집단을 공격하는 것이 아니라, '유대인'이라는 이름을 정치적으로 소비하고, 그것을 통해 국제사회의 비판을 무력화하며, 학살과 점령을 정당화하는 오늘날의 이스라엘 정치와 그 공모세력(미국, 유럽, 극우, 복음주의 등)의 실체를 정면으로 바라보기 위한 것이다.

이 책은 '유대인=이스라엘'이라는 등식이 얼마나 위험하고도 허구적인가를 반복적으로 드러내며, 또한 역사적으로 유대인은 국가와 결탁한 적이 없었고 오히려 권력과 맞서 싸운 윤리적 주체였음을 강조한다. 이스라엘 국가의 범죄는 시온주의에 사로잡힌 이스라엘의 범죄이지, 유대인의 범죄가 아니며, 그것을 구분하지 못하도록 만드는 프레임이야말로 오늘날 가장 파괴적인 담론임을 역설한다.

이 책을 읽다보면, '반유대주의'와 '이스라엘 비판'을 구분할 수 있는 윤리적 감수성이 되살아난다. '홀로코스트 기억의 정치화'와 '피해자의 가면을 쓴 가해자 국가'라는 현대 정치의 역설에서 이 책의 의미는 각별하다. 유대인이라는 이름이 어떻게 만들어졌고, 어떻게 이용되었으며, 그 이름 아래 어떤 범죄가 정당화되었는지를 폭로하는 탁월한 정치적 기록이자 윤리적 고발장이라 할 수 있다. 난마처럼 꼬인 중동 문제에 안타까움을 갖는 분들에게 꼼꼼한 일독을 권한다.

[알림]

본사가 출간해온 계간무크지 〈마니에르 드 부아르〉는 이번 호부터 정기간행 잡지 형태가 아닌 단행본 형태로 발행됨을 알려드립니다. 앞으로 외양이 아닌 본질에 충실한 도서가 될수 있도록 최선을 다하겠습니다. 감사합니다.

크리스티앙 볼탕스키-「기념비」, 1986년

# 1부

# 셈족에서 반유대주의까지, 그 역사

거의 이천 년 동안, 유대인들은 기독교 세계에서든 이슬람권에서든 다양한 형태의 억압을 겪어왔다. 그러나 그 억압은 보편적이거나 영구적인 것이 아니었으며, 언제나 각기 다른 시대적 맥락 속에서 다양한 양상으로 나타났다. 19세기 유럽의 반유대주의에 대해 역사학자 앙리 로랑은 전통적인 반유대 감정뿐 아니라 사회의 세속화에 대한 기독교 사회의 불안, 민족주의의 부상, 그리고 인종 개념을 중심으로 역사를 해석하려는 우생학적 사고의 확산 등 복합적인 사회·정치적 요인들이 결합한 결과였다고 설명한다. 그렇다면 오늘날의 상황은 어떠한가?

# 2,000년의 고독

### 소피 베시 Sophie Bessis

튀니지 출신의 프랑스인 역사학자이자 저널리스트, 작가. 북아프리카와 중동 지역, 특히 식민주의, 여성의 권리, 반유대주의와 관련된 주제를 전문적으로 다루고 있다. 대표적 저서로 『L'Occident et les autres : histoire d'une suprématie』(서구와 타자들: 패권의 역사, 2001)가 있다.

유대인 박해는 고대 로마 시기부터 시작되어, 수세기 동안 다양한 형태로 지속되어 왔다. 그 양상은 시대와 지역, 그리고 역사적 맥락에 따라 변화해 왔다. 특히 19세기에 들어서는, 이전까지 주로 종교적 이유에 기반했던 반유대 감정이 인종주의적 논리와 결합되면서, 박해의 성격 자체가 근본적으로 달라지기 시작했다.

반유대주의는 오랜 역사를 지니고 있다. 정확히 말하면, 유대인에 대한 증오의 역사다. 이 역사는 크게 두 시기로 나눌 수 있다. 하나는 유럽에서의 기독교 출현과 함께 시작된 '전통적 반유대주의'의 시기이며, 다른 하나는 19세기부터 등장한 '근대적 반유대주의'의 시기다. 후자의 시기는 전통적 반유대주의의 유산을 계승하면서도, 동시에 그것과 단절되는 이중적 면모를 지닌다. 지중해 남쪽, 즉 이슬람 세계에서도 유대인에 대한 적대는 존재했지만, 이는 기독교 세계에서 형성된 것과는 매우 다른 양상으로 나타났다. 오늘날 우리가 목격하는 반유대주의의 재등장은, 오랜 역사적 뿌리에서 비롯된 것이면서도 동시에 현재의 정치적·사회적 현실이 낳은 결과이기도 하다.

기독교의 반유대주의는 기원후 2세기 말, 이 새로운 종교가 유대교라는 모태로부터 급격히 분리되면서 서서히 모습을 드러냈다. 이후 기독교는 313년 밀라노 칙령을 통해 공인되었으며, 380년에는 테오도시우스

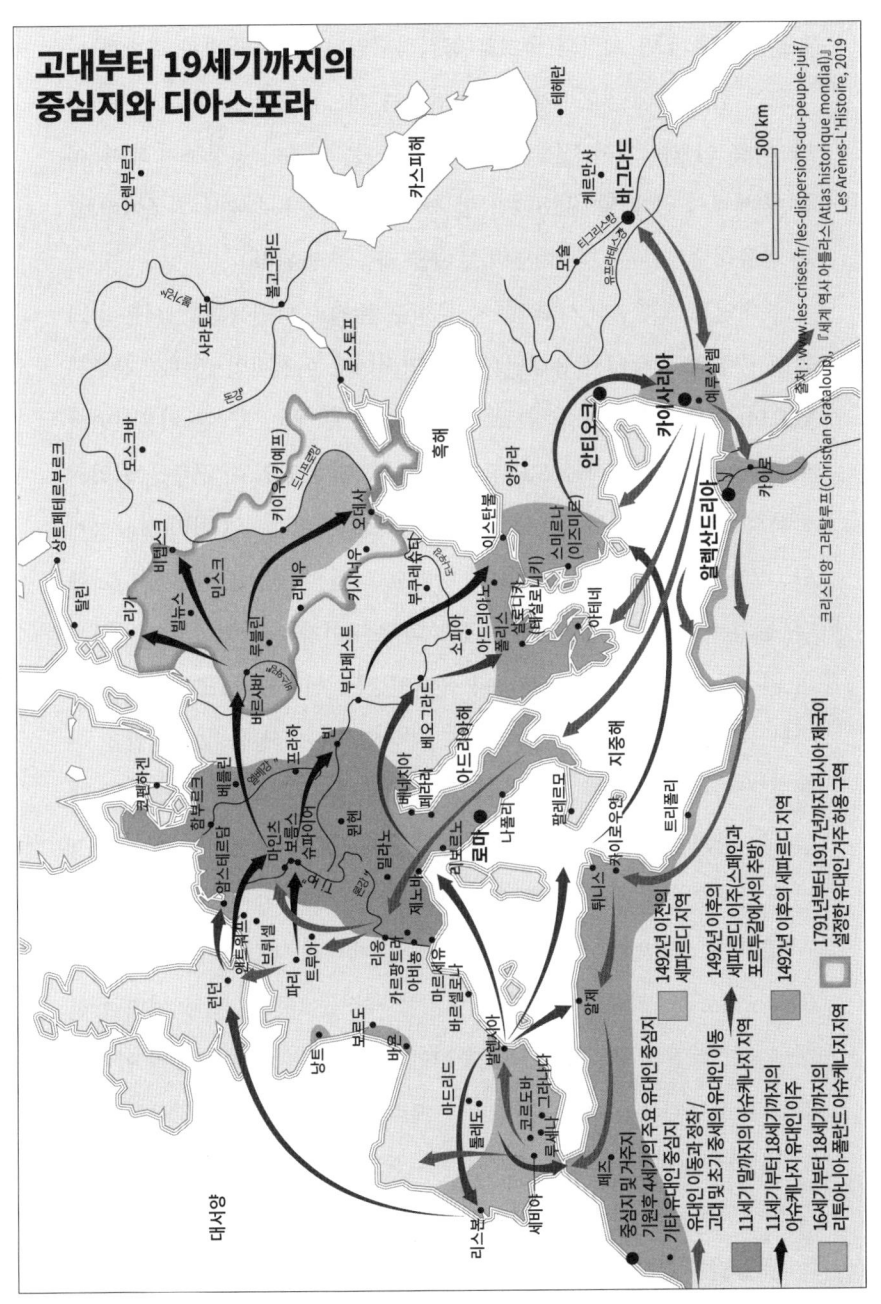

1부 _ 셈족에서 반유대주의까지, 그 역사

1세에 의해 로마 제국의 국교로 공식화되었다. 국가 권력과 결합한 기독교는 점차 유대인을 배제하고 차별하는 제도적 기반을 갖추기 시작했다. 바로 이 맥락에서 '신을 죽인 민족'이라는 이론이 등장하게 되며, 이는 중세에서 근대 말기(18세기 말)까지 유럽 역사 속에서 되풀이된 모든 반유대주의적 증오의 이념적 토대를 제공하게 된다.

유대인은 그때부터 사회적으로 추방된 존재로 낙인찍혔고, 서유럽 기독교 중심의 시각에서 유대인은 비문명적이고 이질적인 존재로 간주되었으며, 혐오와 불신의 상징으로 취급되었다. 실제로 그들은 이웃이면서도 동시에 이방인이라는 모순된 관계 속에 놓여 있었고, 군주들에 의해 반복적으로 왕국 밖으로 추방되곤 했다. 예컨대 프랑스의 필리프 4세(재위: 1268~1314)는 유대인들을 추방했고, 그들의 재산을 몰수하기도 했다. 통치자들은 유대인들을 민중 분노의 표적이자, 사회적·경제적 문제의 희생양으로 삼곤 했다. 그러나 유대인들은 '이자놀이'(고리대금)라는 비난 속에서도, 상인·장인·소규모 대금업자로서 실용적인 역할을 수행했으며, 유럽 사회와 격리된 채 주로 게토에서 존재했다. 그들 가운데 일부는 왕의 자문이나 금융인으로서 상당한 지위에 오르기도 했으나, 그러한 위치는 언제나 불안정하고 위태로운 것이었다.

12세기, 스페인에서는 기독교와 이슬람 세력이 대립하며 '레콩키스타(Reconquista, 카톨릭 국가들이 이슬람 세력을 내쫓기 위해 벌였던 전쟁)'가 한창 진행 중이었고, 안달루시아는 여전히 이슬람의 통치 아래에 있었다. 유대인들은 북아프리카와 이베리아 반도를 지배한 알모하드 왕조(1130~1269)의 억압적 통치를 제외하면, 안달루시아의 이슬람 사회 속에서 공동체의 일원으로 살아가며, 위대한 시인과 신학자들을 배출하는 등 활발한 문화적 기여를 해왔다.

그러나 레콩키스타가 마침내 종식된 1492년, 카톨릭 군주들은 '알람브라 칙령'을 통해 유대인들에게 스페인을 떠날 것을 명령했다. 이는 15세기 말 스페인 전역에서 활동하던 종교재판소(Inquisition, 이단심문소)의 영향 아래 이루어진 조치였으며, 카톨릭 교회가 신앙의 순수성을 수호한다는 명분 아래 이단 색출을 강화한 결과였다. 결과적으로 스페인에서 약 20만 명의 유대인들이 추방당했으며, 이들은 이후 포르투갈에서도 추방되어 대부분 마그레브(북아프리카) 지역과 오스만 제국의 영토로 피신했다. 당시 추방당한 유대인들에게 문을 열어준 것은 오스만 제국의 술탄들이었다. 안달루시아에서 꽃피운 유대인의 지적·문화적 전통은 추방 이후에도 오스만 제국과 북아프리카, 발칸 지역에 이르기까지 이어졌고, 이를 통해 '세파르디'(히브리어로 "ספרד" (Sfarad), '스페인' 의미)유산은 그 지역들의 문화 속에 깊이 스며들었다.

## 인종주의와 음모론에 기반한 근대적 반유대주의

북아프리카와 동방 지역에서는, 세파르디 유대인들의 이주로 인해 수천 년 역사를 지닌 현지 유대 공동체가 한층 더 풍요롭고 다채로워졌다. 기원전 1세기부터 서기 2세기 사이, 유대교는 적극적인 선교 활동을 펼치며 이 지역의 많은 사람들을 개종시켰다. 당시 유대교는 이슬람 이전의 아라비아뿐 아니라 북아프리카 베르베르 세계에서도 중요한 종교적 존재로 자리 잡고 있었다. 14세기의 북아프리카 출신의 역사가 이븐 할둔(Ibn Khaldoun, 1332~1406)에 따르면, 7세기 말경(약 690~703년) 아랍의 정복에 맞서 싸운 저항의 상징인 카헤나(Kahena) 여왕은 유대인이었다고 전해진다.

이슬람 정권이 들어서면서부터, 유대인과 기독교인은 '경전의 백성(People of the Book)'으로 분류되어 우상 숭배자로 간주되지는 않았다. 그러나 무함마드의 계시를 받아들이지 않았기 때문에 이들은 '짐미(dhimmi)'라는 지위를 부여받았다. 이는 '경전의 사람들'로서 이슬람교를 믿지 않더라도 인두세 등 일정한 세금을 납부하는 조건으로 생명과 재산, 종교 활동의 자유를 보장받는 보호민 신분을 의미한다.

그러나 북아프리카 마그레브 지역에서 터키와 이란에 이르기까지 분포했던 유대인들은, 단순히 차별적 법적 지위인 '짐미'로만 존재했던 것은 아니었다. 그보다 더 구체적이고 가시적인 억압을 겪었다. 예컨대, 그들은 일반 사회와 분리된 유대인 전용 거주 구역—모로코의 '멜라'(Mellah)'나 튀니지의 '하라'(Hara)—에 살도록 강요받았고, 유대인이라는 이유만으로 특정한 옷차림을 하도록 강제당했으며, 때때로 집단적 박해와 폭력 사태를 겪기도 했다. 같은 지역에 살면서도 수적으로 더 많고 정치적 영향력이 컸던 기독교인들은, 일부 예외적인 사례를 제외하면 이러한 제약을 거의 받지 않았다.

그럼에도 동방 지역 유대인들의 처지는 기독교 유럽에서의 상황과는 비교할 수 없을 정도로 나았다. 20세기 초까지 유럽에서는 반유대 폭력이 체계적이고 대규모로 자행되었고, 그중에서도 특히 러시아 제국이 설정한 "유대인 거주 제한 구역(Pale of Settlement)'—오늘날의 우크라이나, 폴란드, 발트 3국에 해당하는 지역—에서는 반유대주의의 양상이 특히 심각했다. 이 지역은 나치에 의한 유대인 학살이 시작되기 전까지, 세계 유대인의 대다수가 터를 잡고 살아가던 공간이자, '포그롬(pogrom)'이라 불리는 집단 폭력이 가장 잔혹하게 자행되었던 비극의 땅이었다. 이러한 지속적 박해로 인해, 19세기 후반부터 수많은 유대인들은 미국 등지로 대규모 이주를 감행했다.

18세기 말, 유럽의 유대인들에게는 새로운 시대가 열리기 시작했다. 그러나 이는 역설적인 전환이기도 했다. 계몽주의의 영향으로 유대인들이 점차 법적 평등을 획득하자, 종교적 반유대주의는 약화되었지만, 그 자리를 인종주의와 음모론에 기반한 근대적 반유대주의(antisemitism)가 대신하게 되었다. 그리고 그 잔혹함은 이전보다 결코 줄어 들지 않았다.

## 유럽 지성의 황금기에 확산된 반유대주의

프랑스는 1791년 제헌의회의 투표를 통해 유럽 국가들 가운데 처음으로 유대인에게 완전한 시민권을 부여했다. 그러나 유대인 해방의 흐름은 이미 1781년, 오스트리아의 요제프 2세가 개신교도와 유대인에게 신앙의 자유를 허용한 '관용 칙령'(Das Toleranzpatent von 1781)을 통해 시작되었다. 이 조치는 유럽 전역에 영향을 미쳤으며, 유대인의 법적 지위에 대한 인식을 전환시키는 계기가 되었다. 19세기 내내 유대인들은 러시아 제국을 제외하고 점차 각국에서 시민권을 획득해 나갔다.

이러한 변화는 계몽주의에서 비롯된 세속화의 영향, 프랑스 혁명으로 가속화된 정치적 변화, 그리고 독일에서 등장한 '하스칼라'(Haskala)의 영향이 복합적으로 작용한 결과였다. 하스칼라는 18세기 후반부터 19세기 중반까지 유럽에서 전개된 유대인 계몽운동으로, 유대인을 고립된 종교 공동체로부터 해방시켜 세속적 시민사회의 일원으로 통합시키고자 한 지적·문화적 흐름이었다. 이처럼 유대인의 법적 지위가 근본적으로 변하면서, 그들의 동화(同化) 속도 또한 빨라졌다. 유대인들은 더 이상 게토에 머무르지 않고, 각국의 정치, 경제, 사회 전반에 통합되어갔다.

그러나 아이러니하게도, 역사학자들은 유대인의 동화(同化)야말로 오히려 현대적 반유대주의를 촉발한 원인이라고 보았다. 유대인이 겉으로 두드러지지 않을수록, 즉 일반 대중과 구별되지 않을수록, 오히려 더 은밀하고 위협적인 존재로 인식되었던 것이다. 유대인은 '해악을 끼칠 수 있는 능력'을 눈에 띄지 않게, 은밀히 작동시킨다고 여겨졌기 때문이다. 법적으로는 시민이 되었지만, 유대인은 여전히 '이방인'으로 간주되었고, 따라서 언제든지 배신할 수 있으며, 국가의 이익에 반하는 음모적이고 불온한 세력으로 돌변할 수 있다는 의심의 대상이었다.

프랑스의 드레퓌스 사건은 이러한 의혹이 구체화된 대표적 사례였다. 비록 전적으로 조작된 사건이었지만, 이 사건은 유대인이 아무리 법적으로 시민권을 가진 구성원으로서 사회에 동화되어 살아간다 해도, 혈통과 문화, 역사로 결속된 '유기적 공동체'의 일원이 되는데 한계가 있음을 여실히 보여주었다. 유대인의 '본질적인 배신성'을 입증하는 근거로 자주 거론된 것은, 그들이 소유하고 있다고 알려진 금융 자산이었다. 그중에서도 로스차일드 가문이 운영한 은행은 오랫동안—그리고 지금도—일부 사람들에게 유대인 음모론의 상징적 증거로 인식되어왔다.

20세기 초, 러시아 비밀경찰이 조작한 문서 『시온 장로들의 의정서』는 유대인의 금융 권력이 세계 지배를 꾀하고 있다는 허구를 퍼뜨렸으며, 이러한 음모론이 국제적으로 확산되는 데 결정적인 역할을 했다. 이러한 파괴적 담론은, 19세기 식민주의의 확장과 그 정당화의 필요 속에서 등장한 유사과학적 '인종 인류학'에 의해 과학적 정당성을 부여받았다. 이 시기의 인류는 단지 '인종'으로 분류되는 데 그치지 않고, 백인과 아리안계가 최상위, 흑인이 최하위에 속하는 서열적 위계 구조로 나뉘었다.

유대인은 이 위계 속에서 '퇴화한 인종'으로 간주되었다. 프랑스에서는 유대인을 '전능한 악마'이자 '열등한 인종'으로 규정하는 반유대주의 선동 문학이 유행했으며, 반유대주의 정치인이자 언론인이었던 에두아르 드뤼몽의 『유대인의 프랑스(La France juive)』(1886)는 그 대표적이고도 가장 극단적인 사례였다. 근대적 반유대주의는 유대인을 '위험한 존재'로 간주하는 환상을 새로운 방식으로 계승·변형하며, 두 차례 세계대전 사이 유럽 전역에서 폭발적으로 확산되었다. 이 시기의 가장 큰 역설은 다음과 같다. 유대인들이 자연과학, 인문학, 문학, 정치 등 거의 모든 분야에서 중심적 역할을 하며, 제1차 세계대전 이후 유럽의 지적 황금기를 이끌어왔음에도 불구하고, 가장 극단적이고 혐오스러운 형태의 반유대주의가 유럽 전역에서 걷잡을 수 없이 확산되었다는 점이다. 우리는 그 끔찍한 결말을 알고 있다. 나치에 의해 자행된 유대인 집단학살, 곧 홀로코스트는 불과 5년이라는 짧은 기간 동안 유럽 유대인 인구의 대부분인 600만 명을 잔혹하게 말살한 비극이었다.

## '대항 역사', 이스라엘 우파가 조작

이스라엘 우파가 조작해온 '대항 역사'(contre-histoire)-이는 기존 역사에 반기를 들고 새롭게 구성된 정치적·이념적 서사로, 이 문맥에서는 아랍 세계를 악의적으로 재구성한 이스라엘 우파의 역사 인식을 비판적으로 지칭하는 표현-와 달리, 동방 유대인들은 법적 평등을 누렸으며, 제2차 세계대전 중에도 별다른 박해를 겪지 않았다. 그 시기에 중동과 아프리카에서는 단, 두 곳만이 예외였다. 하나는 1940년 친나치 쿠데타로 하지 아민 알-후세이니(Haj Amin al-Husseini) 등이 실권을 장악했던 이라크, 다른 하나는 1942년 말부터 1943년 초까지 독일 아프리카 군단의 점령을 받았던 튀니지였다. 이 두 경우, 동방 유대인들도 본격적인 박해의 대상이 되었다. 이러한 사례들은 단지 예외적인 박해에 그치지 않고, 해당 지역 내 민족주의 운동 일부가 나치 독일과 이념적으로 연대하거나 협력하는 성향을 보였다는 점에서도 주목된다. 팔레스타인의 최고 종교지도자였던 하지 아민 알-후세이니(1897~1974)는 시온주의에 반대하며 유대인의 팔레스타인 이주에 강력히 저항했고, 제2차 세계대전 중에는 히틀러 정권과 외교적 연계를 시도하며 나치 선전에 협력했다.

제1차 세계대전 이후 유대인의 역사는 새로운 장을 열었다. 19세기 말에 태동한 시온주의는, 1917년 영국 정부가 팔레스타인에 유대 민족의 '국가적 고향'을 설립할 수 있도록 허용한 이른바 밸푸어 선언(Balfour Declaration, 1917)을 통해 국제적 정당성을 부여받았다. 그러나 1933년 히틀러의 집권과 함께, 유럽 전역에 파시즘이 확산되면서, 수많은 유대인이 위임통치령 팔레스타인으로 이주할 수밖에 없었다. 그럼에도 1948년 이스라엘 국가가 비교적 수월하게 탄생할 수 있었던 것은, 역설적으로 홀로코스트라는 비극 덕분이었다. 서구 사회는—그 책임이 유죄든, 방조든, 혹은 무관심이든—이 끔찍한 범죄에 대한 일종의 속죄로 유대 국가의 창설을 묵인하거나 지지했다.

이스라엘이라는 국가는 팔레스타인인의 피와 삶이 짓밟힌 자리에 세워졌으며, 이는 다양한 형태의 결과를 낳았다. 이스라엘이라는 존재 자체, 팔레스타인인에 대한 차별적 대우, 그리고 점령지에서의 지속적인 식민정책은 아랍에서의 반시온주의 정서를 키우는 요인이 되었다. 이러한 반시온주의는 그 지역에 여전히 남아 있는 전통적 유대혐오와 결합하면서 더욱 강화되기도 했다. 당시 아랍권 전역에 퍼져 있던 민족주의적 정서가 유대인 소수집단에 대한 배제와 차별로 이어지면서, 상당수 유대인들은 자발적이든 강제적이든 이주를 선택할 수밖에 없었다.

이러한 이주를 이스라엘 국가는 줄곧 장려해 왔다. 물론 반시온주의와 반유대주의는 동일시될 수 없지만, 1948년을 기점으로 아랍 지역에서는 역사적, 종교적, 인종적, 정치적 요소가 복합적으로 얽힌, 유럽 특유의 반유대주의 사상과 관행을 모방한 새로운 형태의 정치적 반유대주의가 확산된 것은 부인할 수 없다. 그 결과로 『시온 장로들의 의정서(Les Protocoles des Sages de Sion)』나 『나의 투쟁(Mein Kampf)』 같은 문헌들이 아랍어로 번역되어 지금까지도 해당 지역에서 유통되고 있다.

반면, 서구 사회는 1980년대 이후 국가 차원의 친유대주의가 발전해 왔으며, 이는 대체로 이스라엘과 그 일탈에 대한 맹목적 지지로 이어졌다. 그렇다고 해서 반유대주의가 사라진 것은 아니며, 오히려 새로운 형태로 나타나고 있다. 대서양 양편에서 세력을 확장하고 있는 극우 세력과, 그 안에서 다양하게 분화되고 있는 복음주의 운동 내부에서는, 유대인을 혐오하면서도 동시에 시온주의를 지지하는 '반유대주의적 시온주의'라는 모순된 현상이 나타나고 있다. 실제로 극우 진영의 반아랍·반이슬람 인종주의는 이스라엘의 정책에 대한 동조로 이어지기도 하지만, 그 내부에서 급진적 반유대주의 움직임이 완전히 사라진 것은 아니다. 한편, 개신교 근본주의자들은 성경을 문자 그대로 해석하며, 모든 유대인이 이스라엘 땅으로 돌아온 뒤 결국 예수를 믿고 기독교로 개종하게 되리라는 종말론적 신념을 갖고 있다.

## 서구 지도자들의 위험한 혼동과 착각

유럽 우파가 과장하여 떠들어대는 수준은 아닐지라도, 살라피스트(이슬람교 내에서 초기 무슬림 선조들의 순수 신앙과 관습을 재현하려는 보수적·근본주의적 운동) 계열의 반유대주의는 무슬림 소수 집단 내에서 실제로 확산되어 왔으며, 최근 수년간 이들 추종 세력이 벌인 잔혹한 테러는, 그 사상이 지닌 해악을 적나라하게 보여주었다. 그러나 이러한 폭력은 다시금 이스라엘의 강경 대응을 정당화하는 명분으로 작용했다. 극우 정권이 이끄는 현재의 이스라엘 국가는, 2023년 10월 7일 하마스의 민간인 학살에 대한 보복으로 가자지구를 초토화시키는 동시에, 서안지구 주민들에 대한 폭력적 탄압을 더욱 강화하며 비극의 악순환을 심화시키고 있다.

이로써 이스라엘은 전 세계적으로 반유대주의를 촉진하는 매개체가 되어가고 있다. 이처럼 반유대적 환상과 새로운 형태의 반유대주의가 뒤섞인 유해한 칵테일은 전 세계적으로 계속해서 파괴적 영향을 미치고 있다. 이스라엘의 정치 지도자들은 국민 다수의 지지를 배경으로, 자신들의 정책에 비판적인 이들을 모두 반유대주의자로 낙인찍는 방식으로 이 문제를 정치적으로 활용하고 있다. 물론 우리는 반유대주의라는 고통스러운 증오의 역사를 잊지 말아야 하며, 또한 그것에 대해 단호히 맞서 싸워야 한다. 그러나 동시에, 이스라엘의 모든 행위가 정당하다는 착각에 사로잡혀, 그 어떤 비판도 반유대주의로 낙인찍는 함정에서 벗어나는 것 또한 시급한 과제이다. 불행히도, 이 위험한 혼동이 많은 서구 지도자들에 의해 조장되고 있다.

---

글 · 소피 베시 Sophie Bessis

# 신나치즘으로 진화한 유대-볼셰비즘의 신화

폴 헤인브링크 Paul Hanebrink

미국 럿거스대학교 역사학 교수. 유럽 현대사, 특히 반유대주의, 홀로코스트 기억의 정치, 극우 정치, 종교와 정체성 문제를 중점적으로 연구하고 글로 쓴다.
『A Specter Haunting Europe: The Myth of Judeo-Bolshevism
(유럽을 떠도는 유령: 유대-볼셰비즘 신화)』(Belknap Press, 케임브리지, 2018)의 저자

## 혼돈의 역사, 반공주의가 반유대주의로 번질 때

제러미 코빈에서 장뤽 멜랑숑에 이르기까지, 좌파를 반유대주의자로 몰아가는 공세가 날로 거세지고 있다. 한때 혁명과 해방의 상징이었던 붉은 깃발은, 오늘날에는 반유대주의와 결부되어 비난의 대상이 되기도 한다. 과거 유럽 사회 전반에는 공산주의의 배후에 유대인이 있다는 식의 음모론이 퍼져 있었고, 이 과대망상적 환상이 빚은 참극 가운데 하나가 바로 1917년 러시아 10월 혁명(볼셰비키 혁명) 이후 우크라이나에서 벌어진 유대인 대학살이었다.

당시 유럽 국가들은 이 참극에 침묵으로 동조했다. 음모론에 기반한 반유대주의는 오늘날 이민 혐오, 백인우월주의와 결합된 새로운 방식으로 나타나고 있다.(이민자와 소수 인종의 증가가 백인을 대체할 것이라는 백인우월주의적 음모론은, 현대의 반유대주의와 반이민 정서를 자극하는 극우 진영의 핵심 사상으로 작용하고 있다. '거대 대체(Le Grand Remplacement)' 음모론은 프랑스 극우 작가 르노 카뮈(Renaud Camus)의 저작에서 비롯되었다-역주)

지난 2018년 10월 27일, 미국 펜실베이니아주 피츠버그의 한 유대교

회당에서 로버트 보워스가 저지른 총기 테러 사건으로 11명의 사망자와 6명의 부상자가 발생했다. 로버트 보워스는 범행에 앞서, 유대인들이 이슬람교도 등 '달갑지 않은' 이민자들을 미국에 유입시켜 백인 사회를 파괴하려 한다는 인종차별적 음모론을 담은 메시지를 SNS에 수차례 게시했다.

2017년 8월, 미국의 신나치주의자들은 버지니아주 샬러츠빌에 모여 "유대인은 우리를 대신하지 못할 것이다(The Jews will not replace us)"라는 구호를 연호했다. 이 구호는 프랑스 극우파의 주장인 "당신은 우리를 대신하지 못할 것이다(Vous ne nous remplacerez pas)"에서 차용한 것이다. 스칸디나비아, 영국, 폴란드, 그리스 등지에서도 일부 극우 집단이 나서, 유대인 소유의 언론과 전 세계에 퍼져 있는 유대계 자유주의 연대가 개발도상국 국민들의 유럽 이주를 부추겨, 유럽인을 이주민으로 대체하려 한다는 음모론을 퍼뜨리고 있다.

## "공산주의는 유대인들의 창조물"

이처럼 반유대주의 음모론은, 유대인들을 이민을 조장하는 선동자, 곧 국가와 가족의 가치를 위협하는 집단으로 묘사한다. '유대인의 음모'에 대한 공포는 과거에도 다양한 형태로 나타났으며, 그중 20세기에 가장 강력하고 파괴적인 형태는 '유대-볼셰비즘' 신화였다. 이는 주류 정치와 언론이 급진 좌파를 공격하기 위해 만들어낸 허상으로, '반유대주의'라는 낙인을 덧씌우는 데 이용되었다. 이 '공포소설'의 옹호자들은 공산주의를 범죄화하고, 이를 유대인들이 창조해낸 발상으로 규정했다. 그들은 유대인들은 혁명가의 가면을 쓰고 전 세계에 권력을 확장하려 했으며, 반유대주의는 이에 대한 반작용일 뿐이라고 주장했다.

1914~1918년의 제1차 세계대전과 1917년 러시아 혁명, 그리고 오스트리아-헝가리 제국 등 동유럽제국들의 붕괴로 인해 유럽 사회가 혼란에 빠진 상황에서도 유대-볼셰비키 신화는 러시아 반혁명 세력과 우크라이나 극우 무장단체들 사이에서, 더욱 강렬하게 타올랐다.

그 결과, 유대인 18만 명이 목숨을 잃었고 50만 명이 극심한 고통을 겪었다. 헝가리에서는 볼셰비키 정권이 덧없이 붕괴한 후 반혁명론자들이 3천여 명을 살해하는 백색테러(혁명파에 대한 반혁명파의 보복)를 일으켰는데, 희생자의 절반은 유대인이었다. 공포에 질린 서유럽과 미국은 동유럽에서 피신한 유대인들이 '혁명 바이러스'를 퍼뜨릴까 노심초사했고, 급기야 국경폐쇄 요구가 빗발치기 시작했다.

1930년대, 아돌프 히틀러는 소비에트 연방을 유대인들이 조종하는 '유대-볼셰비키 국가'라고 규정하고, 독일이 주도하려는 유럽 문명에 본질적으로 적대적인 세력으로 몰아세웠다. 1941년 독일이 소련에 선전포고했을 때, 나치는 선제침략을 정당화하기 위해 "무자비한 유대인 볼셰비키들이 이끄는 동양의 야만인 무리의 유럽 공격을 막고자 하는 것"이라고 선전을 벌였다. 대륙의 생존은 독일의 승리에 달려 있다는 것이었다. 이런 발상은 나치가 점령한 소비에트 연방의 유대인 공동체를 대거 말살하는 동기로 작용했고, 이후 유럽에 거주하는 유대인 대학살의 신호탄이 됐다. 프랑스에서 우크라이나에 이르기까지 나치 협력자들 역시 히틀러의 환심을 사기 위해 집단학살에 앞장섰다.

이들, 가해자들은 과연 유대-볼셰비즘의 신화를 정말로 믿었던 것일까? 그렇다고 본다면, 그들이 신념으로 삼을 만한 몇 가지 '증거들'이 있었던 것도 사실이다. 예컨대 러시아 혁명의 핵심 인물인 레온 트로츠키의 본명은 레프 다비도비치 브론스타인으로, 전형적인 유대인 이름이었다. 또, 공산주의 이론의 창시자인 카를 마르크스는 물론, 1919년부터 1926년까지 코민테른(공산주의 인터내셔널)의 의장을 맡았던 그리고리 지노비예프, 독일 혁명가 로자 룩셈부르크까지, 주요 혁명가들 상당수가 유대계였다는 사실은 이 음모론을 더욱 그럴듯하게 보이게 만들었을지도 모른다. 또한, 양차 대전 사이, 유럽 언론인들은 유대인들이 많은 공산당 내에서 중책을 점하고 있다는 주장을 폈다. 1919년 헝가리의 평의회 공화국 혁명통치평의회 위원 48명 중 30명이 유대인이었다는 통계도 있었다.(1)

당시 공산주의 운동에서 유대인 출신 인사들이 다수 눈에 띄었던 것은 사실이다. 트로츠키를 비롯해 그리고리 즈노비예프, 레프 카메네프, 카를 라디크 등 일부 주요 혁명 지도자들이 유대계였기 때문이다. 그러나 이를 '공산주의는 유대인의 음모'라는 식으로 일반화한 것은 명백한 왜곡이었다. 조금만 다른 각도에서 보면, 통계치는 전혀 다른 의미를 전달했다. 공산주의자들 사이에는 많은 유대인이 있었지만, 공산주의 운동에는 관심조차 없는 이들이 상당수였다.

1920년대 폴란드 공산당 당원 중 20~40%가 유대인이었지만, 폴란드 유대인 전체 중 공산당을 지지한 비율은 고작 7%에 불과했다. 역사적으로 지속적인 박해를 받아온 유대인들은 미래에 대한 다양한 비전을 모색하고 있었다. 예를 들어, 많은 유대인들은 공산주의보다 시온주의, 분트주의(2), 사회주의와 같은 다른 이념과 사상에 더 큰 관심을 보였다. 또한 대부분의 유대인에게 공산주의자가 된다는 것은 조상 대대로 이어받은 종교적 전통을 버리는 것을 의미했고, 이는 감당하기 어려운 도덕적 비용을 수반하는 일이었다. 어떤 유대인들은 국가주의의 대두 속에서 조국에 헌신하려는 길을 택했고, 또 어떤 이들은 종교적 신념에 따라 정치에 거리를 두기도 했다. 근대성은 유대인과 비유대인 모두에게 다양한 선택지를 제공했다. 따라서 공산주의자가 된 일부 유대인들만을 부각시키는 것은, 부분을 전체로 일반화하는 오류에 지나지 않는다.

## 포드도 전파한 '시온의정서'의 효과

물론 음모론자들에게 이성적인 사고는 관심 밖의 영역이다. 루마니아의 한 공무원은 1941년 베사라비아(Bessarabia, 현재의 몰도바)에서 철수한 붉은 군대와 유대인의 협력에 관한 보고서를 읽고 "이 보고서에 기술된 내용은 사실과 다르다"라며 분개했다. 이 보고서는 "볼셰비키에 동조한 유대인은 극히 일부에 불과했다"라고 밝히고 있었기 때문이다. 유대-볼셰비즘의 신화는 검증이나 반증이 필요한 논란거리가 아니다. 이 신화는 때때로 자기모순에 빠지기도 하며, 유대인을 음해하려는 불순한 의도로 제기된 수많은 음모론 중 하나다.

반유대주의적 망상 속에서 '공산주의자 유대인'이라는 이미지는 '유대인 은행가'라는 또 다른 고정관념과도 절묘하게 겹쳐진다. 이 두 상반된 이미지—가난한 대중을 선동하는 혁명가와 국제 금융을 주무르는 자본가—는 모순되지만, 유럽 사회는 오랫동안 유대인을 무질서와 악(惡)의 상징으로 묘사해 왔기에, 반유대주의자들에게는 둘 다 유대인을 혐오하는 근거로 작용했다. 유대인 금융가의 전형으로 종종 거론되는 로스차일드 가문은 이러한 이미지를 더욱 뚜렷하게 부각했다. 결국, '유대-볼셰비즘'을 주제로 한 음모론은 새로울 것도 없는, 과거 반유대적 우화의 모티프를 이름만 바꿔 되풀이한 허구에 지나지 않는다.

1917년 이후, 혁명의 위협에 직면해 공황상태에 빠져있던 지배 계층의 위기의식은 1903년 반유대주의를 조장하려 만든 시온의정서가 널리 전파되도록 분위기를 조성했고, 이때 제기된 각종 주장은 오늘날에도 일부 반유대주의 웹사이트를 떠돌고 있다. 당시 미국 자동차 제조업자 헨리 포드는 자기 소유의 주간지 〈디어본 인디펜던트(Dearborn Independent)〉에 시온의정서를 게재했다. 이 글은 이후 재번역돼 유럽에 소개됐는데, 그 출처가 영미권이라는 점에서 더 큰 신뢰를 얻었다.

헝가리 보수 지식인 세실 토르메이는, 헝가리 소비에트 공화국의 국방인민위원이자 볼셰비키 준군사조직의 지도자인 티보르 서무에이를 마치 사형집행인처럼 묘사하며 이렇게 주장했다. "그는 증오로 가득 찬 비밀결사 조직의 일원이자, 종교 의식을 엄격히 지키는 동유럽 유대인들 가운데서도 가장 광신적인 종파에 속한다."(3) 한편 프랑스와 이탈리아에서는 극우 가톨릭 언론들이 오래전부터 유대인과 프리메이슨이 공화정과 세속문화를 퍼뜨려 기존 질서를 무너뜨린다고 주장해 왔으며, 이 과정에서 유대인 혁명가들을 타락한 무리의 일원으로 비난하기도 했다.

히틀러의 국가사회주의 독일 노동자당은 초기에 유대인 문제에 대한 위기의식을 자극하기 위해 『시온 장로의 의정서』를 활용했고, 반공주의자들은 소련에서 유대인들이 자행했다는 테러 혐의 등의 온갖 괴담을 퍼뜨렸다. 그들은 유대-볼셰비키의 부정적인 측면을 극단적으로 부풀려 만든 암울한 미래상을 배경으로 순수인종주의, 사회질서 및 유럽 문명 수호에 대한 엄청난 이론들을 쏟아냈다.

### 출판업계로 번진 반유대주의 망상증

유대-볼셰비즘에 관한 과대망상증의 활용은 정치 분야에 그치지 않았다. 출판업계에서도 일종의 수익보증 수표로 통하기에 이르렀다. 많은 언론인과 작가들이 유대-볼셰비키에 관한 선정적인 이야기를 찾아 해외로 여행을 떠났다. 러시아에서 영국 〈더 타임스〉 특파원으로 활동했던 로버트 윌튼은 1918년 유럽으로 돌아와 파리에서 『러시아의 고통(Russia's Agony)』(1918)이라는 제목으로 혁명의 원인에 관한 책을 집필했다. 그의 저서는 영국과 미국에서 먼저 출판됐고 2년 후에는 프랑스어 번역본이 출간됐다.

이 책에서 윌튼은 볼셰비즘이 러시아 고유의 문화에서 비롯된 것이 아니며, 애초부터 유럽 출신 유대인들이 마르크스주의를 잘못 해석해 러시아에 전파한 결과라고 주장했다. 다시 말해, 러시아 혁명은 유대인들이 꾸민 계략이나 다름없다는 것이다. 그는 이러한 주장을 통해, 유대인에 대한 반감을 체계화된 음모론으로 전환시키려 했다. 영국에서 대중의 호기심을 자극해 인기를 끌었던 그의 여러 저작 중에는 제정 러시아의 마지막 황제 로마노프 왕조의 최후를 다룬 책(『The Last Days of the Romanovs』)도 있었다. 이 작품에서 그는 황제 일가의 처형을 유대교 의식에 따른 의례적 살인 행위로 해석하기도 했다.

한편, 음모론자 네스타 웹스터는 젊은 윈스턴 처칠에게 깊은 인상을 심어줬다. 처칠은 팔레스타인 땅에 나라를 건국한 시오니즘의 힘에 경탄하면서도 프랑스 혁명에 가담했다고 알려진 유대인들의 역할에 혼란스러워했다. 그는 "웹스터 여사가 능수능란하게 서술했듯, 유대인들은 일말의 기회도 놓치지 않고 거대한 제국 러시아를 휘어잡았다"라고 기술했다.(4)

이 음모론자들은 저 멀리 외국에서 일어난 대격변과 다가오는 위협을 연관지으며 사회에 경종을 울렸다. 특히 새로 정권을 잡은 볼셰비키 정부를 피해 유럽으로 피신해온 러시아 이민자들은 듣는 자의 구미에 맞춰 볼셰비키 유대인들이 저지른 박해에 관한 과대망상적 허구를 늘어놓곤 했다. 이러한 허구들은 유럽 전역으로 퍼지며, 반유대주의적 인식을 강화했고, '유대-볼셰비즘'이라는 망령을 마치 사실인 양 믿게 만들었다. 결국 이런 각종 유언비어는 국경을 통제하고 유대인의 혁명 테러의 위협을 차단하자는 실질적인 정책에까지 영향을 미쳤다.

### 좌파진영에도 영향을 준 '신화'

아울러, 이렇게 형성된 '유대-볼셰비키' 신화는 우파뿐 아니라 좌파진영 내부에도 오랫동안 영향을 미쳤다. 1945년 이후 각국에 들어선 공산주의 정권들은 국민들로부터 의심과 경계의 시선을 마주해야 했다. 특히 헝가리에서는 마티아스 라코시 공산당 서기장을 비롯해, 그의 측근인 에르뇌 게로, 미할리 파르카스, 그리고 문화부 장관으로 강력한 권한을 행사한 요제프 레바이 등 핵심 지도자 네 명 모두가 유대계 출신이었다. 이러한 인적 구성은 유대인이 국가 권력을 장악하고 있다는 반유대주의적 인식을 강화시키는 근거로 작용했다.

루마니아에서는 1950년대 가장 영향력 있는 정치인 중 하나인 아나 파우커 외무장관도 유대인이었다. 그녀는 1952년 '시온주의 음모'로 당내에서 숙청됐고 대중의 뇌리에 '치마 입은 스탈린'이라는 증오 섞인 기억으로 각인됐다.(5)

공산당 지도부는 국민들 사이에 퍼진 "유대인 권력 장악"에 대한 의혹을 잠재우기 위해, 당 내부의 반유대주의 징후조차 외면했다. 그들은 반유대주의의 '기생적'이고 '비생산적인' 중상모략가들로부터 '정직한 노동자'를 보호하겠다며 정치 선동을 펼쳤고, "새로운 질서를 구축하려는 반유대주의자들과 악명 높은 나치 협력자들이 선거인 명부에 포함돼 있다"라고 주장했다. 한편, 루마니아 철위대 출신 파시스트 군단을 사면한 아나 파우커는 당초 예상보다 노동자 계층 내에 반유대주의 성향이 훨씬 깊게 자리하고 있었다고 시인했다.

그러나 이런 주장에도 당은 유대인 비밀 조직에 매수돼 있다는 비난에서 결코 헤어나지 못했다. 게다가 이런 비판은 당 내부에서 시작된 것이었다. '뿌리 없는 세계주의'(1940년대 말 스탈린 정권 하에서 유대인 지식인과 예술가들을 가리키는 은어로, 이들이 소련에 대한 충성심이 부족하고 외국 사조에 경도돼 있다는 비난의 의미를 담고 있다-역주)를 박해한 스탈린 통치(1949~1953)가 끝난 후에도, 시온주의 혐의는 위성국가의 공산당 내부에서 정치적 반대자를 공격하는 냉소적 무기로 널리 이용됐다.

1968년, 폴란드에서는 반체제 학생을 시온주의 요원으로 부르며 악마시했다. 이 사건은 유대인 집단학살 이후 폴란드 사회에 남아있던 집단적 히스테리에 불을 질렀다. 그 결과, 유대인 2만여 명이 폴란드를 떠나야 했고, 1970년 무렵에는 유대인 인구가 1만여 명으로 줄었다.

베를린 장벽이 무너지고 공산당이 붕괴한 이후, 유대-볼셰비즘 문제는 국가 차원의 기억 논쟁으로 이어졌다. 그러나 이 신화의 형성에 동원된 여러 이념적 양식은 형태만 달리한 채 오늘날까지도 지속되고 있다. 1930년대 반동 우파는 유대-볼셰비즘의 위협에 맞서 기독교 유럽을 지키기 위한 방벽을 세우려 했다. 최근 극우 세력은 이 신화를 다시 끌어와, 이슬람화된 서유럽─즉 '유라비아(Eurabia)'라는 망령─을 퇴치할 해독제로 삼고자 했다.

우익 운동가 윌리엄 루터 피어스가 윌리엄 피어스라는 가명으로 발표한 소설 『터너 일기(The Turner Diaries)』(1978)는, 흑인과 공산주의자들이 전 세계 백인 사회를 파괴하려 한다는 음모론적 서사를 담았다. 오늘날에도 열렬한 백인우월주의자들은 이 작품과 같은 과거 문헌에서 영감을 받아 무슬림과의 전쟁을 선동하고 있다. 유대-볼셰비즘 신화는 점차 사라지고 있지만, 그 근저에 자리한 유대인 음모론적 망상은 여전히 자취를 감추지 않고 있다.

---

글 · 폴 헤인브링크 Paul Hanebrink

(1) William O. McCagg, 「Jews in revolutions: The Hungarian experience 혁명 속 유대인. 헝가리의 사례」, 〈Journal of Social History〉, 제2권, 1.6호, 페어팩스-옥스퍼드, 1972년 가을(1호).
(2) Bundisme, 광범위한 사회주의 투쟁의 일부로, 팔레스타인에 유대인 국가를 건설하는 것에 반대하는, 마르크스주의에서 영감을 얻은 비종교적 유대인 조직 'Bund'의 사상.
(3) Cecile Tormay, 『An Outlaw's Diary 무법자 일기』, Philip Allan and co, 런던, 1923.
(4) Winston S. Churchill, 「시오니즘 대 볼셰비즘. 유대인의 영혼을 위한 투쟁」, 〈Illustrated Sunday Herald〉, 런던, 1920년 2월 8일.
(5) Robert Levy, Ana Pauker, 『The Rise and Fall of a Jewish Communist 유대인 공산주의의 흥망성쇠』, University of California Press, 버클리, 2001.

[아카이브]

## '1967년 6일 전쟁'에 대한 아픈 기억

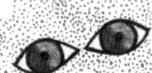

### 아랍 세계에서 억압받는 공동체들

1969년 1월, 바그다드와 바스라에서 남성 15명이 교수형에 처해진 사건은 국제적인 파장을 불러일으켰다. 그 가운데 9명은 유대인이었으며, 모두 이스라엘을 위한 스파이 혐의를 받았다. 이 비극적인 사건은 텔아비브 정부에 의해 "나치식의 잔혹한 범죄"로 규탄되었으며, 중동 지역 유대인들에게는 결정적인 전환점이 되었다.
〈르몽드 디플로마티크〉는 현지에 있던 한 필자의 보도를 통해 이 사태를 조명했다.

유대인들이 이슬람 세계에서 그것도 수 세기 동안 자유와 안정을 누린 역사적 사실이 있다. 서기 636년~638년 사이, 아랍 군대가 기독교 비잔틴 제국으로부터 팔레스타인을 정복했을 당시, 유대인들에게 이전과는 비교할 수 없는 수준의 자유와 활동 공간이 주어졌다. 기원후 70년경 로마 제국에 의해 예루살렘 성전이 파괴되고 팔레스타인(가나안) 땅에서 강제로 추방된 이후, 끊임없이 유랑하며 수많은 박해와 탄압을 겪어야 했던 유대인들에게 아랍의 정복은 아이러니하게도 분명 새로운 세계였으며, 기회였다.

유대인들에 대한 아랍의 관용은 전혀 새로운 것이 아니다. 과거 아라비아에서 유대인들은 이교도 아랍인들과 공존했으며, 코란은 유대교와 기독교를 유일신 계시 종교로 인정했다. 비록 유대인들이 경전을 왜곡하고 잘못 해석하고 있다는 비판을 받기도 하지만, 다른 비무슬림보다는 상대적으로 우대받는 지위에 놓였다. 그들은 '경전의 사람들'로 불리며, 종교의 자유와 자체 종교법에 따른 내부 자율성을 보장받았다. 초기 이슬람에서조차 유대인들과 무슬림 사이에 우호적 관계가 존재했음을 보여주는 또 다른 흔적도 있다.

예를 들어, 무슬림은 유대인이 만든 음식을 먹을 수 있고, 유대인 또는 기독교인 여성과 결혼도 할 수 있었다. 무함마드(마호메트) 역시 유대교 또는 기독교 신앙을 가진 여성과의 결혼을 통해 이슬람의 관용 원칙을 실천한 사례를 남겼다. 다만, 이러한 결혼은 무슬림 남성에게만 허용된 것으로, 비무슬림 남성은 무슬림 여성과 결혼할 수 없었다. 하지만 이러한 일부 특권적 지위가 곧 동등한 권리와 권력을 의미하는 것은 아니었다. '경전의 사람들'은 이슬람 내부에서 여전히 '분리된 자들'이었다. 코란 역시 다음과 같이 경고했다. "믿는 자들이여! 유대인과 기독교인을 친구로 삼지 말라!" (코란, 5장 57절)

그들은 하위 계층의 시민으로 간주되었고, 일정한 법적 제약을 받았다. 일부 무슬림 군주들의 판단에 따라 때때로 모욕적이고 차별적인 조건이 부과되기도 했다. 예컨대 특정 시기에는 유대인은 노란색, 기독교인은 파란색 복장을 의무적으로 착용해야 했고, 말을 타거나 공공장소에서 포도주를 마시는 행위도 금지되었다. 여기서 주목할 점은, 아랍계 칼리프(caliph)들이 일반적으로 비(非)아랍계 무슬림 통치자들(예: 투르크인 등)보다 훨씬 더 관용적이었다는 사실이다.

이러한 전통적인 제약들은 대부분 근대에 이르러 거의 사라졌다. 아랍 도시들은 오랜 세월 동안 민족적·종교적 공동체를 중심으로 집단 거주 방식을 유지해왔으며, 무슬림, 기독교인, 유대인이 서로 분리된 구역에 거주하는 전통적인 공간 구획 체계는 비교적 최근까지도 존중되어 왔다. 유대인들은 무슬림뿐 아니라 기독교인들로부터도 일정한 거리를 두고 자기 공동체 안에 스스로를 가두며 살아갔지만, 그러한 분리는 유럽의 게토와는 본질적으로 다른 성격의 것이었다. 물론 행정, 군대, 외교 분야의 일부 직책은 유대인에게 여전히 금지되어 있었으나, 그들은 상업과 전문 분야에 진출하여 오히려 안정적이고 때로는 부러움을 살 정도의 유복한 삶을 누리기도 했다. 특히 이라크와 이집트의 일부 유대인 공동체가 번영 사례로 꼽힌다. 또한, 개인 지위법에 따라 일정 수준의 내부 자치권이 보장되면서, 유대인들은 모세 율법을 기반으로 고유의 종교 법체계를 자치적으로 운용하며 공동체 제도를 유지할 수 있었다.

### 일반화된 적대의 흐름

그러나 이스라엘-아랍 전쟁과 이스라엘 국가의 창설은 아랍 지역에서 유대인들이 누려온 지위를 뿌리째 뒤흔들었다. 일부 아랍 지도자들이 시온주의자와 유대인을 명확히 구분하려는 노력을 기울였음에도 불구하고, 그 미묘한 차이를 무시한 선동적 선전으로 인해 여론은 점점 더 두 집단을 동일시하며 비난하게 되었고, 이러한 흐름은 특히 중동 지역에서 두드러졌다.

1948년, 제1차 중동전쟁과 이스라엘의 건국은 첫 번째 반유대 폭력 사태를 촉발했다. 특히 시리아에서는 유대인들의 주택과 상점이 불태워졌고, 주민들은 이스라엘로 피신해야 했다. 반면 레바논과 같은 일부 국가에서는 유대인들이 여전히 정상적으로 대우받았다. 그러나 반복되는 이스라엘과의 군사적 충돌은 아랍 지역 유대인들의 처지를 점점 더 불안정하게 만들었다. 1956년에는 이집트가 자국 유대인들을 탄압했다. 많은 유대인들이 투옥되거나 추방되었고, 그들의 재산은 국유화되었다. 예멘에서는 상당 규모의 유대인 공동체가 사라졌고, 이라크에서는 13만 명에 달하던 유대인 인구가 수천 명 수준으로 줄어들었으며, 남은 이들의 상황도 점점 더 위태로워졌다. 레바논과 마그레브(북아프리카) 지역의 국가들을 제외하고, 아랍 대부분 지역에서 유대인들은 반유대 정서에 직면했다.

1967년 6월 5일에 발발한 6일 전쟁은 중동 아랍국가들에 남아있던 소수 유대인 공동체들의 처지를 심각하게 악화시키는 계기가 되었다. 그 구체적인 양상은 국가마다 차이를 보였다. 특히 전쟁이나 외교적 긴장의 고조는 치명적이었다. 예를 들어, 이집트에는 1948년 이스라엘 건국 이전까지만 해도 약 10만 명의 유대인 인구가 있었으나, 1956년 시나이 전쟁 이후에는 5,000명으로 줄었고, 1969년에는 고작 2,500명 정도가 남았다. 이들 중 약 1,500명은 카이로에, 1,000명은 알렉산드리아에 거주했다. 6일 전쟁 발발 당시, 이 중 450명이 체포되어 수용소에 갇혔고, 이들은 모두 성인 남성으로 일부는 얼마 후 석방되었다.

이집트의 대외정책이 서방에 대해 한층 온건한 방향으로 전환되면서 유대인 문제의 조속한 해결이 기대되었다. 수용소에 수감 중인 유대인들이 조만간 석방될 수 있다는 전망도 있었다. 또한 그들과 마찬가지로, 원할 경우, 이집트를 떠나는 것이 허용될 것이라는 관측도 제기되었다.

이집트 정부의 이러한 유대인 정책의 방향 전환은 1969년 1월로 거슬러 올라간다. 바로 그 무렵, 이라크 정부는 14명을 '이스라엘 간첩' 혐의로 공개적인 교수형에 처했는데, 그중 10여 명이 유대계 청년이었으며, 이에 대해 이집트 국민 여론은 일제히 강한 분노를 표출했다. 이집트 정부와 언론 역시 거의 공공연하게 이라크를 비판했다. 이는 이집트가 대외 선전에 새로운 이미지를 구축하고자 했기 때문이었다. 당시 이집트는 카이로에서 아랍 민족들과의 연대 회의를 개최하고 있었으며, 그 회의에는 전 세계의 저명인사들, 심지어 유대인 인사들까지 참석하고 있었다.

그런데 회의 이틀째, 바그다드에서의 교수형 소식이 전해지면서 그동안 쌓아온 외교적 기대가 일거에 무너지고 말았다. 이에 따라 이집트는 새롭고 차별화된 대외정책 의지를 실질적으로 입증하기 위해서라도, 자국 내 유대인들—수감자뿐 아니라 일반 공동체 구성원들까지 포함한—의 처우를 적극적으로 재고할 필요가 있었다.

6일 전쟁 당시 체포된 수감자들은 비교적 만족스러운 대우를 받아왔다. 그들은 소포를 받거나 가족과의 면회가 허용되었고, 적십자를 통한 해외 친척과의 서신 교류도 가능했다. 그럼에도 수개월 동안 석방된 사람은 없었다. 한편, 이집트를 떠나려는 유대인들의 출국 또한 허용되지 않았고, 이는 출국이 쉽게 허용되었던 초기와는 대조적이다. 수감자 대부분은 무일푼 하급 사무직 종사자나 소상인들로, 그 가족은 경제적으로 매우 어려운 형편에 처하게 되었다. 다만, 이들은 이집트 정부로부터 최소한의 지원을 받았고, 약식 절차를 통해 해외에서의 송금도 허용되었다.

### 시리아의 불안한 분위기 속에서

시리아에 거주하는 유대인 소수 집단의 처지는 특히 고통스러웠다. 잦은 쿠데타로 사회 전반에 감도는 불안한 분위기는 유대인들에게 더욱 깊고 무겁게 다가왔다. 툭하면 유대인을 희생양으로 삼는 까닭에, 그들은 일반 시민이 겪는 불안 외에도 온갖 행정적 괴롭힘까지 감내해야 했다. 시리아에 거주하는 유대인들은 신분증을 소지하지 않으면 감옥에 갈 수 있었다. 종교 항목에 '모세교'라 표기된 신분증을 분실하거나 심지어 도난을 당한 경우에도 예외 없이 감옥행 위협에 떨어야 했다.

시리아는 대표적인 경찰국가였다. 곳곳에서 검문이 이루어졌다. 그 결과, 신분증을 잃어버리면 그 즉시 곧바로 경찰서에 가서 재발급을 신청해야 했는데, 이 경우에도 체포되는 일이 비일비재했다. 이처럼 자의적이고 부당한 체포 사례는 셀 수 없을 만큼 많은데, 그중 두 가지 사례가 특히 눈에 띈다. 하나는 주방용품을 파는 작은 가게 주인의 이야기다. 그는 어느 날 신분증을 찾지 못하고, 재발급을 받기 위해 아침 일찍 경찰서로 향했다. 그러나 그는 그날 이후 사라졌고, 지금까지 아무런 소식도 없다.

또 다른 사례는 한층 더 비극적이면서도 아이러니한 경우였다. 한 유대인이 아내에게 셔츠를 세탁해 달라고 부탁했는데, 셔츠 주머니에 신분증이 들어 있었던 것을 미처 알지 못했다. 검문 시, 그는 잉크가 번져 글씨를 알아보기 힘든 신분증을 제시했는데, 당국은 이를 신분증 위조

시도로 간주해 곧바로 그를 투옥했다.

1948년 이전, 시리아의 유대인 공동체는 약 4만 명에 달했다. 그러나 현재는 고작 3,500명만이 남았다. 다마스쿠스에 2,000명, 알레포에 1,000명, 그리고 북동부 튀르키예 국경에 위치한 카미슐리에 500명이 거주했다. 이들은 대체로 경제적 여건이 매우 열악한 소규모 상인들인데, 이들의 영업마저 정부 차원에서 거부되었다. 시리아 정부는 모든 군인과 장교에게 유대인 상인들과 거래를 금지한다는 내용의 공문을 배포했고, 이 공문에는 유대인 상인들의 이름과 주소, 그리고 그들이 다루는 상품의 종류가 명시된 목록도 함께 첨부되었다.

아울러 유대인 상인들은 자신들의 전문 업종에 해당하지 않는 물품은 일절 판매할 수 없도록 제한되었으며, 시리아의 공무원들 역시 유대인 상점에서 어떤 물건도 구매하는 것이 금지되었다. 사회주의 체제의 시리아는 도시 주민 상당수가 공무원이나 군 소속으로 일하고 있었기 때문에, 유대인 소상인들의 주요 고객층은 자연스럽게 같은 유대인 공동체로 제한될 수밖에 없다. 그러나 이들조차도 빈곤에 시달려서, 유대인 상인들의 생계는 위태롭고 불안정한 악순환에 있었다.

또한 비유대인 시민들조차 외국인과 접촉할 경우 감시의 대상이 되는 시리아에서, 유대인이 그런 접촉을 시도한다면 어떤 일이 벌어질지는 충분히 짐작할 수 있었다. 시리아 내 유대인들은 우편 교류도 허용되지 않았다. 어떠한 인도주의 단체도 개입이 허용되지 않은 것은, 시리아 정부가 "유대인 소수집단을 보호하고 관리하는 것은 국가의 책무"라는 입장을 내세웠기 때문이다. 실제로 1967년 '6일 전쟁' 당시, 시리아 정부는 다마스쿠스의 유대인 거주 지역에 보호 차원의 경계선을 설치했다. 그러나 이 지역에는 팔레스타인 주민들도 함께 거주했는데, 시리아와 이스라엘 간의 정치적 긴장이 고조될 때마다 유대인과 팔레스타인 간의 크고 작은 충돌이 불가피하게 발생했다.

시리아 북동부, 튀르키예와 접한 국경 도시 카미실리(Kamichlié)의 소규모 유대인 공동체는 남녀노소를 불문하고, 심지어 병든 이들까지도 매일 오후 5시가 되면 경찰의 검문을 받기 위해 시나고그(유대교 회당)에 출석해야 했다. 국경 도시라는 위치적 특수성 탓에, 경찰은 '보안조치' 명분을 내세워 언제든 유대인 가정에 들이닥칠 수 있었다. 정세 불안과 정치적 불안을 고려할 때, 시리아 내 유대인 공동체의 삶의 조건이 가까운 시일 내 개선될 것이라는 기대는 사실상 요원했다.

## 이라크의 입법 조치

이라크와 시리아는 거의 유사한 정치 체제를 유지하고 있었다. 두 나라 모두 쿠데타 발생이 빈번함에 따라 시민들은 불안과 고통의 나날을 보내고 있었다. 폭력은 이라크 역사 전반을 관통하는 고질적 현상이었고, 특히 1969년 1월 집행된 잔혹한 교수형 사건은 전 세계를 충격에 빠뜨렸다. 당시 이스라엘을 위한 간첩 혐의로 체포되어 교수형에 처해진 유대인 청년들은 모두 비교적 유복한 가정 출신이었다. 실제로 시리아의 유대인들과는 달리, 이라크의 유대인 공동체는 경제적으로 번영을 누렸다. 이들은 상업 분야는 물론 의사, 약사, 변호사 등 자유 직업군에서 안정된 지위를 유지하고 있었다. 한때 중동에서 가장 부유한 유대인 공동체로 꼽히던 이라크 유대인은 1948년 이전까지만 해도 13만 명에 달했으나, 교수형 사건 이후 남은 유대인은 3천 명 정도에 불과했다.

이라크에서는 유대인들이 명문화된 법률의 적용을 받지만, 시리아에서는 단순한 정부 명령에 따라 통제되었다. 1968년 이라크에서 제정된 법에 따르면, 유대인은 한 달에 100디나르(약 1,300프랑) 이상의 자금을 보유할 수 없었다. 이 금액에는 수입의 출처와 관계없이 모든 형태의 총수입이 포함되어야 했다. 그럼에도 일부 유대인들의 경제 형편이 궁핍과는 거리가 있었다. 실제로 몇몇 유대인들은 말을 소유했으며, 정기적으로 승마를 즐기기도 했다. 얼마 전 한 국제 유대인 뉴스레터는 다음과 같이 전했다. "이라크에서 유대인들이 '극도의 빈곤'에 놓인 것은 이번이 처음이다." 이 진술은 이라크 정부가 유대인을 대상으로 시행한 가혹한 조치들이 점차 효과를 내기 시작했으며, 향후 일부 예외적 사례들조차 머지않아 사라질 가능성이 크다는 점을 시사했다.

얼마 전까지만 해도 대부분의 약국과 약방은 유대인들이 운영하고 있었지만, 6일 전쟁 이후 모두 폐쇄되었다. 반면 유대인 의사들의 진료 행위는 허용되었으나 전화 사용이 금지되었고, 공동체 대부분 또한 전화기를 압수당했다. 고등교육기관에 재학 중이던 유대인 학생들은 모두 과거 명문으로 알려졌던 한 학교로 통합되었지만, 동유럽의 일부 국가들에서 과거 유대인을 대상으로 시행되었던 차별 정책을 떠올리게 하는 결정에 따라, 대학 진학은 금지되었다.

바그다드에 있는 두 개의 유대교 회당(시나고그)에서는 겉으로는 예배가 종전과 같이 진행되는 듯 보였다. 하지만 바그다드의 랍비는 이미 아흔 살이 넘은 고령으로, 판단력과 지적 능력이 이미 쇠퇴하여 정상적인 예배는 힘들 수밖에 없었다. 이라크에서는 1967년의 사건 이후 많은 유대인이 체포되었다. 6일 전쟁 당시, 약 25명~30명의 유대인이 구금된 것으로 전해지며, 그중 일부는 이후 석방되었다. 1968년 12월에도 약 100명의 유대인이 일제 검거되었고, 1969년 2월 3일 이스라엘이 요르단 주둔 이라크군을 공습하자, 이에 대한 보복으로 이라크 정부는 유복한 가정 출신의 유대인 청년 20여 명을 체포했으나, 이후 석방된 것으로 알려져 있다.

(이 글은 〈르몽드 디플로마티크〉 프랑스어판 1969년 5월호에 게재된 것으로, 1967년 6일 전쟁 이후 중동 지역에서의 유대인 상황에 대한 현지 리포트 성격임-역주)

# 우크라이나 '포그롬', 서구가 외면한 대학살

장자크 마리 Jean-Jacques Marie

프랑스 역사학자, 작가. 주로 러시아 혁명사, 소련의 정치사, 그리고 트로츠키주의와 스탈린주의에 관한 깊이 있는 연구를 해왔다. 소비에트 지도자들, 혁명가들, 그리고 러시아 현대사를 다룬 평전과 연구서를 다수 집필했다.
저서로는 『Histoire de la guerre civile russe 1917-1922, 러시아 내전사 1917~1922』 등이 있다.

## 반유대주의로 번진 반공주의

2019년 1월 21일, 우크라이나 키예프에서 부총리와 문화부 장관 취임식이 열렸다. 취임식 개최 장소는 1918~1920년 우크라이나 민족주의 군대 총사령관을 지낸 시몬 페틀류라의 이름을 딴 거리 페틀류라 2-4번지다. 거리 한쪽 벽면에는 그의 이름이 아로새겨져 있다. 시몬 페틀류라는 우크라이나의 국가 영웅이다. 2018년 10월 14일에는 키예프 남서부 비니차에 그의 동상이 세워지기도 했다.

하지만 페틀류라는 유대인 수만 명의 목숨을 앗아간 '포그롬(Pogrom: 유대인 공동체를 대상으로 한 조직적·폭력적인 집단 학살, 약탈, 파괴 행위)'에 대한 책임이 있는 문제의 인물이다. 유대인 대학살은 대부분 10월 혁명으로 권력을 잡은 볼셰비키('다수파'라는 뜻으로, 러시아 사회민주노동당의 좌파를 지칭)와 반혁명세력인 백위대(또는 러시아 백군)가 대립한 러시아 내전 중에 발생했다. 백위대는 볼셰비키 혁명이 유대인의 음모였으며, 모든 유대인의 배후에는 공산주의자가 있다고 여겼다.

이러한 반유대주의적 고정관념은 러시아, 벨라루스, 그리고 특히 우

시몬 페틀류라(Symon Petliura, 좌측)

크라이나를 중심으로 발생한 총 1,500여 건의 포그롬으로 확대되어 수많은 사상자를 냈다.(1) 전투에는 안톤 데니킨 장군이 이끄는 백군 자원군과 볼셰비키의 붉은군대 외에도, 시몬 페틀류라의 우크라이나 민족주의 군대, 그리고 1919년 3~4월부터 등장한 농민 반란 무장조직 '녹색군'까지 가세했다. 이 내전은 뿌리 깊은 반유대주의를 자극했고, 특히 전쟁이 치열했던 우크라이나에서의 포그롬은 10만 명에 달하는 사망자와 수많은 부상자를 냈다.

병사들은 주거지를 약탈했고, 50만 명이 거지와 부랑자로 전락했다. 이들 병사는 대부분 1919년 2월 15~16일에 프로스코우로프(오늘날의 크멜니츠키) 마을을 공략했던 이들이기도 했다. 우크라이나 주재 러시아 적십자사 포그롬 피해지원부 관계자에 따르면, "페틀류라 민족주의 군대 병사들은 유대인 거주지에 침입해 군도를 휘두르며 남녀노소를 가리지 않고 무차별적으로 살해했다. (…) 지하실에 피신했던 주민들마저, 수류

탄에 의해 전원 사망했다."(2)

앨버트 런던 기자는 이미 그 전날 페틀류라 군사령관이 다음과 같은 내용을 벽보로 내걸고 주민들을 위협했다고 보도했다. "무정부주의 시위를 중단할 것을 촉구하는 바다. 떠돌이 민족 유대인들은 특히 몸을 사려야 할 것이다."(3)

포그롬의 불길은 곧 수도 키예프로 번졌다. 1918년 1월 볼셰비키가 권력을 잡은 후 우크라이나 수도는 13차례나 함락됐다. 1919년 8월 29일, 페틀류라 부대는 수도에 진입하자마자 유대인 수백 명을 학살했고, 거리와 주택가 계단은 온통 시체로 뒤덮였다. 그 이튿날은 지원군이 가세해 도시를 포위했다. 키예프행 열차에서는 데니킨 장군의 군대 편에 선 극악무도한 극단주의자들이 승객들에게 주기도문이나 사도신경을 암송하도록 강요했다. 이런 기도를 모르는 유대인들은 열차에서 쫓겨나거나 고문을 당했다. 심지어 선로에 그대로 내던져지기도 했는데, 그 결과 선로 주변은 수백구의 시체로 뒤덮였다.

유대인들은 재앙처럼 번지는 반유대주의의 폭력에서 벗어날 수 없었다. 포그롬의 가해 주체를 분석한 통계에 따르면, 전체 포그롬 가운데 39.9%는 페틀류라의 민족주의 군대, 31.7%는 다수의 우크라이나 무장농민 세력인 '녹색군', 17.2%는 데니킨의 백군, 2.6%는 폴란드군, 그리고 8.6%는 통제를 벗어나 독자적으로 행동한 붉은 군대의 소행으로 각각 기록되어 있다.(4)

### 상투적 수사가 부른 치명적 파장

내전의 열기와 혼돈 속에서, 종종 강제로 징집된 군인들은 시간이 지나 진영을 바꾸기도 했다. 제정 러시아 시기에 일정한 자치권을 대가로 국경지대 우크라이나에서 완충지대 역할을 해온 카자크들이 이에 해당했다. 한때 붉은 군대 기병대로 활약했던 아타만(카자크 족장)은 격노한 농민들을 모아 '녹색 군대'를 조직하고, 마을 중앙 광장에 모인 유대인들을 향해 기관총을 난사하며 학살을 벌였다. 그 와중에 농민들은 그저 넋을 잃은 채 "주여, 감사합니다"라는 말만 읊조렸다.

그해 5월 초, 아타만 니키포르 그리고리예프도 붉은 군대와 결별하고 '그리스도를 십자가에 못 박은 민족'을 비난했다. 즈나멘카에서는 그의 군대가 기차를 가로막고 유대인 승객 200명을 사살했다. 이 부대는 달리는 열차를 멈추고 200여 명의 유대인 승객을 향해 무차별 총격을 가했다. 같은 해 5월 중순, 사흘 동안 그들이 엘리자베스그라드(오늘날의 키로보흐라드)에서 살해한 유대인의 수는 무려 3,000여 명에 달했다. 그리고 뒤이어 5월 말에는 붉은 군대가 진군해 이들 군대를 격파했다.

군대 상부에서는 유대인 학살에 어떻게 대처했을까? 진영마다 다른 양상을 보였는데, 우선 백위대 장교들은 학살을 독려했고 군인들은 유대인을 살해할 때마다 상여금을 받았다. 반면 붉은 군대 지도부는 그런 행위를 징벌했다. 예를 들어, 트로츠키는 포그롬을 저지른 열댓 명의 카자크를 총살형에 처했다. 1920년, 펠릭스 제르진스키는 블라디미르에서 포그롬을 준비하던 붉은 군대의 병사 24명을 3개월간 구금했다. 1918년 7월 27일, 레닌은 포그롬과 그에 가담하는 모든 행위를 금지하는 법령을 제정하고, 모든 소비에트 연방정부에 반유대주의와 포그롬 운동을 뿌리 뽑도록 엄격한 조처를 하라는 명령을 내렸다.(5)

'예수를 십자가에 못 박은 민족'에 대한 정교회의 오랜 증오감은 유대인 혐오에 대한 자양분이 됐다. 20세기 초, 극우 조직인 흑백연맹은 보드카에 취한 군중과 성가대를 선동해 유대인을 상대로 파괴, 강간, 살인, 약탈을 일삼았다. 군대는 반유대주의 폭동을 사실상 방관했고, 간헐적이고 소극적인 개입에 그쳤다. 대부분 사후에, 그것도 한참이나 시일이 지난 후에야 질서와 사유재산 보호를 명분으로 형식적인 조치를 취했을 뿐이다. 1905년 혁명을 통해 민중들은 독재에 맞서 일정한 정치적 성과를 거뒀지만, 그 과정에서 반유대주의가 정치적 형태로 조직되기 시작했다. 여기에 니콜라이 2세가 나서 이를 사실상 공식화하면서 상황은 더욱 악화됐다.

1905년 10월 17일 자 편지에서 '유대인 집단'에 대한 병적인 증오에 사로잡힌 니콜라이 2세는 포그롬을 정당화했다(러시아 정교회는 2000년 니콜라이 2세와 그의 가족을 성인으로 시성했다). 그는 이렇게 썼다. "사람들은 혁명가들과 사회주의자들의 부패와 무책임한 태도에 분노하고 있다. 그런 자들은 십중팔구 유대인들이다. 그러니 이 모든 분노가 그 혐오스러운 유대인들을 향하게 된 것은 당연한 일이며, 그 결과 반유대주의 폭동이 발생한 것이다."(6)

1917년 10월 혁명 이후, 반혁명적 반유대주의가 전개됐다. 이제 유대인들은 볼셰비키나 공산주의자와 동일시돼 '사회질서를 내부로부터 전복시키려는 이질적 집단'으로 인식됐다. 백위대와 우크라이나 민족주의자들의 선전운동에서 '혁명적', '볼셰비키', '유대인' 이 세 단어는 동일한 의미로 취급되었다. 급기야 이 표현은 상투적 수사로 굳어졌고, 수많은 사람의 목숨을 앗아가는 무서운 망령으로 자리 잡았다.

유대교 랍비가 신도들의 목숨을 구하려고 카자크의 아타만 쉬르카를 찾은 적이 있었다. 이때 아타만 쉬르카는 "나는 당신이 볼셰비키라는 것을 알고 있소. 모든 빌어먹을 유대인과 마찬가지로 당신네 신자들도 볼셰비키라는 것을 알고 있단 말이오! 내가 당신들을 모조리 쓸어 없애버릴 테니 그렇게 아시오"라고 큰소리쳤다. 쉬르카의 병사들도 유대인 희생자들을 향해 고함쳤다. "모든 유대인을 처치하자. 이 자들 모두 볼셰비키다." 카자크의 또 다른 아타만 팔리엔코 역시 "모든 떠돌이 유대인은 결국 모두 볼셰비키다"라고 못 박았다.(7)

이런 혼란은 치명적인 소문을 낳았다. 지토미르에서 붉은 군대가 철수한 후, 정치경찰이 일반인 24명을 총살했는데, 이 소식은 기독교인 1,700명이 처형됐다는 뜬소문으로 왜곡되며 또 한 차례 유대인을 향한 분노를 촉발시켰다.(8) 이때 벌어진 학살은 장장 닷새에 걸쳐 지속했고 묘지에 인접한 시체안치소 건물은 노인과 여성, 아동들의 시신으로 가득 찼다.(9)

지원군의 선전정보기관 OSVAG은 "2월 혁명과 10월 혁명, 볼셰비즘, 토지를 몰수당한 지주를 비롯한 모든 피해의 대가를 유대인들이 치러야 한다"라고 주장했다.(10) 이 기관은 '전 세계를 정복하려는 유대인들의 망상'이 담긴, '유대-프리메이슨 회의록'이라 불리는 『시온 장로 의정서』를 재발행하기도 했다. 『시온 장로 의정서』는 1903년 러시아 제국 내무성 산하의 비밀경찰기관 공안질서수호국 출신 요원 두 명이 포그롬을 정당화하고 반유대주의를 조장하기 위해 만들어낸 위서(僞書, 위조된 책)다.

## "트로츠키 대신 대가를 치르는 것"

가해자들은 유대인들을 학살하면서 "너희들은 지금 트로츠키 대신 대가를 치르는 것"이라고 외치곤 했다. 당시 트로츠키를 묘사한 풍자 삽화에는 갖가지 판에 박힌 표현이 모두 동원되곤 했다. 그는 피 묻은 입술과 구부러진 코를 가진 흡사 흡혈귀 같은 외모로, 크렘린의 벽을 배경으로 서 있는 그의 목 주위에는 '다윗의 별'이 그려져 있었다. 바닥에는 해골이 즐비하게 늘어서 있었고, 산이나 카를 마르크스 동상 발치 아래에서 트로츠키는 러시아 처녀를 칼로 찌르는 모습으로 묘사돼 있었다.

백위대는 선전활동에서 트로츠키뿐 아니라 레프 카메네프, 그리고리 지노비예프 등 볼셰비키 지도자들의 유대인 이름을 자주 언급했다. 소수의 유대인이 마치 혁명 세력의 전체인 양, 나무로 숲을 가리는 셈이었다. 러시아 시오니즘의 경제학자 보리스 브라우츠쿠스는 "유대인들은 몰수된 공장과 토지를 넘겨받은 농민들의 혁명운동과는 무관했다"라고 기술했다.(11) 부유한 유대인들은 되려 백위대에 자금을 지원했고, 은행가 아브라함 할페린은 카자크 알렉세이 케일에게 80만 루블을 지원하기도 했다. 1918년 2월 오데사에서 소집된 우크라이나 랍비 의회는 소련의 권력을 '이단'이라고 규정했다. 그해 같은 달, '유대인 사회주의 및 세속운동 분트(Bund)' 총회가 키예프에서 열려, 찬성 762표, 반대 11표, 기권 7표로 볼셰비키의 행동을 규탄하기로 의결하기도 했다.

1918~1919년 크림반도 반(反)볼셰비키 정부의 일원이자 크림반도 유대인 공동체 연합회장을 지낸 시오니즘 운동 지도자 다니일 파스마닉은 "자원병 군대가 투쟁에서 대단한 영웅주의와 희생정신을 발휘했다"라면서 "백위대의 단점과 과오를 알고 있지만, 그들 앞에 고개 숙여 기도하지 않을 수 없다"라는 말을 남기기도 했다.(12) 도시와 마을을 점령하고 유대인에게 죽음을 선포하거나 '떠돌이 유대인들'을 전부 학살하겠다고 선언한 군대에 말이다.

서구 국가에서는 혁명을 타도하고자 원정군을 파견해 백위대를 지원했다. 이에 몇몇 유대인 단체는 이들 서구 국가 여론을 환기하려 애썼다.

〈유대인 주간(Evreiskaia Nedelia)〉은 1918년 1월 18일부터 매주 우크라이나에 만연한 '유대인 박해'를 비난했다. 1919년 1월 여러 유대인 정당이 모여 창설한 포그롬 희생자 중앙위원회는 생존자들의 증언을 수집했고, 상세한 목록을 작성, 이를 다시 책자로 만들어 각지의 적십자사 지부와 해외 유대인 단체에 배포했다.

유럽과 미국의 격앙된 반응에 포그롬주의자들은 자신들의 행동을 은폐하려 했다. 훗날 페틀류라는 "유대인들에게 총을 쏜 것은 우리가 아니라 그들, 볼셰비키"였다고 둘러댔다.(13) 그리고 "나는 평화롭게 살아가는 유대인들을 대상으로 발생한 포그롬이나 약탈, 학살에 대해서는 아는 바가 없다. 그런 일이 일어났다는 것조차 모른다"라고 덧붙였다.(14)

1930년대, 백위대와 나치의 '볼셰비즘 타도'를 외쳤던 알렉세이 본 램페 장군은 포그롬에 대해 "유대인들에 대한 폭력과 살인이 아니라 단순한 약탈이었다"라고 일축하며, "점령된 도시의 물자 부족으로 주민들 모두가 어려움을 겪는 과정에서 일어난 일"이라고 주장했다. 그는 나아가 "백위대가 활동하던 지역에서는 유대인을 대상으로 한 포그롬이나 이와 관련된 어떤 조직적인 행동도 없었다"라고 부인했다.(15)

1919년 8월 8일, 유대인 대표단은 백위대의 지휘관 데니킨 장군에게 포그롬 가담자들을 공개적으로 처벌해달라고 요청했다. 하지만 그는 포그롬 행위를 금지하는 명령을 내리고 일부 조사를 지시하는 등 형식적인 대응에 그쳤을 뿐, 실제로는 "의도적 방조 혹은 최소한의 묵인"으로 일관하며 책임을 회피했다. 백위대에 호의적이었던 바실리 막라코프 파리 주재 러시아 대사는 포그롬이 유럽과 미국 등 서방의 주요 지원국들에게 부정적인 인상을 줄 수 있다고 경고했다. 윈스턴 처칠도 데니킨 장군에게 그의 군대가 지배하는 전역에서 유대인들이 학살당하는 사태를 해결해야 한다고 충고했다.

그러나 그의 발언은 유대인들을 위한 것이라기보다 소련에 반대하는 모든 이들을 결속시키고자 하는, 즉 반(反)볼셰비키 연대를 해치지 않기 위한 정치적 고려에서 나온 발언이었다.(16) 또한 처칠은 제2차 세계대전 중 나치의 홀로코스트를 접하고서는 "인류 역사상 가장 끔찍한 범죄"라며 공개적으로 규탄하면서도, 유대인 난민 수용 및 구호 조치에는 소극적이었다. 전반적으로 처칠의 유대인에 대한 태도는 도덕적 연대보다는 제국주의적 전략과 실용주의에 기반해 있었다. 그러나 데니킨 장군은 '유대-볼셰비즘-프리메이슨' 음모라는 망령에 사로잡힌 장교단을 감히 설득할 엄두를 내지 못했고, 애매하고 형식적인 조치만 취하는 데 그쳤다. 이런 상황에서도 영국, 프랑스, 미국 등은 백위대 앞으로 정치적·경제적·군사적 지원을 끊임없이 제공했다.

당시 러시아 외교관 바실리 막라코프는 "포그롬에 대해 구두 경고를 내리고 두세 가지 법령만 만들면 동맹국들은 더 이상 신경 쓰지 않을 것"이라는 말로 볼셰비키 반(反)정부 장관 바실리 마클라코프를 안심시켰다. 그리고 "포그롬에 대해 더 적게 관여하는 것이 우리에게는 훨씬 이득이 된다"라고 주장했다.(17) 1926년 5월 25일, 사무엘 슈바르츠는 파리에서 포그롬 희생자들에 대한 보복으로 페틀류라를 살해했다. 막라코프는 페틀류라를 평소 '포그롬주의자'라고 평가했었다. 살인범을 재판하는 자리에서 프랑스의 앙리 프로이베르크 장군은 "페틀류라는 항상 프랑스의 측근으로 역할을 했고, 프랑스 점령군과 가장 긴밀한 방식으로 협력하기 위해 모든 노력을 기울인 인물"이라고 증언했다.(18)

글 · 장자크 마리 Jean-Jacques Marie

(1),(2) Lidia Miliakova(편집), Nicolas Werth(편집), 『Le Livre des pogroms. Antichambre d'un génocide. Ukraine, Russie, Biélorussie, 1917-1922, 포그롬의 서(書). 대량 학살의 대기실. 우크라이나, 러시아, 벨라루스, 1917~1922』, Calmann-Lévy - Mémorial de la Shoah, 파리, 2010.

(3) Albert Londres, 『Grands reportages à l'étranger 주요외신』, Flammarion, 파리, 2017.

(4),(7),(13) Lidia Miliakova et Nicolas Werth, 『Le Livre des pogroms 포그롬의 서(書)』, op. cit.

(5) Izvestia, 「L'Antisémitisme en Russie. De Catherine II à Poutine 러시아의 반유대주의. 예카테리나 2세부터 푸틴까지」, 〈모스크바〉, 1918년 7월 27일.

(6) Vassili Choulguine, 『Ce qui en eux ne nous plaît pas 우리가 그들에 대해 불쾌해 하는 것』(러시아어), Khors, 상트페테르부르크, 1992.

(8) 정치경찰은 볼셰비키 정권의 적과 대항하는 임무를 수행했다.

(9) Livchits, 〈포그롬 피해 지원 중앙위원회 대표의 보고서〉, Lidia Miliakova et Nicolas Werth, 『Le Livre des pogroms 포그롬의 서(書)』에서 인용

(10),(11) Oleg Boudnitsky, 『Les Juifs et la révolution russe 유대인과 러시아 혁명』(러시아어), Gesharim, 모스크바, 1999.

(12) Daniel Pasmanik, 『Les Années révolutionnaires en Crimée 크림반도의 혁명기』(러시아어), Société anonyme imprimerie de Navarre, 파리, 1926.

(14) Simon Petlioura, 『Le commandant en chef prisonnier d'espoirs chimériques 헛된 희망에 사로잡힌 총사령관』(러시아어), Letny Sad, 모스크바-상트페테르부르크, 2008.

(15) Alexei von Lampe, 〈Possiev〉, 1981, 제3호, 모스크바, 1981.

(16),(17) Oleg Boudnitski, 『Les Juifs russes entre les rouges et les blancs 적백내전 사이의 러시아 유대인』(러시아어), Rosspen, 모스크바, 2005.

(18) Alain Desroches, 『우크라이나의 문제와 시몬 페틀류라. 화염과 잿더미』, Nouvelles Éditions latines, 파리, 1962.

## 모두가 셈족인가?

『창세기』에 따르면, 셈(Sem)은 노아가 500세일 때 낳은 세 아들 중 맏아들이다. 그의 이름 '셈(Šēm)'은 히브리어로 '이름'을 뜻한다.(1) 대홍수 이후 살아남은 유일한 인간들, 즉 셈과 그의 형제 함(Ḥām), 야벳(Yāfet), 그리고 그들의 아내들과 부모인 노아 부부는, 『창세기』 10장 21~31절에 따르면, 대홍수 이후 지구를 다시 채운 모든 인류의 조상이 되었다. 대체로 그 계보는 다음과 같이 정리된다. 셈은 히브리인과 아라비아 지역의 일부 민족들의 조상, 함은 아프리카계 민족들의 조상, 야벳은 그리스인과 페르시아인의 조상으로 간주된다.

18세기 말, 독일의 역사·문헌학자 아우구스트 루트비히 폰 슐레처(August Ludwig von Schlözer, 1735~1809)는 '셈족'이라는 신조어를 처음으로 만들어냈다. 이 단어는 셈의 후손들이 사용하는, 서로 유사한 언어들을 묶어 설명하기 위한 개념이었다. 여기에는 아카드어, 페니키아어, 히브리어, 아랍어, 에티오피아어, 아람어 등이 포함되었다. 이러한 언어학적 의미에서의 '셈족' 개념은 오늘날 아랍권 출신 인사들이 자신에게 제기되는 반유대주의 혐의를 반박할 때 종종 인용되곤 한다.

"나는 셈족인데 어떻게 반셈족(=반유대주의자)일 수 있겠는가?" 그러나 현실적으로 본래 여러 민족을 포괄하던 '셈족'이라는 용어는, 19세기 중반 이후부터 사실상 유대인만을 가리키는 말로 축소되었고, 그 파생어인 '반셈주의(antisémitisme)' 역시 '유대인 혐오'를 뜻하는 단어로 굳어졌다. 그 시기는 바로 유럽에서 반유대주의가 확산되던 시점이었다. 1860년, 오스트리아-헝가리 출신의 유대 문헌학자 모리츠 슈타인슈나이더(Moritz Steinschneider)는 프랑스 철학자 에르네스트 르낭(Ernest Renan)의 편견을 비판하는 글에서 처음으로 '반셈주의

(Antisemitismus, 독일어)'라는 표현을 사용했다.

르낭은 학문적 분석을 가장한 방식으로 그의 저서 『셈족 언어의 일반사와 비교 체계( Histoire générale et système comparé des langues sémitiques)』(1855) 서문에서 이렇게 썼다. "나는 셈족이 인도-유럽족에 비해 열등한 인종적 구성이라는 사실을 처음으로 인정하는 사람이다." '반셈주의'라는 단어를 대중적으로 유포한 인물은 프로이센 출신의 독일 언론인 빌헬름 마르(Wilhelm Marr)였다. 그는 1879년 『반셈주의의 승리(Der Weg zum Siege des Germanenthums über das Judenthum)』이라는 선동적 팸플릿을 출간했고, 잠깐 존재했던 '반셈주의자 연맹'을 창립했다.

1891년, 에두아르 드뤼몽(Édouard Drumont, 프랑스의 언론인, 작가. 19세기 말 반유대주의를 하나의 정치 이데올로기로 정립)은 『한 반유대주의자의 유언(Le Testament d'un antisémite)』이라는 글에서 한층 노골적으로 외쳤다.

"프랑스도 고통받는다. (…) 왜냐하면 프랑스는 유대인의 하수인, 아니 로스차일드라는 유대인에 의해 통치되고 있기 때문이다."

---

글 · 앙젤리크 무니에-쿤 Angélique Mounier-Kuhn
프랑스 저널리스트. 주로 정치 · 경제와 국제 이슈를 다루며, 주로 〈르몽드 디플로마티크〉 등 국제 관련 매체에 꾸준히 기고하고 있다. 『Tunisie : L'audace du printemps 자스민 혁명의 담대한 도전』(2015) 저서가 있다.

(1) Colette Briffard, 「사제 문헌에서 Šēm을 찾아서」, 〈신학 및 종교 연구〉, 2016/2, 제91권, 몽펠리에, 2016

## 사소한 사건, 격정을 뒤흔들다

1931년, 『에스터 숄리모시 사건(L'Affaire Eszter Solymosi)』이라는 이야기가 연재 형식으로 발표될 당시, 헝가리는 미클로시 호르티(Miklós Horthy) 제독의 통치 아래 있었다. 그는 이미 여러 건의 반유대주의 법률을 공포한 상태였다. 이 이야기를 쓴 인물은 줄라 크루디(Gyula Krúdy, 1878~1933)로, 당대 헝가리 문학계에서 가장 기이하고 독창적인 산문 작가 가운데 한 사람으로 평가받고 있었다.

14살의 어린 하녀 에스터(Eszter)는 심부름을 나갔다가 실종됐다. "슬픈 표정의 갈색 머리 소녀"였지만, 누구의 눈길도 끌지 못한 존재였다. 심지어 그녀의 어머니조차 에스터의 눈동자가 파란지 검은지도 기억하지 못했다. 이처럼 사소하고 조용히 묻혔어야 할 사건은, 예상치 못하게 충격적인 국제적 이슈로 번져나갔다. 마을의 유대인들이 유월절 무교병에 넣을 피를 얻기 위해 에스터를 목 졸라 죽였다는 혐의가 제기된 것이다. 1882년, 헝가리 북동부 사볼치 주(Tiszaeszlár)에서 사건이 발생했다. 여론을 주도하는 언론, 의회 제도, 대륙횡단 열차 운행 등 근대화의 물결이 슬로바키아 국경 인근의 이 낙후된 지방까지 흘러들던 시기였다. 그 무렵, 유대인 성당지기의 아들이 갑작스럽게 자기 아버지와 마을 유대 공동체가 '의식적 살인'을 저질렀다고 고발했고, 사람들은 이 터무니없는 이야기를 열광적으로 믿어버렸다.

이 이야기는 실로 인상 깊다. 아버지를 고발한 소년 모르리츠는 러시아 대문호들의 소설에 등장할 법한, 복잡한 내면을 지닌 심리적 인물로 그려졌다. 여기에 다소 과장된 감정과 멜로 드라마적인 장면들이 덧붙여지고, 무엇보다도 작가의 애정 어린 시선이 이야기 전반에 스며 있었다. 그 시선은 종종 내면에서 충돌하는 두 개의 목소리, 즉 자아와 타자의 긴장 속에서 나타나는 이중성에 대한 애정이었다. 이처럼 부조화 속에서 공존하는 이중 언어성은 어쩌면 헝가리 정체성의 핵심 요소이었을지도 모른다.

헝가리의 정체성은 언제나 외부의 시선과 힘에 의해 관통되고, 흔들리며, 재구성되어왔다. 그 외부 타자는 유대인이기도 하고, 집시나 루테니아인, 오스트리아인이기도 했으며, 때로는 말 달리는 훈족의 유령으로 나타나기도 했다. 그러한 '이중 언어성(문화적이고 심리적인 내면의 이중성)'은 1849년 헝가리 독립운동의 영웅이었던 라요시 코슈트가 구현했던 형제애의 열망으로 이어지기도 했고, 반대로 치유받지 못한 영혼들이 완전함을 꿈꾸며 겪는 폐허 같은 멜랑콜리와 연결되기도 했다.

이야기의 등장인물들은 모두 그 멜랑콜리에 스며들어 있었다. 가령, 일이 비교적 잘 풀리던 어느 시점에 갑자기 관청을 나와 스스로 생을 마감한 국왕 측 검사가 그러했고, 1882년 최초의 국제 반유대주의 대회를 조직한 인물 중 하나이자, 이 사건의 핵심 인물로 지목되는 국회의원 게자 오노디 또한 그러했다. 그는 유대인 여성들에 대한 타오르는 열정을 품고 있었고, 돌이킬 수 없을 만큼 신경쇠약에 사로잡혀 있었다.

모든 피고인은 무죄 판결을 받았다. 이 재판은 유럽 전역에 커다란 감정을 불러일으켰다. 오늘날 티서에슬라르에 세워진 에스터 추모 기념비는, 모든 소수자에게 적대적인 극우 세력의 순례지가 되어 있다.

---

글 · 에블린 피예에 Evelyne Pieiller
프랑스의 작가이자 문학 · 문화 비평가로, 〈르몽드 디플로마티크〉를 비롯한 여러 매체에 사회 · 문화 · 예술 관련 칼럼과 비평을 기고하고 있다. 주요 저서로는 『Le Grand Théâtre 위대한 연극』(2000), 『L'Almanach des contraries 소외된 자들의 연감』(2002) 등이 있다.

# 헨리 포드의 민낯,
# 히틀러를 찬양한 반유대주의자

### 미카엘 뢰비 Michaël Löwy

브라질 출신의 프랑스 사회학자이자 철학자. 마르크스주의, 종교사회학, 해방신학, 생태사회주의 등을 연구해 온 세계적 석학으로, 現 파리 사회과학고등연구원(EHESS) 명예 연구책임자다. 대표적 저서로『신들의 전쟁: 라틴아메리카의 종교와 정치』(1996), 『발터 벤야민: 마르크스주의적 해석』(2001) 등이 있다.

헨리 포드는 흔히 대량소비 시대를 앞당긴 혁신적 기업가이자 컨베이어벨트 방식을 도입한 산업화의 선구자로 알려져 있다. 하지만 그는 불행히도 여기에 그치지 않았다. 포드는 유대인을 증오하는 글들을 직접 쓰고 퍼뜨렸으며, 이 글들은 나치 독일, 즉 제3제국의 주요 인물들의 서가에 꽂혀 있었다. 특히 아돌프 히틀러에게 큰 영향을 끼쳤다. 히틀러는 자서전 『나의 투쟁』에서 포드를 "영감의 원천"으로 언급하기도 했다. 그런 공로(?)에 대한 대가였을까. 포드는 1938년 나치 독일이 외국인에게 수여하는 최고 훈장인 '독수리 대십자가훈장'을 받았다.

헨리 포드의 책 『국제 유대인(The International Jew)』은 1920년부터 1922년 사이, 네 권으로 출간되었고 곧바로 독일어로 번역되었다. 이 책은 그가 인수한 신문인 〈디어본 인디펜던트(The Dearborn Independent)〉에 연재했던 글들을 묶어 낸 것이다.(1)

이 책에서 포드는 자신이 '과학적'이라고 주장하는 방식으로 유대인을 분석하며, 전반적으로 의료적 은유가 가득한 언어를 사용했다. 예컨대 「유대인에 대한 독일의 바람직한 반응」이라는 글에서 그는, 유대인의 존재를 '정치적 위생'의 문제로 규정하면서 "독일 민족국가를 병들게 하는 주요 원인은 (…) 유대인의 영향력"이라고 단언했다.

포드에 따르면, 유대인은 '세균'으로 묘사되었고 '정화'의 대상으로 간주되었다. 이러한 표현은 위생학의 허울을 쓴 채, 아돌프 히틀러와 그의 측근들이 문자 그대로 받아들인 언어이기도 했다. 예컨대 이런 발언이 나온다. "유럽에 셈족 인종이 더 이상 존재하지 않는다고 상상해보라. 그게 정말 그렇게 끔찍한 비극이겠는가?" 이러한 담론 속에서 유대인은 더 이상 종교적 정체성이 아닌, "온갖 말살 시도에도 살아남은 인종"으로 규정되었으며, 생물학적·인종적 존재로 전환되었다. 그 반대편에는 "문명을 피 속에 지닌 인종", 곧 앵글로색슨족, 아리아인, 백인 유럽인 또는 켈트계 앵글로색슨족이 있다. 이들은 대서양을 건너 미국을 건국한 인종으로, "세계를 통치하도록 시대가 선택한 지배 인종"으로 찬양되었다. 결국 포드는 젊은 세대에게 '인종적 자긍심'을 일깨워야 한다고 강조했다.

헨리 포드에게 크게 영향을 끼친 것은 위서(僞書) 『시온 장로 의정서』였다. 그는 이 조작된 문서를 "허구라고 보기엔 지나치게 사실적이고, 조작이라 치부하기엔 세상의 은밀한 메커니즘을 너무도 깊이 꿰뚫고 있다"라고 평했다. 포드는 이 문서를 "유대인이 전 세계 권력을 장악하려는 음모가 드러난 반박 불가능한 증거"라며, 자신의 저서와 언론을 통해 반복적으로 인용하고 해설했다. 그러나 포드는 이 문서를 베끼는 데 그치지 않았다. 그는 그 주장을 당대 현실에 맞게 새롭게 편집했고, 유럽에서 일어난 혁명들을 포함한 동시대의 사건들을 이 책의 관점에서 분석하려 했다. 포드는 그 과정에서 독일을 자주 언급했다. 이는 그의 비서였던 에른스트 지 리볼트(Ernst G. Liebold)의 영향일 수 있다. 독일계 미국인이었던 리볼트는 포드의 반유대주의 사상 형성에 깊이 관여한 인물로, 『시온 장로 의정서』를 포드에게 신뢰할 만한 문서로 믿게 만든 장본인으로 지목되기도 했다. 그는 포드가 인수한 반유대주의 주간지 〈디어본 인디펜던트〉의 운영 책임자이기도 했다. 포드는 독일이 유대인 집단에게 지배되고 있다고 주장하면서도, "순수 게르만 인종과 순수 셈족 인종 사이만큼 극단적인 대비는 세계 어디에도 없다"라고 썼다. 이처럼 포드는 『시온 장로 의정서』의 악명 높은 반유대주의 논리를 자신의 산업적·정치적 세계관에 통합하여, 보다 '현대적인' 음모론으로 재포장하였다.

볼셰비키 혁명은 단지 "오랜 기간 계획된, 특정 인종의 지배를 확립하기 위한 외형적 위장에 불과"하다고 했다. 소비에트는 유대인의 자치 공동체인 카할(Kahal)의 위장된 형태에 지나지 않으며, 모든 '붉은' 지도자들-물론 그 첫 번째는 레온 트로츠키('브라운슈타인'이라 잘못 표기됨)-은 모두 유대인이라는 주장이었다. 물론 공산주의자들은 레닌이 유대인이 아니라고 주장했지만, 포드는 이에 아랑곳하지 않고 레닌의 자녀들은 이디시어(Yiddish, 중세 독일어를 기반으로 히브리어와 슬라브어 등이 결합된 복합 언어로, 주로 유럽 아슈케나즈 유대인들이 사용)를 사용했다고 주장했다. 포드는 또한 "기독교의 일요일을 유대교의 안식일인 샤밧(Shabbat, 매주 금요일 해 질 무렵부터 토요일 해 질 무렵까지 이어지는 유대교의 안식일)으로 대체하라는 칙령을 내렸다"라고 단언했다.

그러나 언젠가는 진정한 러시아가 깨어나 "끔찍한 복수를 하게 될 것"이라고 포드는 장담했다. 그 복수의 형태는 책의 네 번째 권에 인용된 한 편지에서 암시되었다. "유럽에 더 이상 셈족이 존재하지 않는다고 상상해보자. 그게 그렇게 끔찍한 비극일까? 전혀 그렇지 않다! (…) 언젠가는 그들은 자신이 뿌린 씨앗을 수확하게 될 것이다."

## 알코올 중독의 조장자들

헨리 포드는 수백 페이지에 걸쳐 유대인이 미국 사회에서 차지한 위치를 다루며, 그들을 알코올 중독, 백인 여성 인신매매, 금융·스포츠·정치 부패 등을 조직하고 조장하는 집단으로 묘사했다. 그는 포그롬은 단지 선전일 뿐이며, "유대인의 동유럽발 대거 이주는 박해 때문이 아니라 본질적으로 미국 사회 지배를 위한 계획된 침략"이라고 주장했다.

포드는 또한 장군이 군대를 이동시키듯 유대인도 사람을 이동시킬 수 있는 조직력을 갖고 있다면서, "폴란드에서 미국으로 백만 명을 옮기는 것도 가능하다"라고 주장했다. 그는 뉴욕의 노동조합이나 미국 서부 해안의 산업노동자총연맹(IWW) 배후에 유대인이 있다고 비난했지만, 그보다 더 큰 분노를 보인 것은 "미국의 연극과 영화계를 유대인이 지배하고 있다"는 이른바 '유대화' 현상이었다.

포드는 또 유대인들이 미국 공연예술을 더럽히고 있으며, "외설적인 '동양적 관능성'을 통해 도덕적 타락을 부추기는 독(毒)을 은밀하게 주입하고 있다"라고 주장하기도 했다. 특히 그는 "찰리 채플린이라는 유대인"의 해로운 영향을 지목했다. 찰리 채플린의 본명은 찰스 스펜서 채플린(Charles Spencer Chaplin)이다. 그럼에도 헨리 포드는 그가 '캐플런(Caplan)' 또는 '카플란(Kaplan)'이라는 동유럽 유대계에서 흔히 쓰이는 성씨를 가진 인물일 것이라고 주장했다. 이는 채플린이 실제로 유대인이 아님에도 불구하고, 그를 유대인으로 낙인찍고자 고의적으로 허위의 본명을 꾸며낸 것이었다. 이는 유대인의 문화적 영향력을 비난하고, 채플린의 영화와 활동을 도덕적으로 폄훼하려는 반유대주의적 음모론의 일환이었다.

## 재즈, '악마의 간계'?

헨리 포드에 따르면, 재즈 역시 유대인의 발명품이었다. 그는 재즈에 "악마적인 무언가"가 스며 있으며, 그 노골적인 감각성과 에로틱한 성분이 퇴폐적인 분위기를 조성해 미국 청년들을 타락시키고 있다고 비난했다. 따라서 그는 재즈와 같은 "병의 근원"을 정화하는 것이 상식이라고 주장했다. 그의 담론에는 청교도적 금욕주의와 인종주의가 밀접하게 결합되어 있었으며, 그 결과 전통적인 개신교 신앙에는 도덕적 신학적 깊이를 상실한 채, 오직 '성적인 것'에 대한 강박적인 공포만이 남게 되었다.

포드는 또 하나의 기이한 주장을 내놓았다. 볼셰비즘이 뉴욕의 유대인 거주지에서 비롯되었다는 것이다. 그 근거로 그는 레온 트로츠키가 몇 년간 뉴욕에 거주했던 사실을 들며, 트로츠키는 "이스트 사이더"(East Sider, 뉴욕 맨해튼의 이스트 사이드에 사는 사람들)였다고 주장했다. "이스트 사이드의 모든 지도자들은 트로츠키가 '차르의 자리를 차지하러 간다'는 것을 알고 있었다. (…) 그것은 결코 우연이 아니었다. 모든 것이 사전에 계획되었고, 정해진 인물들이 예정된 자리에 들어갔다"라고 그는 억지를 부렸다. 포드는 한술 더 떠서 "유대인의 볼셰비키 혁명은 미국에서부터 기획된 것"이며, 트로츠키는 뉴욕 유대계 은행가 막스 바르부르크의 자금 지원을 받아 혁명을 수행했다고 주장했다.

---

글 · 미카엘 뢰비 Michael Löwy

[아카이브]

## 히틀러는 누구에게나 원하는 걸 약속했다

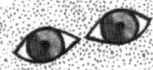

### 귄터 홀츠만 Günter Holzmann

독일 출신의 유대계 반나치 활동가이자, 탐험가·민족학자. 나치 박해를 피해 영국과 남미로 망명해 환경과 문화 보존 활동에 헌신하며, 중앙아프리카 및 안데스 지역의 고대문명 발굴에 기여했다. 1990년대 중반, 〈르몽드 디플로마티크〉의 편집·재정 독립을 위해 거액을 기부하여 'Günter Holzmann 협회'가 설립되었다. 1997년 자서전 『사람들은 내가 바다 건너 어딘가에서 살아남았다고 말한다』 (On dit que j'ai survécu quelque part au-delà des mers)를 출간했다.

1912년 유대계 부르주아 가문에서 태어난 귄터 홀츠만(Günter Holzmann, 1912~2001)은 당시 독일령이었던 실레지아 지역의 도시 브레슬라우(오늘날 폴란드의 브로츠와프)에서 성장했다. 그는 좌파 청년운동의 지도자로 활동하며 나치즘의 확산을 목격했고, 박해를 피해 영국으로 망명한 뒤 중남미로 이주했다. 그곳에서 그는 탐험가, 민족학자, 고고학자, 자연주의자, 그리고 금 탐사자이자 작가로서 다양한 삶을 살았다.

1995년, 〈르몽드 디플로마티크〉는 그가 2년 뒤 출간할 자서전의 일부를 처음으로 게재했다. 이 책은 『사람들은 내가 바다 건너 어딘가에서 살아남았다고 말한다…』(La Découverte, 파리, 1997)라는 제목으로 출간되었으며, 그는 〈르몽드 디플로마티크〉의 열렬한 후원자이자 외부 필진이기도 했다.

### 곳곳에 번진 군화

1932년 무렵, 독일 전역에는 갈색 셔츠를 입고 번쩍이는 군화를 신은 사내들이 우후죽순 늘어났다. 이들은 단단하고 위압적인 걸음걸이를 위해, 그리고 더 남성적이고 더 군사적인 인상을 풍기기 위해 그렇게 차려입었다. 그리고 무엇보다 짓밟고, 상처 입히고, 압도하기 위해서였다. 처음에는 작은 무리였지만, 곧이어 대대, 연대, 그리고 하나의 돌격대(SA) 군단으로 확대된 그들은 위협적이고 호전적인 모습으로 완벽한 군사 행진 대열을 이루며 노래를 부르고 거리를 누볐다.

히틀러의 이 사설 군대를 무장시키고 유지하기 위한 자금은 도대체 어디서 나왔을까? 폭력을 통해, 그리고 경찰과 당국의 묵인 아래 이들은 도시와 마을의 거리를 하나둘 장악해 나갔다. 공산주의에 대한 두려움으로, 부유층은 갈색 셔츠의 당에 막대한 자금을 기꺼이 쏟아부었다. (…)

나는 내가 태어난 브레슬라우(Breslau)라는 도시에 살고 있었다. 내가 속해 있던 독일 청년운동의 분파는 '카메라덴(Kameraden, 동지들)'이라 불렸다. 이 단체는 대부분 부유하고 독일 사회에 동화된 유대계 청년들로 구성되어 있었다. 우리는 유대교의 종교적 전통도 따르지 않았고, 유대 민족이라는 개념이나 팔레스타인을 민족의 본거지로 여기는 시온주의에도 반대했다. 우리의 문화, 교육, 국적은 철저히 독일적, 아니 독일 그 자체였다. 그러나 이런 정체성은 시간이 갈수록 변화했다. 나치즘이 반유대주의를 자극하고 그것을 하나의 교리로 격상시키면서부터였다. (…)

처음에는 아돌프 히틀러와 그의 추종자들이 내뱉는 잔혹한 위협을 진지하게 받아들이는 사람은 거의 없었다. 돌격대(SA)들은 이렇게 노래했다. "유대인의 피가 우리의 칼날 아래에서 튀어오를 때, 모든 것이 잘 풀릴 것이다." 그러나 이런 괴상하고 극단적인 말들을 곧이곧대로 믿는 사람들은 없었다. 당시, 그토록 질서 있고 문명화된 나라, 독일에서 그런 극악무도한 일들이 실제로 일어날 수 있으리라고는 상상조차 할 수 없었기 때문이다. 사람들은 그것이 그저 대중의 저급한 본능을 자극하기 위한 조악하고 천박한 선전일 뿐이라고 여겼다. 사람들은 흔히 "불에서 막 끓인 국도 먹을 땐 그리 뜨겁지 않다"(과장된 경고나 위협도 실제로는 그렇게까지 심각하지 않을 것이라는 안일한 기대를 풍자하는 독일 속담-역주)라고 말하곤 했다.

1932년, 선거운동이 한창이던 그 해는 나치 집권 1년 전이었다. 나는 대담하게도 아돌프 히틀러의 연설이 예정된 국가사회주의당 집회장 안으로 몰래 들어갔다. (…)

엄청난 크기의 실내 공간은 거대한 하켄크로이츠(卍) 깃발들로 장식되어 있었고, 온갖 사회계층에서 몰려든 수천 명의 군중이 인산인해를 이루며 입추의 여지가 없었다. (…) 제복을 입은 악단은 군가를 연주하고 있었고, 몇몇 연사가 무대에 올라와 분위기를 달구며 군중을 선동했다. 그들은 유대인, 프리메이슨, 예수회 신부들을 저주했으며, 1918년 독일의 패전 책임이 그들 때문이라며 목소리를 높였다. 이들은 또한 자본주의, 공산주의, 독일을 망친 온갖 불행의 원인을 유대인 탓으로 돌렸다. 그리고 그런 '악의 세력'에 대해 무자비한 투쟁을 벌이겠노라고 다짐했다.

견디기 힘들 만큼의 몇 시간을 기다린 끝에, 마침내 '퓌러'(Führer, 아돌프 히틀러를 가리키는 명칭) 본인이 극적인 등장으로 집회장에 모습을 드러냈다. 군중은 일제히 일어나 독일 국가를 목청껏 부르며 열렬히 환호했다. 분위기는 이미 극에 달해 있었다.

연단 위로 뛰어오른 히틀러를 보고 나는 즉시, 눈앞에 서 있는 이 자가 사기꾼이라는 느낌을 받았다. 그는 체구도 왜소하고 연약해 보였으며, 나치가 숭배하던 게르만 신화 속 금발의 건장한 영웅들과는 전혀 닮지 않았다. 갈색 제복을 입은 그의 모습은 오히려 군인을 풍자한 만화 속 인물처럼 보였다.

그는 몸을 과장되게 흔들고 고함을 지르기 시작했다. 때로는 분노와 히스테리가 극에 달하기도 했으며, 그의 연설은 군중에게 믿을 수 없을 만큼 강력한 최면 효과를 불러일으켰다. 사람들은 이 병적이고 광적인 수사에 휘말려 들었고, 심지어 일부 여성들은 완전한 황홀경에 빠진 듯한 모습을 보이기도 했다. 그는 누구에게나 원하는 것을 약속했다. 가난한 이들에게는 빵과 일자리를, 부유한 이들에게는 더 많은 이윤을, 그리고 독일에게는 영광스러운 미래를. 중요한 것은 그가 무엇을 말했느냐가 아니라, 어떻게 말했느냐였다.

그의 연설을 들으며, 나는 이 광적으로 열광한 대중이 저지를(지도 모를) 끔찍한 재앙을 예감했다. (…) 그것은 실로 무섭고 역겨운 광경이었다. 나는 그 광기에 휩싸인 홀을 빠져나오며, 이 모든 것이 얼마나 병든 세상을 드러내고 있는지를 실감했다. (…)

비록 나치당이 성공을 거두고 있었지만, 당시만 해도 권력을 완전히 장악한 상태는 아니었고, 독일 국민 대다수도 그들의 반유대주의적 강령에 동조하지 않았다. 오히려 거부하는 분위기였기 때문에, 1934년까지는 나 또한 개인적으로 어떤 차별을 느낀 적이 없었다.

히틀러가 권좌에 오른 1933년 초(그해 1월 30일 총리 임명, 3월 23일 전권 장악), 처음 시행된 반유대주의 조치들은 대부분 온건했고, 실제보다는 선언에 가까운 조치로 보였다. 나치들은-부르주아와 보수 동맹자들에게는 대단한 기쁨이었겠지만-조직화된 모든 반대 세력을 먼저 제거하기 위해 공산주의자, 사회주의자, 노동조합원들을 투옥하고, 고문하고, 살해하는 데 너무도 바빴다. 일부 역사 왜곡자들은 독일 국민 전체가 히틀러에게 전적으로 동조했다고 주장하지만, 그 주장은 결정적인 사실 하나를 외면하고 있다. 즉, 권력을 얻고 지키기 위해, 히틀러와 나치 지도부는 먼저 수만 명의 독일인을 살해했다는 점이다.

이 국가사회주의 정부는 독일 청년들의 모든 독립 조직을 해산시키고, 이를 법령에 따라 전부 히틀러 유겐트(히틀러 청소년단)에 통합시켰다. 우리를 포함한 몇몇 분파들은 이 강제 조치를 거부했고, 그 결과 우리는 불법적인 존재가 되었다. 그때부터 우리의 활동은 모두 비밀리에 이루어질 수밖에 없었다.

### 정작 히틀러에 대해 몰랐다

(…) 독일이 어디로 향하는지 아무도 알지 못했다. 공산주의자들은 치명

적인 실수를 저질렀다. 그들은 중도좌파인 사회민주당(SPD, 사민당)을 더 큰 적으로 여겼고, 그것이 결과적으로 나치의 선거 승리를 간접적으로 돕게 되었다. 그들은 순진하게도 나치에게 정권을 넘기면, 나치가 선동적인 공약들을 실현하지 못한 채 형편없이 실패할 것이며, 그러면 프롤레타리아 혁명으로 이어질 수 있을 것이라 믿었다.

반면, 기득권 체제 유지를 위해 사회 변혁이나 진보적 흐름에 반대하는 자본가 계층, 즉 반동적인 부르주아 계층은 나치의 동력을 자신들이 통제할 수 있다는 착각에 빠졌고, 유대인을 향한 위협 역시 실제로는 일부 유대인 투기꾼들에게만 국한된 것이라 여겼으며, 그런 위협을 심각하게 받아들이지도 않았다. 게다가 이들 투기꾼은 유대교 공동체 내에서도 이미 혹독한 비판을 받고 있던 이들이었다.

나치당 내부에도 서로 다른 경향들이 존재했으며, 적잖은 당원은 당의 지나친 과격 행위를 비판하면서 머지않아 이성적이고 정의로운 방향으로 상황이 회복될 것이라 진심으로 믿고 있었다.

유대인에 대한 최초의 차별 조치 중 하나는 전국적인 상점 불매운동이었다. 모든 독일인은 유대인 소유의 가게에서 물건을 사지 말아야 한다는 것이었다. 이를 위해 나치 독일 돌격대(SA)는 유대인 상점의 쇼윈도에 모욕적이고 굴욕적인 문구를 큼지막하게 칠해놓았다. 하지만 사람들은 이를 별로 개의치 않고 평소처럼 단골 가게에서 계속 장을 보았다. 그러자 돌격대원들이 상점 입구에 배치되어 고객들을 협박하기 시작했다. 그들은 심지어 물건을 사러 온 사람들을 사진으로 찍고, 협박하며 욕설을 퍼붓고, "개새끼", "배신자"라고 부르며 얼굴에 침까지 뱉었다.

---

글 · 귄터 홀츠만 Günter Holzmann

# 침묵으로 지워진 학살, 리투아니아의 어두운 그림자

### 피에르 랭베르 Pierre Rimbert

프랑스의 언론인 · 〈르몽드 디플로마티크〉 프랑스어판 기자. 미디어 감시 · 비평 행동단체 (Acrimed)에서 활동하며, 언론의 상업화, 정치 · 경제 권력과의 유착, 보도 프레임 왜곡 등을 꾸준히 비판해 왔다. 주요 저서로, 프랑스 일간지 〈리베라시옹〉의 변화를 정치 · 경제 · 언론사적 관점에서 분석한 『Libération, de Sartre à Rothschild』(2005, 해방 사르트르에서 로스차일드까지)가 있다.

1941년부터 1943년 사이, 리투아니아인들은 나치 친위대(SS)의 지휘 아래 자국 내 유대인 동포들의 학살에 적극적으로 가담했다. 그로부터 80년이 지난 지금까지도, 리투아니아는 역사 수정주의라는 두터운 허울 아래 자신을 숨긴 채, 이 어두운 과거와 여전히 마주하지 못하고 있다.

1940년, 폴란드 언론인이자 인쇄업자였던 카지미에즈 사코비치(Kazimierz Sakowicz, 1899~1944)는 당시 폴란드령(1922~1939)이었던 빌노, 즉 지금의 리투아니아의 수도인 '빌뉴스'(Vilnius)에서 사업을 하고 있었다. 그러나 소련이 이 지역을 점령하고 경제를 국유화하면서 그의 사업은 쇠퇴하게 되었다. 그는 더 저렴한 주거지를 찾아 수도에서 약 10킬로미터 떨어진 포나리(Ponary)라는 작은 마을의 숲 근처 오두막으로 이주했다. 그의 정원 앞에는 붉은 군대가 연료를 저장할 목적으로 파놓은 넓은 원형 구덩이들이 있었다. 현지 주민들은 독일군을 해방자처럼 환영했다.

1941년 6월 22일 독일의 침공 이후, 나치 점령군은 이 장소를 유대인 7만 명, 폴란드인 수천 명, 소련군 전쟁포로 다수를 학살하는 현장으로 사용했다. 15세기부터 리투아니아에 정착해온 유대인들은, 제2차 세계대전 이전에는 이디시어로 '빌나'(Vilna)라 불리던 수도 인구의 3분의 1을 이루고 있었다. 이 도시의 문화적, 학문적 명성은 나폴레옹에게도 깊은 인상을 남겨, 그는 이곳을 "북방의 예루살렘"이라 불렀다. 1956년도 공쿠르상 수상 작가 로맹 가리(Romain Gary, 1914~1980. 본명은 로만 카체프)도 이곳에서 태어났다.

그러나 리투아니아에는 종교적이면서도 정치적인 성격을 띤 반유대주의가 뿌리 깊게 박혀 있었다. 카톨릭 신자들은 1940년 리투아니아가 소련에 병합된 책임이 이른바 '유대-볼셰비키'에게 있다고 여겼고, 이로 인해 유대인들에 대한 적대감이 더욱 고조되었다. 또한 민족주의자들은 유대인을 자신들이 추구하는 "인종적 순수성"과 양립할 수 없는 존재로 보았다. 서부 우크라이나와 마찬가지로, 현지 주민들은 나치 독일군을 해방자로 열렬히 환영했다. 극우 민병대뿐 아니라, 일반 시민들까지도 마치 축제라도 되는 듯 아이들 손을 잡고 와서 1만 명의 유대인이 무참히 살해당하는 포그롬을 지켜보며 환호했다.

유대인 출신의 옛 레지스탕스 전투원 조제프 멜라메드는 이렇게 회고했다. "독일군은 아직 도착하지도 않았어요. 리투아니아인들이 그 짓을 먼저 해냈죠."(1) 그 후 나치 친위대의 지휘 아래 학살은 마치 철저히 체계화되어, 공장과도 같은 산업적 방식으로 수행되었다. 전쟁이 시작될 당시 리투아니아에 있었던 21만 명의 유대인 중 1944년에 살아남은 사람은 수천 명에 불과했다.

리투아니아 유대인의 95% 이상이 학살되어, 이 나라는 '유대인 대학살의 세계 챔피언'이라는 오명을 얻게 되었다. 리투아니아 수도 빌뉴스에서 유대인 학살의 중심지는 포나리였다. 바로 그곳, 카지미에시 사코비츠의 집 앞에 펼쳐진 숲 한가운데였다.

## 작은 창문 뒤의 학살

카톨릭 신자이며 폴란드 저항 운동에 공감했던 언론인 카지미에즈 사코비츠도, 이 지역에 뿌리내린 반유대주의적 편견에서 벗어나 있었다고 보기는 어렵다. 그러나 첫 총성이 울리자마자 그는 자신 앞에서 무언가 전례 없는 일이 벌어지고 있다는 것을 직감했고, 이를 기록하기로 결심했다. 그는 작은 다락 창문 뒤에 자리를 잡고, 학살 장면을 지켜보며 1941년 7월 11일부터 상세한 기록을 종이에 남기기 시작했다. 그는 이 기록에 이웃들과 나눈 대화의 단편들을 덧붙이며 꾸준히 보완해갔다. 시간이 흐르면서, 그는 이 기이한 일지를 종이에 적어 레모네이드 병에 넣고 자신의 정원에 하나씩 묻었다.

그리고 1944년 7월, 그는 이웃들에 의해 자전거 옆 도랑에서 피투성이로 발견되었다. 몸에는 총상이 있었다. 며칠 뒤 소련군이 빌뉴스를 해방하자, 한 이웃이 정원에 묻혀 있던 병들을 파내어, 이제는 텅 빈 수도의 게토로 돌아온 유대계 반나치 게릴라 전사들에게 그것을 건넸다. 그 기록들은 이후 수십 년 동안 기록 보관소의 어둠 속에 잠들어 있다가 시인 아바 코브너(Abba Kovner)가 공동 창립한 '자유 유격대 조직'의 전직 여성 전사였던 라헬 마르골리스(Rachel Margolis)에 의해 복원되었고, 1999년 폴란드어로 처음 출간되었다. 그의 『포나리 일지(Ponary Diary)』는 당시 리투아니아에서 벌어진 유대인 대학살의 참혹함과, 이를 목격한 한 사람의 양심의 목소리를 생생하게 전해준다.

역사학자 알렉상드라 레녜-라바스틴의 번역과 편집 작업 덕분에, 『포나리 일지』는 2021년부터 프랑스어로도 읽을 수 있게 되었다.(2) 이 특별한 증언은, 희생자도 가해자도 아닌 제3자의 시선으로 기록된 몇 안

되는 자료 중 하나로, 유대인 학살에 리투아니아인들이 광범위하게 가담했음을 생생하게 기록하고 있다. 포나리에서는 아마추어 사격 동호회 출신의 리투아니아 청년들이 민족주의 성향의 민병대 조직에 자발적으로 참여해서는, 유대인들을 체포 및 구타하고, 강제로 이들의 옷을 벗기고는 고문과 성폭행을 가한 뒤 총살하는 데 가담했다.

"이 모든 일은 종종 멀찍이 떨어진 나치 친위대 장교들의 감독과 묵인 아래 진행되었다"라고 라네-라바스틴은 적었다. 이후 이들은 빼앗은 옷들을 근처 주민들에게 되팔거나 술과 맞바꾸었다. 샤코비츠는 다음과 같이 썼다. "1941년 9월 2일 화요일. 바람이 불고, 폭우가 내리고, 날씨는 서늘하고 흐렸다. 오늘 아침 7시, 나는 이웃에 사는 친구 피르추프키 집에 가기 위해 길을 나섰다. 가는 길에, 큰길을 달리던 차 한 대가 갑자기 멈춰 서는 것을 보았다. 그 뒤로는 유대인들로 가득 찬 트럭 두 대가 따르고 있었다. 차즈비예비체에 이르렀을 때, 이미 총성이 울리고 있었다. 반 시간 후, 나는 여전히 그 길 위에 있었고, 교차로에서부터 작은 예배당에 이르기까지, 끝도 없는 유대인 행렬이 두 줄로 2킬로미터 이상 이어져 있었다. 그들이 철조망을 통과하는 데 15분이 걸렸다. 다른 이웃 얀코프스키는 거기 있던 사람이 약 4,000명이라고 말했는데, 어떤 이는 4,875명까지 세었다고 한다. 대부분이 어린아이들과 아기들을 데리고 있는 엄마들이었다. (…) 리투아니아인 저격수 80명이 그들을 총살했고, 다른 100명가량은 철조망 앞을 지키고 있었다. 그들은 술에 취해 있었다. 얀코프스키의 말에 따르면, 총살하기 전에 이들은 여성들과 남성들을 끔찍하게 고문했다."

1943년 4월, 독일군은 리투아니아 곳곳의 게토를 청산하기로 결정했다. 사코비츠는 이 사건을 "최후의 심판의 날"이라고 명명했다. "1943년

4월 5일 월요일 (…) 나는 매우 일찍 일어났다. 오전 5시 20분, 이미 날이 밝았고, 모든 것이 평온한 지금이다. 그러나 6시쯤, 게슈타포 요원들이 트럭에서 뛰어내렸다. 그들은 전날 도착한 화물열차의 화물칸 네 개를 열고, 안에 갇혀 있던 유대인들에게 밖으로 나올 것을 명령했다. (…)"

### 49량의 화물열차에 실려 온 무고한 시민 2,500명

"첫 번째 집단은 구덩이 앞에서 옷을 벗어야 했다. 짐승 같은 울음과 비명이 허공을 찢는 가운데 몇몇 어머니들은 리투아니아인과 독일인들의 발치에 엎드려 기어가며 애원했다. 그들은 잔혹하게 밀쳐지거나, 너무 귀찮게 군다는 이유로 현장에서 즉시 총살당했다. 잔인한 구타 끝에, 사람들은 매장지에서 10미터 정도 떨어진 곳에서 결국 옷을 벗었다. 단, 옷이 너무 남루한 자들은 누더기를 벗지 않아도 됐다. 가족들은 이후 구덩이 쪽으로 떠밀렸고, 양쪽에 배치된 리투아니아인 총잡이들이 그들을 향해 방아쇠를 당겼다. (…)"

"몇 분간 짧은 정적이 흐른 뒤, 또 다른 무리가 도착했다. 그들은 이미 공동묘지에서 약 80~100미터 떨어진 막사 근처에 얼굴을 땅에 대고 엎드려 있던 이들이었다. 살해자들은 그 무리를 둘로 나누었다. 악몽은 다시 시작됐다. 옷을 벗기고, 비명이 터지고, 울음과 신음, 애원 소리가 이어졌다. 한 어머니가 갓난아기를 리투아니아인들에게 보여주었다. 그들 중 하나가 아기를 낚아채어, 여자를 시체 구덩이에 떠밀어 넣더니 아기도 함께 던졌다. (…) 오전 7시부터 11시까지 채 네 시간도 되지 않는 사이에 2,500명 이상이 총살당했다. 화물열차 49량에 실려 온 사람들 전부였다."

고문당한 희생자들로부터 훔친 옷과 물건들을 거래하는 일은 인근 모든 주민들에게 이득을 안겨주었다. 사코비츠는 1942년 7월 30일자 기록에서 이렇게 적었다. "철도 노동자들, 경찰들, 우체국 사무실에서 일하는 여성들-그리고 '포나리 리투아니아 정착촌'에 사는 모든 주민들-이들은 제복을 입은 리투아니아인 총살자들의 지시를 따라야 했다." 이곳에서 집단학살은 일종의 축제였다. 3부대의 책임자였던 카를 예거는 독일 본국 상부에 보낸 활동 보고서에서, 1941년 7월 2일부터 12월 1일까지 리투아니아 유대인 13만 7,346명이 살해되었음을 보고하며 이렇게 썼다. "포나리에서의 학살 조치가 민중들 사이에 얼마나 큰 기쁨과 감사, 열광을 불러일으켰는지 아무도 상상할 수 없을 것이다. 때로는 그 열정을 자제시키기 위해 이들을 훈계해야 했을 정도였다. 여성들과 아이들, 남성들이 눈물을 흘리며 심지어 우리의 손과 발에 입을 맞추려 했다."

1943년 9월 빌뉴스 게토가 청산된 뒤, 약 1,500명에서 2,000명의 유대인들이 산속으로 들어가 게릴라 활동을 벌였고, 이들의 활동은 사코비츠의 일기에도 등장했다. 하지만 그 일기는 1943년 11월 6일 중단되었으며, 많은 원고는 아직도 발견되지 않았다. 소련군이 승리하자마자, 소련 당국은 포나리에서의 학살에 대해 법의학적 조사를 통해 그 규모를 문서화했다. 그러나 이들은 학살의 반유대주의적 성격뿐 아니라, 이제 소련에 통합된 리투아니아인들의 책임 역시 지워버렸다. 이후 세워진 기념비들은 파시스트에 의해 살해된 '소비에트 시민들'을 기리는 형태로만 구성되었다.

소련 붕괴 후, 독립한 리투아니아는 민족 정체성을 재구축하는 과정에서 거의 광신에 가까운 반공주의를 중심에 놓았다. 민족주의 성향의 엘리트와 그 지지자들 중 상당수는 나치와의 협력을 '유대-볼셰비즘'에 맞선 정당한 투쟁으로 간주했다. 제2차 세계대전 당시 붉은 군대와 싸웠다는 이유로, 요나스 노레이카와 같은 친나치 협력자, 극우 민병대원, 반유대 학살 가담자 수백 명이 1990년대 들어 사후 훈장을 받았고, 국가적 영예를 누리며 국민 영웅의 지위를 부여받았다.

## 나치의 홀로코스트와 유대-볼셰비키의 학살이 동등?

리투아니아는 2004년 유럽연합(EU)과 북대서양조약기구(NATO)에 가입하기 전, 국제사회의 기준에 맞춰 과거사에 대한 입장을 조금 누그러뜨렸다. 즉, 제2차 세계대전 당시 나치 협력과 반유대 학살에 대한 과거를 미화하거나 부정하는 태도(역사 수정주의)를 일정 부분 자제했다. 그러나 2007년과 2008년에 들어서는 태도가 다시 바뀌어, 리투아니아 검찰이 과거 나치와 싸운 유대인 저항 전사들을 '전쟁범죄' 또는 '반인도범죄' 혐의로 수사하기 시작했다. 이들이 받은 혐의는 1944년, 유대인들을 학살한 리투아니아인들과 맞서 싸웠다는 것이었다.

신문과 사법부 인사들은 『포나리 일기』의 편집자인 라헬 마르골리스(Rachel Margolis)나, 미국판 『포나리 일기』의 책임자이자 역사학자인 이츠하크 아라드(Yitzhak Arad)와 같은 80대의 영웅들을 위험한 범죄자로 규정했고, 경찰을 동원해 이들을 추적했다. 결국 기소로 이어지진 않았지만, 그 사건은 하나의 분위기를 조성했다. 리투아니아 역사 수정주의를 탐사 보도한 언론인 다니엘 브룩(Daniel Brook)은 "리투아니아의 새 정부는 이제 나치와 협력한 민족주의자들을 반소비에트 투쟁의 영웅으로 묘사하고, 반나치 저항자들—특히 그중 유대인들—은 배신자로 그려낸다."라고 지적했다.(3)

프랑스의 철학자이자 동유럽 전문 역사학자인 알렉산드라 라바스틴은, 이러한 "분위기 속의 수정주의"가 거의 전반적인 무관심 속에서, 브뤼셀을 포함한 유럽 전역으로 퍼져가고 있다고 지적한다. 한때는 동유럽의 일부 극우 민족주의 집단에 국한되었던 이른바 '이중 학살'(double génocide) 이론—나치가 유대인을 상대로 자행한 홀로코스트와, '유대-볼셰비키'가 민간인을 상대로 저질렀다고 주장되는 또 다른 학살이 동등하게 중요하다는 사기적인 주장—은 이제 발트 3국만이 아니라 중부유럽, 우크라이나, 그리고 유럽연합의 일부 기관들 내부에서도 점점 보편적인 통념처럼 자리 잡고 있다.

이러한 확산의 배경에는, 오늘날 유럽이 '러시아'만을 유일한 적으로 상정하고 있다는 인식이 자리하고 있다. 전 유대인 여성 전사 라헬 마르골리스(Rachel Margolis, 1921~2015)가 전쟁범죄 혐의로 수사받았을 당시 리투아니아 총리를 지냈던 안드리우스 쿠빌류스는, 2024년 9월 유럽연합 집행위원회의 국방·우주 담당 집행위원으로 임명되었다.

---

글 · 피에르 랭베르 Pierre Rimbert

(1) Daniel Brook, 「리투아니아는 나치 협력의 더러운 과거를 지우고 싶어 한다」, 2016년 4월 3일, www.slate.fr
(2) Kazimierz Sakowicz, 『포나리 일지 1941~1943: 리투아니아 유대인 학살에 대한 유일한 목격자 증언』, Alexandra Laignel-Lavastine 편집·주석·번역, Grasset, 파리, 2021. 이 글은 이 책에 수록된 자료를 폭넓게 참고했다.
(3) Daniel Brook, 앞의 글(1) 참조.

# 역사 부정에 집착한 극우 'FN'의 속셈

### 발레리 이구네 Valérie Igounet

프랑스 역사학자, 정치학자. 극우정치와 홀로코스트 부정주의 전문가. 프랑스 극우정당 국민전선의 역사 분석, 음모론 감시기관 'Conspiracy Watch' 부국장 등을 역임했다. 프랑스 정부의 인종차별 · 반유대주의 · 반LGBT 혐오 대응 위원회 위원으로도 폭넓은 활동을 했다.

2024년 6월, 프랑스에서 조기 총선이 예고된 가운데, 나치 전범들을 추적 · 기록 · 기소하는 일에 헌신해온, 유명한 나치 사냥꾼 세르주 클라르스펠트는 "좌파와의 결선 대결이 벌어질 경우 주저 없이 국민연합(RN)에 투표하겠다"라고 선언했다. 그러나 불과 얼마 전까지만 해도, 국민연합의 전신인 극우 정당 국민전선(FN)이 반유대주의를 공개적으로 드러내며, 홀로코스트 부정론이 확산되던 시기를 주도했던 적이 있다. 클라르스펠트의 선택은 과거 자신이 싸워왔던 역사와 지금의 정치적 현실 사이에서, 프랑스 지성의 균열과 혼란을 드러내는 상징적 사건이 되었다.

1972년 창당 당시부터 국민전선(FN)은 홀로코스트의 존재를 부정하는 주장들에 대해 관대한 태도를 취했다. 장마리 르펜(1928~2025)의 측근이자 국민전선의 당원이었던 프랑수아 뒤프라(François Duprat)는 프랑스 극우는 물론 국제 극우 진영에서도 부정주의 사상을 유포한 핵심 인물이었다. 1978년 3월, 그는 자신의 차량에 설치된 폭탄이 폭발하는 사건으로 사망했다. FN의 공식 기관지 〈르 나시오날〉에 실린 그에 대한 추도사는 뒤프라를 "역사적 진실을 중시한 역사학자"로 서술했고, 다음과 같은 문장으로 끝을 맺었다.

"어쨌든 당신은 헛되이 죽지 않았다. 우리는 그 불꽃을 다시 이어받는다. 당신의 업적은 계속될 것이다!"

그러나 장 마리 르펜은 10여 년에 걸쳐 홀로코스트를 부정하는 이들의 당내 활동을 용인하면서도, 이 문제에 대해서는 공식적인 입장을 피하는 전략을 취했다. 1986년, 국민전선의 핵심 이론가들은 언론을 통해 부정론을 정당한 주장으로 내세우며 그 타당성을 공론화하기 시작했다. 이른바 '앙리 로크(Henri Roques) 사건'(1986년, 앙리 로크는 나치 가스실 존재를 부정하는 논문으로 툴루즈 제2대학에서 박사학위를 받았으나, 극우 진영의 지원 아래 작성된 이 논문은 큰 논란을 일으켰고 결국 학위는 취소되었다. 이 사건은 1990년 홀로코스트 부정을 처벌하는 '가슬로 법' 제정의 계기 중 하나가 되었다-역주)은 그 첫 단계였다.

극우 주간지 〈르 나시오날 에브도(Le National Hebdo)〉와의 인터뷰에서 르펜은 이 문제에 대해 처음으로, 공식적인 입장을 밝혔지만, 애매모호한 태도를 유지했고, 나치 가스실의 존재를 부정한 앙리 로크의 논문을 명확히 반박하지 않았다. 르펜은 다음과 같이 주장했다. "이 사건은 행정이나 사법의 문제가 아니라, 오직 역사 연구의 문제다. (…) 모든 이성적인 사람들은, 내 생각에, 나치 수용소에서 유대인들이 대규모로 사망했다는 사실을 인정한다. 그러나 이른바 '수정주의' 역사학자들은 그 학살의 수단—가스실—과 그 규모—600만 명—에 대해 의문을 제기하고 있다. (…) 유대인 집단학살과 관련해서는, 양측의 역사학자들이 진지한 태도로 희생자의 수를 확정하는 데 시간이 걸리는 것을 나는 충분히 이해할 수 있다고 본다."

몇 달 뒤, 르펜은 자신의 정당과 부정론 사이의 연관성을 더욱 분명히 했다. 1987년 9월 13일, 그는 TV 정치 대담 프로인 '그랑 주리(Le Grand Jury)'에 출연해, 나치 가스실에 대해 "제2차 세계대전의 세부 사항 중 하나"라고 발언했다. 그는 자신이 직접 가스실을 본 적이 없고, 해당 주제를 특별히 연구해본 적도 없다고 설명했다. 그러면서 "이것이 모두가 믿어야만 하는 계시의 진실이라도 된단 말인가?"라고 반문하며 의문을 제기했다.

### '600만의 신화'

'세부 사항'이라는 그 발언—르펜은 이로 인해 1991년 11개 단체에 총 120만 프랑(약 18만 3천 유로)을 배상하라는 판결을 받게 된다—은 결코 실언이 아니었다. 오히려 이는 부정론을 점진적으로 통합해가는 과정의 새로운 단계였다. 이 시점을 기점으로 국민전선의 담론은 더욱 급진화되었다. 극우 성향 언론은 '600만의 신화'를 공격적으로 비판했고, 홀로코스트 부정론 서적들은 국민전선의 연례행사에서 불티나게 팔렸다. 이듬해 여름, 당의 하계 대학(정치 연수 행사)에서 르펜은 공공서비스 담당 장관 미셸 뒤라푸르(Michel Durafour)의 이름을 조롱하듯이, "뒤라푸르-크레마투아르(Durafour-crématoire, '뒤라푸르-화장터')"라는 발언을 쏟아냈다. 르펜은 이전의 '실언'과 마찬가지로 이 발언 역시 홀로코스트 희생자들을 모욕했다는 거센 비판과 함께 법정에 서게 되었고, 1993년 공공 모욕죄로 1만 프랑의 벌금형을 선고받았다.

국민전선 대표 르펜의 언론 노출은 그의 집착 중 하나를 드러냈다. 바로 1939~1945년의 시기다. 르펜은 유대인 학살의 역사를 의도적으로 왜곡하고, 프랑스 점령기(1940~44)를 신화화했다. 그의 목표는 이중적이었다. 하나는 비시 정권의 재평가, 다른 하나는 나치 정권의 범죄를 부정하거나, 그것을 본받을 만한 통치 방식으로 미화하려는 시도였다.

국민전선(FN)은 원래 당 핵심 강령으로 '이민 중단'을 내세웠지만, 1989년 여름 이후 '반유대주의'로 옮겨가기 시작했다. 르펜은 '국가 유대인'과 '언론 유대인'이라는 표현을 사용하며, 유대인이 국가 권력과 언론을 장악하고 있다는 음모론을 퍼뜨렸다. 그는 '유대인의 지배'라는 이미지를 강조함으로써 기존 체제에 대한 불신을 조장했고, 국민전선의 급진적 노선을 정당화하려 했다. 같은 해 그가 '국제 유대인'을 언급한 것은, 이러한 반유대주의 노선이 본격적으로 전면화되었음을 보여주는 신호탄이었다.

## 어휘 전쟁

국민전선(FN)은 부정론자들을 옹호하는 유일한 정당이었다. 1990년, 국민전선의 유일한 하원의원이었던 마리-프랑스 스티르부아는 인종차별, 반유대주의, 외국인 혐오 행위를 처벌하기 위한 법안, 이른바 '가이소 법'(Loi Gayssot)제정에 반대하고 나섰다. 이 법은 제2차 세계대전 중 자행된 반인륜적 범죄를 부정하거나 축소하는 행위 자체를 범죄로 규정하여 처벌하는 내용을 담고 있다. 법안은 프랑스 공산당 하원의원 장클로드 가이소(Jean-Claude Gayssot)에 의해 발의되었으며, 그의 이름을 따 '가이소 법'으로 불렸다.

국민전선의 스티르부아 하원의원은 이 법을 "공식적인 정치적·역사적 진리를 교리화하려는 종교 재판적 입법"이라고 비난했다. 이듬해인 1991년, 국민전선의 사무총장 브뤼노 메그레는 "자유를 억압하는 법들을 폐지하자"라고 주장했고, 1992년 국민전선 창당 20주년을 맞아 채택된 정당 강령은 교육, 연구, 기업, 노동, 정보에 대한 기본적 자유의 수호

와 더불어 표현의 자유를 보장하기 위해 '자유를 억압하는 법률'의 폐지를 약속했다.(1)

1997년 12월 5일, 르펜이 뮌헨에서 다시 "가스실은 세부 사항"이라는 발언을 반복하자, 국민전선 내부에서 반발이 일기 시작했다. 일부 비판의 목소리가 나왔고, 그중에는 브뤼노 메그레도 있었다. '어휘 전쟁'을 강조해온 메그레였지만, 그는 르펜처럼 노골적 도발이 아닌 보다 절제된 표현과 전략으로 대중을 설득하길 원했다.

## 조작극을 끝장내야 한다

이러한 미묘한 차이를 제외하면, 국민전선 내부에서는 홀로코스트 부정론이 사실상 만장일치로 받아들여지고 있었다. 극우 담론의 주간지 〈르 나시오날 에브도〉의 편집장 마르탱 펠티에는 "몇 통의 투덜대는 편지들(2)을 받긴 했지만, 당 내부에 공식적인 비판이나 이탈은 존재하지 않는다"라고 전했다. 국민전선의 지도부는 부정론적 담론을 애써 무해한 것으로 위장하려 하지 않았다. 그들은 이제 이 담론을 유권자 기반을 확대하려는 전략의 일부로 적극적으로 이용하려 했다. 펠티에의 설명에 따르면, 국민전선(FN)은 이를 통해 "프랑스인들이 국민전선 이데올로기에 동조하지 못하게 막는 마지막 정치적 장벽"(3)을 허물고자 했다. 국민전선은 프랑스 사회에서 자당의 이념이 거부당하는 이유를 제2차 세계대전에 대한 '역사적 조작'에서 찾았다. 이들의 주장에 따르면, 승전국들은 나치와 극우 세력을 영구히 실각시키기 위해 '유대인 학살'이라는 허구를 만들어냈으며, 극우를 전례 없는 야만의 상징으로 낙인찍었다. 국민전선은 자신들이 받는 사회적 비난 역시 이 조작된 역사 서사의 결과일 뿐이라고 간주했다.

극우 주간지 〈르 나시오날 에브도〉의 마르탱 펠티에 편집장은 이렇게 지적했다. "이 '기억의 전쟁'이 프랑스인들에게는 쓸데없는 논쟁처럼 보일 수 있지만, 실제로는 결정적인 문제다." 펠티에에 따르면, 르펜의 "가스실은 역사적 세부사항"이라는 발언은 단순한 말장난이 아니었다. 그는 가스실을 단지 과거의 학살 수단이 아니라, 오늘날 '진정한 프랑스인'을 배제하고 침묵시키는 정치적 장치의 상징으로 보았다. 그리고 바로 이런 배제 구조 때문에 프랑스인들이 무거운 세금에 시달리고, 무책임한 정부 아래 제3세계 이민자들의 유입에 무방비로 노출되었다고 주장했다. 펠티에는 이렇게 경고하기까지 했다. "'세부 사항' 문제를 해결하지 않는 한, 주로 이민자 출신 노동계층, 북아프리카계 청년들이 밀집된, 대도시의 중심부에서 떨어진 프랑스의 외곽 도시들은 계속해서 불안정에 시달릴 것이고, 프랑스 사회 전체는 점점 더 침몰하게 될 것이다."

한편, 르펜은 2015년 4월 〈RMC〉 방송에 출연해 가스실은 "역사의 세부 사항"이라고 다시 주장했고, 이 발언으로 인해 같은 해 8월 국민연합(RN)에서 제명되었으며, 3년 뒤에는 같은 발언으로 또다시 3만 유로의 벌금형을 선고받았다.

---

글 · 발레리 이구네 Valérie Igounet

(1) 「1972~1992, 국민전선 창당 20주년. 국민전선은 곧 당신입니다!」, 『국민전선 회보』, 1992년.
(2) 마르탱 펠티에, 「나의 한 주」, 〈르 나시오날 에브도〉, 생클루, 1998년 1월 15일.
(3) 마르탱 펠티에, 「나의 한 주」, 〈르 나시오날 에브도〉, 1997년 12월 18일.

## 쿠빌류스 씨가 말하는 '행복'

 2000년 1월 27일, 스톡홀름 국제 홀로코스트 추모 포럼 이틀째 날, 리투아니아 총리 안드류스 쿠빌류스(Andrius Kubilius)는 개회사에서 자국의 과거를 이렇게 회고했다.
 "유대인 공동체는 그 문화와 지적 성취로 인해 매우 주목받았으나, 제2차 세계대전 중 리투아니아에서 거의 완전히 말살되었습니다. 전쟁 전 리투아니아에서 유대인은 리투아니아인 다음으로 두 번째로 큰 민족 집단이었습니다. 하지만 지금까지도 아무도 이 비극이 왜 리투아니아에서 벌어졌는지 설명할 수 없습니다. 왜냐하면 리투아니아는 역사적으로 한 번도 반유대주의를 겪은 적이 없는 나라였기 때문입니다. 전쟁 전 리투아니아의 유대인 공동체는 유럽에서 가장 행복한 유대 공동체였습니다. 폭동도 없었고, 언론의 반유대적 모욕도 없었으며, 유대 문화와 사회 활동은 번창하고 있었습니다."
 그러나, 수많은 저서들과 학술 논문들은 "리트박(Litvaks)", 즉 14세기 이래로 리투아니아에 정착한 유대인들에 대한 박해의 역사를 문헌 자료로 증언하고 있다. 동유럽과 북유럽에서의 유대인 집단학살 전문가인 역사학자 알렉상드라 레뉘엘 라바스틴(Alexandra Laignel-Lavastine)은 카지미에시 사코비츠(Kazimierz Sakowicz)의 『포나리 일기(Journal de Ponary)』(그라세, 2021) 서문에서 이 주제에 대해 지면을 길게 할애했다. 해당 장의 제목은 "리투아니아의 반유대주의, 그 오랜 역사"이다. 아래 글은 여기서 일부 발췌하여 인용했다.
 "수 세기 동안, 이 민중적 반유대주의는 유대인들이 그리스도를 '살해'한 죄로 징벌받아 마땅하다는 믿음에서 비롯되었으며, 이는 가톨릭 교회가 전파한 교리와 신념에 의해 광범위하게 확산되고 정당화되었다."

"1918~1921년 리투아니아 독립전쟁 당시, 유대인들은 폴란드에 대한 불신으로 인해 리투아니아의 독립을 지지했고, 리투아니아 군에 합류한 이들도 많았다. 그럼에도 파네베지스(Panevėžys)와 다른 도시들에서는 유혈 참극인 포그롬(pogrom)이 발생했다. 양차대전 사이, 빌뉴스 지역은 폴란드에 편입되었지만, "반유대주의적 증오심은 계속되었다."

"1929년의 경제 대공황과 1933년 히틀러 집권을 계기로 유럽 전역에서 반유대 감정이 폭발적으로 확산되었고, 리투아니아도 예외는 아니었다. 구 유대인 지구에 대한 습격, 유대인 상점에 대한 보이콧, 폭행과 혐오의 일상화가 이어졌다."

"이 도시는 3분의 2가 폴란드계였지만, 대학생과 교수 사회 내에서도 반유대주의는 매우 격렬했다. 1936년부터는 사실상의 유대인 쿼터(numerus clausus, 유대인에 대한 차별적 제한)가 시행되었고, 1933~1934년부터는 아예 유대인을 대학에서 배제하자는 논의가 공공연히 제기되었다."

"1930년대 말에는 '유대인 없는 날(Judenfrei Day)'이 빌노(Wilno)에서 개최되었고, 거리에는 다음과 같은 전단이 뿌려졌다. '어디에서든 유대인을 보면, 쇠파이프로 이를 부숴라. 여성 앞에서도 망설이지 마라. 두려워하지 말고, 단 한 가지만 후회하라. 더 세게 때리지 못한 것을!'"

이런 역사적 사실들을 무시한 채, 쿠빌류스 전 총리는 리투아니아에는 본래 반유대주의가 없었다고 주장한 것이다. 그는 1999~2000년, 2008~2012년 리투아니아 총리를 역임했으며, EU의 국방 분야 유럽 집행위원으로 재직하고 있다.

---

글 · 피에르 랭베르 Pierre Rimbert

## "어? 유대인이었어?"

1975년, 언론인 모리스 T. 마시노는 파리 거리에서 파리 시민들의 일상 속 인종차별을 포착하기 위해 눈과 귀를 열고 다녔다.

"드레퓌스 사건 같은 건 이제 없다고?" 아마 그럴지도 모른다. 하지만 1969년 프랑스 오를레앙에서 발생한 오를레앙의 상인 사건, 즉 유대인 소유의 여성복 상점들이 젊은 여성 고객을 납치해 성매매 조직에 넘긴다는 근거 없는 소문이 퍼졌다. 실제 피해자가 단 한 명도 존재하지 않았음에도 반유대주의 정서와 상점 보이콧이 확산된 이 사건의 유형은 아미앵과 디낭에서도 똑같이 반복되었다. 도시 전체가 유대인을 두려워하고, 그들을 보이콧하기 시작한 것이다.

지하철 곳곳에는 "유대인을 죽여라(Mort aux Juifs)"라는 낙서들이 난무했고, 차량 와이퍼에는 전단이 끼워져 있었다. 어떤 전단은 파리 시장에게, 어떤 것은 오세르(Auxerre)의 우편·전신 노동자들, 에손(Essonne)의 농민들, 또는 전국의 '작은 프랑스인들(진짜 프랑스인들-이민자, 유대인, 무슬림, 다문화주의 지지자 등 극우 세력이 규정한 '외부자'나 '비프랑스적 존재'에 반대되는 주체. 혐오와 민족주의가 결합된 프랑스 극우 정치 전략의 핵심적 언어 장치-역주)'에게 보내졌다.

그 내용은 대개 이러했다. "유대인의 침입은 그들이 점령한 나라의 붕괴와 소멸을 초래할 것이다", "정권은 유대인 인종차별주의자들의 손에 넘어갔다", "유대인 해충들에게 은행과 특혜는 이제 그만! 살충제 D.D.T.는 어디 있나?"(1)

일상 속 폭력이 없다고? 물론 상티에 거리의 상인이 얻어맞고, 가슴에 칼로 다윗의 별이 새겨지는 일이 매일 일어나는 것은 아니다. 하지만 이런 일도 있다. "어? 쟤 유대인이었어?"라는 놀람, 의심, 경계, 그리고 그 이면에 도사린 편견과 환상들. 한 회계사는 유대교 명절을 지키기 위해 하루 휴가를 요청했다가, 동료들이 그가 유대인이라는 사실을 알고 나서 그를 멀리하기 시작했다고 했다. 셰르부르 사건(1969년 이스라엘이 프랑스의 금수 조치를 피해 셰르부르 항에서 고속정 5척을 몰래 반출한 사건) 이후,(2) 어떤 기업 대표들은 유대인 직원을 불러 "당신들은 무엇보다 프랑스인이다"라고 상기시켰다.

전자기술 전문가인 한 유대인은 프랑스령 폴리네시아 무루로아(Mururoa)에서 실행된 핵실험에 참여가 금지되었다. 이렇듯, 삶의 곳곳에서 반복되는 천 가지가 넘는 모욕과 배제, 그리고 여성과 마찬가지로 유대인은 '조금 더 유능하거나, 덜 이기적이거나, 더 애국적이거나', 결국 조금 덜 유대일 것을 끊임없이 요구받는다. 그는 그것을 안다. 그리고 생각보다 자주, 폭동에 대한 두려움 속에 살아간다. 예컨대 어떤 남성은, 언젠가 여권 없이 도망쳐야 할 날이 올지도 모른다는 불안에, 자신의 모든 재산을 넥타이핀으로 바꿔 놓았다.

숫자 역시 이를 말해준다. 1971년 발표된 소프레스(Sofres) 여론조사에 따르면, 프랑스인 중 오직 28%만이 유대인을 알고 있다고 답했다. 그런데 이들 중 34%는 '겉모습이나 태도'만으로 유대인이라는 사실을 알아챘다고 말했다. 즉, "얼굴에 드러난다"거나 "행동에서 티가 난다"는 식의 인식이었다. 이는 유대인을 실제로 아는 사람조차도 이들을 고정관념과 외형적 판단으로 인식하고 있다는 점에서, 반유대주의가 얼마나 무의식적으로 퍼져 있는지를 보여주었다.

---

글 · 모리스 T. 마스키노 Maurice T. Maschino
작가, 저널리스트. 반전 저항운동에 참여했으며 특히 알제리 독립을 지지하는 저술과 방송활동을 벌였다. 교육, 식민주의, 이민 문제 등 다양한 주제로 20권 이상의 책 출간했다. 주요 저서로는 『Oubliez les Philosophes! 철학자들을 잊어라!』(2001), 『L'Algérie retrouvée 되찾은 알제리』(2004) 등이 있다.

(1) 『Droit et liberté』, 파리, 1973년 7월호
(2) Gérard Cohen-Jonathan, 「셰르부르 사건과 국제법」, 〈르몽드 디플로마티크〉, 1970년 2월호

### 처형자들은 기억한다

제2차 세계대전 당시 유대인 집단학살에 대한 오랜 기간에 걸친 조사에서 알렉상드르 좀바티(Alexandre Szombati)는 오스트리아와 독일의 기록 보관소를 열람하고, 관련자 및 증인들을 인터뷰했다. 그는 전범 재판을 담당했던 판사들, 나치 고위 간부들, 수용소의 전직 처형자들을 추적해 만났다. 그중 일부는 오랜 침묵 끝에 마침내 그에게 직접 말을 건넬 용기를 내기도 했다.

*〈르몽드 디플로마티크〉는 1988년 3월호에 이 조사의 일부를 실었고, 다음은 여기에서 발췌해 인용했다.

오트마르 트렌커(Othmar Trenker)는 오스트리아 경찰의 아들이자 법학 박사였다. 그는 뮌헨에서 게슈타포(비밀경찰) 부지휘관을 지냈고, 1940년에는 폴란드로 파견되었다. 1944년 3월, 독일이 헝가리를 침공했을 때 그는 게슈타포에서 일종의 순회 대사 역할을 맡았으며, 히틀러에 적대적인 인물로 알려진 모든 남성들을 체포해 독일로 추방하는 작업을 지휘했다.
― 1940년부터 당신은 폴란드에 있었다. 그렇다면 유대인에게 가해진 모든 것들을 직접 목격했을 것이다. 트레블링카나 아우슈비츠에서, 가스실이 작동하는 광경을 본 적이 있는가.
"아니다. 왜 그런 질문을 하는가?"
― 일부 '역사학자'들은 가스실의 존재 자체를 의심하기도 한다.
"나도 그런 얘기를 실제로 들은 적 있다. 말도 안 되는 정신착란 같은 망언이다. 나는 굳이 절멸수용소 안까지 들어가 살펴볼 필요도 없었다. 우리가 '이동식 가스실'이라고 부르던 트럭들이 작동하는 걸 계속 봐왔기 때문이다. 정확한 수는 말하기 어렵지만, 그 트럭들로 수만 명이 목숨을 잃었다는 건 분명하다. 남녀노소 할 것 없이 모두 다 그 밀폐된 차량에 실렸고, 트럭이 달리는 동안 주입된 가스는 그들에게 끔찍한 고통을 안기며 죽음에 이르게 했다.

― 1944년 3월, 당신 조직이 헝가리 유대인들을 대규모로 강제 이송했을 당시, 그들이 어디로 가는지, 즉 가스실로 보내진다는 사실을 조금도 의심하지 않았단 말인가?

정확한 질문에는 정확한 답변을 해야 한다. 나는 내가 게슈타포에서 어떤 역할을 했는지를 결코 부인한 적이 없다. 나는 정치적 적을 제거하는 일을 맡았고, 유대인 문제는 내 소관이 아니었다. 그건 아돌프 아이히만의 책임이었다. 그렇다고 해도, 수송 대상자들의 목적지를 우리에게 알려주면서 동시에 철저한 은폐 명령을 거듭 상기시킨 동료의 말을 의심할 이유는 없었다. 어떤 질문을 받더라도 우리는 "그들은 노동을 위해 이송되며, 독일의 전쟁 수행에 기여하게 될 것이다"라고만 답해야 했다. 우리의 임무는 영국 라디오가 퍼뜨리는 이른바 죽음의 수용소에 대한 거짓 소문을 전면 부인하는 것이었다.

― 모두를 그렇게 속이는 게 가능했을까? 히틀러가 유대인들에게 어떤 운명이 기다리고 있는지를 암시하는 발언들만 해도 열두 개쯤은 당장 인용할 수 있었을 텐데…

나 역시 같은 생각이었다. 그러나 정말 믿기 힘든 경우들도 있었다. 부다페스트에서 우리의 상관이었던 SS(나치 친위대) 장군 빙켈만은 헝가리 섭정 호르티 제독과의 연락을 담당하고 있었다. 당시 호르티는 강제 이송된 헝가리 유대인들이 어떤 처우를 받게 되는지 알고 싶어 했고, 이에 대해 빙켈만은 명확한 답을 하지 못한 채 아이히만에게 전화를 걸었다. 아이히만은 상관을 안심시키며 섭정에게 이렇게 전달하도록 했다. "그들은 일하러 가는 중이며, 그 외에 들려오는 이야기들은 모두 적국의 선전일 뿐이다." 아이히만은 그 이야기를 웃음기 섞인 목

로랑스 에글로프 – 「그렇지만, 저것을 멈출 필요는 없었다」, 2014

소리로 전했다고 들었다. 진실 아닌 거짓으로 얼버무릴 때 나오는 비웃음 같은 것일까. 믿기지 않겠지만.

---

글 · 알렉상드르 좀바티 Alexandre Szombati
다큐멘터리 감독

# 2부

# 반유대주의와 반시오니즘, 그 거대한 혼돈

2017년, 프랑스 대통령에 당선된 직후 에마뉘엘 마크롱은 "반시온주의는 새롭게 변형된 형태의 반유대주의"라고 선언했다. 이 발언 이후, 반시온주의와 반유대주의를 동일시하는 시각이 서구 사회에서 널리 퍼지게 되었다. 그러나 이러한 등식은 어디까지나 정치적 주장일 뿐이다. 반유대주의가 유대인이라는 정체성을 이유로 한 인종차별이라면, 반시온주의는 특정한 국가 체제—종교적, 때로는 민족적 우월주의에 바탕을 둔 이스라엘—에 대한 정당한 비판일 수 있다. 그럼에도 이스라엘은, 특히 그 지도자들이 집단학살 혐의로 고발되는 위기에 처할 때면, 이 두 개념을 의도적으로 교묘하게 뒤섞어 자신에게 유리한 정치적 방패막이로 삼으려 한다.

마르크 샤갈 - 「율법서를 든 유대인」, 1959년

# 유대 민족은 어떻게 '창조'되었는가

쉴로모 산드 Shlomo Sand

텔아비브 대학교 역사학부 명예교수로, 주로 민족주의사 · 유럽사 · 시온주의 비판을
연구해 왔다. 그는 문명사적 접근을 통해 '민족'을 역사적 · 사회적 맥락 속에서 형성된
구성물로 분석한다. 대표 저서 『유대 민족의 발명』(The Invention of the Jewish People, 2008)에
서 그는 현대 유대인의 기원을 단일 혈통 집단으로 보는 통념을 비판하며,
개종과 문화적 융합 과정을 거쳐 형성된 집단이라는 논지를 제시했다.

시오니즘 사상의 핵심 기반 중 하나는 유대인이 고대 다윗 왕국의 직계 후손이라는 주장이다. 이 주장은 이스라엘의 모든 학생들에게 교육되지만, 비판적 역사 분석 앞에서는 설득력을 잃는다. 유대인의 디아스포라 현상(주로 강제 이주, 추방이나 망명으로 고국을 떠남)은 히브리인들이 팔레스타인에서 강제로 추방된 결과로 이해되지만, 실제로는 북아프리카, 남유럽, 중동 등지에서 여러 세기에 걸쳐 유대교로 개종한 사람들에 의해 형성된 것이다.

이스라엘 사람이라면 누구나 믿고 있다. 유대 민족이 시나이에서 토라(Torah, 율법)를 받은 순간부터 존재했으며, 자신들이 그 직계 후손이라는 사실을.(1) 또한, 유대 민족은 이집트를 탈출해 '약속의 땅' 가나안에 정착했고, 그곳에 다윗과 솔로몬의 영광스러운 왕국이 세워졌으며, 이후 유다 왕국과 이스라엘 왕국으로 나뉘었다는 것을 믿어왔다. 그리고 유대 민족이 두 차례의 추방을 겪었다는 것을 안다.

첫 번째는 기원전 6세기 바빌로니아에 의해 제1 성전이 파괴된 이후였고, 두 번째는 기원후 70년 로마 제국에 의해 제2성전이 무너진 이후였다. 그 뒤로 이 민족은 거의 2천 년에 걸친 유랑을 겪게 되었는데, 예멘, 모로코, 스페인, 독일, 폴란드, 그리고 러시아 깊숙한 내륙에까지 걸

처 떠돌아다. 유대 공동체들은 서로 멀리 떨어져 있는 동안에도 같은 혈통이라는 연대를 끈끈히 지켜왔다.

그 결과 유대 민족의 독자성은 손상되지 않았다. 19세기 말, 고대 조국으로의 귀환 여건이 무르익었다. 만약, 나치의 유대인 학살이 없었다면 그들의 귀환은 불가능했을까. 그렇지 않다. 유대인들을 에레츠 이스라엘(Eretz Israel, '이스라엘 땅')로 돌아오게 한 것은 무엇보다 바로 20세기 동안 꿈꿔온 유대인, 그들의 꿈이었다. 팔레스타인은 본래 유대 민족의 땅이었고, 오랫동안 그들의 귀환과 재건을 기다려온 '처녀지'로 간주되었다. 그 땅은 역사도 뿌리도 없는, 우연히 머물게 된 아랍 소수민족의 것이 될 수 없었다. 그러므로, 그 유랑 민족이 그 땅을 다시 찾기 위해 벌인 전쟁은 정당한 것으로 간주되었고, 현지 주민들의 폭력적 저항은 곧바로 범죄로 규정되었다.

그렇다면 이러한 유대사 해석은 어디에서 비롯된 것일까? 그 기원은 19세기 후반으로 거슬러 올라간다. 과거를 재구성하는 데 탁월한 재능을 지닌 몇몇 인물들이, 유대교와 기독교의 종교적 기억 조각들을 바탕으로, 유대 민족의 끊김이 없는 계보 서사를 상상력으로 창조해낸 것이다. 이처럼 과거를 '직선적인 서사'로 설명하는 해석에 반하는 새로운 발견들이 종종 제시되었지만, 그때마다 거의 주목받지 못했다.

'국가적 당위'라는 강력한 이데올로기는 마치 굳게 다문 입처럼 작동하여, 기존 서사에서 벗어나는 모든 이견과 일탈은 철저히 배제되었다. 이스라엘에서는 '유대 민족의 역사'만을 전담하는 학과들이 '일반 역사' 학과들과 분리되어 운영되었고, 이러한 특수한 지식 생산 체계는 편향된 역사 인식을 더욱 강화하는 데 결정적 역할을 했다. 더 나아가 "누가 유대인인가?"라는 법적 성격의 논쟁조차 이들 역사학자들에게는 큰 쟁점이 되지 않았다. 그들에게 유대인이란, 2천 년 전 추방당한 '그 민족'의 후손이라면 누구든 해당되는 존재였기 때문이다.

## '새 역사가들'의 등장

공식적인 역사 연구의 중심에 있는, 소위 '허가받은' 역사학자들은 1980년대 말부터 본격화된 '새 역사가들' 논쟁에도 참여하지 않았다. 이 논쟁의 참여자들은 많지 않았지만, 대부분 대학 밖에서 활동하거나 전통적인 역사학이 아닌 다른 학문 분야 출신이었다. 사회학자, 동양학자, 언어학자, 지리학자, 정치학자, 문학 연구자, 고고학자 등이 유대사와 시온주의 과거를 새롭게 조명하는 통찰을 제시했으며, 외국에서 학위를 받은 연구자들도 이 흐름에 동참했다. 반면 이스라엘의 '유대 민족사' 학과들은 관습적 통념에 기댄 변호적 수사만을 되풀이하며, 조심스럽고 보수적인 반응을 내놓는 데 그쳤다.

요컨대, 이스라엘의 국가적 역사 서사는 지난 80년 동안 신성불가침 영역화 되어 역사적 성숙을 거의 이루지 못했으며, 당분간 변화할 가능성도 적다. 하지만 최근 역사 연구에서 제시되는 새로운 사실과 해석들은 처음에는 기존 역사가들에게 낯설고 엉뚱한 주장처럼 보이지만, 이는 기존의 통설에 무시할 수 없는 근본적인 질문들을 던지고 있다는 점에서 대단히 고무적이다.

성경을 과연 역사서로 볼 수 있는가? 19세기 전반기의 초기 현대 유대 역사학자들—이를테면 이자크 마르쿠스 요스트(Isaak Markus Jost)와 레오폴트 춘츠(Leopold Zunz)—은 성경을 역사서로 보지 않았다. 그들에게 구약성경은 제1성전 파괴 이후 유대 공동체를 구성하는 신학적 문서일 뿐이었다. 그러나 19세기 후반부터 하인리히 그레츠(Heinrich Graetz)를 중심으로, 성경을 '민족사적 서사'로 재해석하려는 시도가 나타났다. 그들은 아브라함의 가나안 이주, 이집트 탈출, 다윗과 솔로몬의 통일왕국 건설을 '유대 민족의 실제 역사'로 탈바꿈시켰다. 이후 시온주의 역사학자들은 이른바 '성서적 진실들'을 반복하며 이를 국가 교육의 일상적 교재로 삼아 왔다.

하지만 1980년대에 이르러 대지(大地)가 흔들리기 시작했다. 이른바 '건국 신화'들을 뒤흔드는 지각변동이었다. 신고고학(new archaeology)의 발견들은 기원전 13세기에 실제로 '대탈출'이 있었는지를 의심하게 만들었다. 모세가 히브리인들을 이끌고 이집트를 탈출하여 '약속의 땅'으로 향했다는 이야기 역시 사실일 수 없다. 왜냐하면 그 당시 그 땅은 애초에 이집트의 통치 아래 있었기 때문이다. 더구나, 파라오의 제국에서 노예들의 반란이 일어났다는 흔적도, 외부 세력에 의한 가나안 지역의 급속한 정복을 입증할 만한 증거도 전혀 발견되지 않았다.

다윗과 솔로몬의 찬란한 왕국에 대해서도, 이를 뒷받침할 만한 어떠한 흔적—기념물, 유물, 역사적 기억—도 존재하지 않는다. 지난 10년간의 고고학적 발굴 결과는, 오히려 그 시기에 해당 지역에 두 개의 소왕국만이 존재했음을 보여준다. 그중 더 강력했던 것은 이스라엘 왕국이었고, 나머지 하나는 이후 유대(Judée)로 불리게 되는 유다 왕국이었다. 기원전 6세기, 유다 왕국의 주민 전체가 바빌론으로 유배되었다는 전통적 주장 또한 과장되었다. 실제로는 정치적·지적 엘리트 계층만이 바빌론으로 강제 이주했을 뿐이다. 그리고 바로 이들 엘리트 집단이 페르시아의 다양한 종교와의 결정적인 접촉을 통해, 오늘날 유대교의 근간이 되는 일신교(Monothéisme)를 형성하게 된 것이다.

기원후 70년에 발생했다고 알려진 또 다른 유배 사건은 실제로 존재했을까? 아이러니하게도, 유대인 역사의 '기초적 사건'으로 간주되며 디아스포라의 기원을 설명하는 이 사건에 대해서는, 지금까지 단 한 편의 본격적인 연구서도 존재하지 않는다. 그 이유는 매우 현실적이다. 로마제국은 지중해 동부 전역에서 어느 민족도 강제로 집단 추방한 적이 없었기 때문이다. 포로로 잡혀 노예로 팔린 이들을 제외하면, 유다 지방의 주민들은 제 2성전이 파괴된 이후에도 여전히 자기 땅에서 살아가고 있었다.

이들 중 일부는 4세기에 기독교로 개종했고, 대다수는 7세기 아랍의 정복 이후 이슬람으로 개종했다. 대부분의 시온주의 사상가들은 이 사실을 모른 척하지 않았다. 훗날 이스라엘 대통령이 되는 이츠하크 벤츠비(Yitzhak Ben Zvi)와 이스라엘 건국의 주역 다비드 벤구리온(David Ben Gourion) 모두 '1929년 팔레스타인 대봉기(유대인들이 통곡의 벽 근처에서 시온주의 깃발을 흔들며 기도하자, 이를 도발로 여긴 무슬림들이 폭동을 일으켰다. 유대교 최대 성지인 통곡의 벽은 이슬람교에서는 '알부라크 벽'으로 불리며, 무함마드가 승천했던 장소로 간주되어 이슬람 성지의 일부다. 이 사건은 이후의 '팔레스타인 대봉기'로 이어지는 갈등의 전조로 평가된다-역주)' 이전까지 이런 내용을 글로 남겼다. 두 사람은 팔레스타인 농민들이 고대 유대 지역 주민들의 후손이라는 점을 여러 차례 언급했다.(2)

### 선교의 종교

로마화된 팔레스타인에서 추방된 일이 없었다면, 고대 지중해 연안 곳곳에 살고 있던 수많은 유대인들은 도대체 어디서 온 것일까? 민족주의 역사 서술이라는 커튼 뒤에는 놀라운 역사적 현실이 숨어 있다. 기원전 2세기 마카베오(Maccabée) 반란에서 시작해, 기원후 2세기 바르 코크바(Bar Kokhba) 반란에 이르기까지, 유대교는 역사상 최초의 선교 종교였다.

하스몬 왕조(Hasmonéens)는 이미 유다 남부의 이두매(이두메아) 사람들과 갈릴리의 이투라에아 사람들을 강제로 개종시켜 '이스라엘 민족'에 포함시켰다. 이러한 유대-헬레니즘 왕국을 기점으로 유대교는 근동 전역과 지중해 연안으로 퍼져 나갔다. 1세기 초에는 오늘날 쿠르디스탄 지역에 해당하는 곳에 유대교로 개종한 아디아베네(Adiabène) 왕국이 등장했으며, 이후에도 여러 왕국이 유대교로 개종하였다.

플라비우스 요세푸스(Flavius Josèphe)의 저작만이 유대인의 활발한 선교 열정을 증언하는 유일한 자료는 아니다. 호라티우스(Horace)에서 세네카(Sénèque), 유베날리스(Juvénal)에서 타키투스(Tacite)에 이르기까지, 많은 라틴 문인들이 그러한 열정을 두려움으로 표현했다. 미쉬나(Mishna)와 탈무드(Talmud) 역시 이러한 개종의 실천을 허용했다.(3) 다만, 기독교의 영향력이 커지기 시작하면서, 탈무드 전통의 현자들 가운데 일부는 이에 대해 일정하게 유보하는 태도를 보였다.

4세기 초, 예수의 가르침에서 비롯된 기독교가 로마 제국의 지배적인 종교로 자리 잡았지만, 그렇다고 그것으로 유대교의 확산이 끝난 게 아니었다. 다만 유대교의 선교 활동은 기독교 문화권의 변방으로 밀려나게 되었다.

5세기에는 예멘 남부 지역에서 유대교로 개종한 힘야르(Himyar) 왕국이 등장했으며, 이 왕국의 후손들은 이슬람의 승리 이후에도 오랫동안 유대 신앙을 유지해 근대에 이르기까지 그 믿음을 간직했다. 마찬가지로, 아랍 연대기 작가들은 7세기 무렵 유대교로 개종한 베르베르 부족들의 존재를 전하고 있다.

이러한 역사적 맥락 속에서, 7세기 말 아랍 세력이 북아프리카에 도달했을 무렵, 그에 맞서 이를 저지하려 한 디히야 엘 카히나(Dihya el-Kahina)라는 전설적인 유대 여왕이 등장한다. 유대화된 베르베르인들은 이후 이베리아 반도 정복에 참여하게 되었고, 그 결과 유대인과 무슬림 간에 독특한 '히스파노-아랍 문화'(이슬람-기독교 이베리아 문화. 8세기부터 15세기까지 이베리아반도에서 아랍-이슬람 세력이 통치하던 시기에 아랍-이슬람 문화, 히스패닉 전통, 유대 문화가 교차·융합되어 과학, 철학, 문학, 건축, 언어 등 다양한 영역에서 찬란한 성과를 이룬 독창적이고 풍요로운 문화를 말한다-역주)의 특징이라 할 수 있는 공존의 전통이 이 지역에 뿌리내리게 되었다.

가장 중요한 대규모 개종은 흑해와 카스피해 사이에서 일어났다. 이는 8세기에 존재했던 광대한 카자르 제국의 개종과 관련이 있다. 이 시기 유대교는 코카서스에서 현재의 우크라이나에 이르는 지역까지 확산되며, 다양한 공동체들을 형성했다.

그러나 13세기 몽골의 침입으로 인해 이들 공동체는 동유럽으로 대거 이주하게 되었다. 이주한 유대인들은 남부 슬라브 지역과 현재의 독일 지역에서 온 유대인들과 함께 훗날 위대한 '이디시 문화'(Yiddish, 중세 이후 유럽 동부와 중부에서 형성된 아슈케나지 유대인의 언어와 종교, 문학, 일상생활 전반을 포괄하는 독특한 문화-역주)의 토대를 형성하게 된다.(4)

## 유대인의 복수는 어디서 시작되었나

유대인의 기원에 관한 여러 갈래의 이야기들—이를테면 베르베르 전사나 하자르 기병의 후손이라는 주장—은 1960년대까지는 시온주의 사학에서도 어느 정도 등장하곤 했다. 그러나 이후 이러한 이야기들은 점차 주변으로 밀려나며, 마침내 이스라엘의 공적 기억 속에서 사라졌다. 1967년, '다윗의 도시' 예루살렘을 점령한 이스라엘은 그 신화적 왕국의 직계 후손이어야만 했다.

결코 베르베르 전사들이나 하자르 기병들의 후손일 수는 없었던 것이다. 이 시점부터 유대인은 2천 년의 방랑 끝에 마침내 예루살렘이라는 자신들의 수도로 돌아온, 고유하고 특수한 '에트노스'(ethnos, 민족적 집단)로 간주되기 시작했다. 이처럼 직선적이며 단일한 역사 서사를 지지하는 이들은 단지 역사 교육에만 의존하지 않고, 생물학까지 소환했다. 1970년대 이후 이스라엘에서는 전 세계 유대인들이 유전적으로도 서로 가깝다는 사실을 입증하려는 일련의 '과학적' 연구들이 이어졌고, '인구 기원에 관한 연구'는 분자생물학의 정당하고 인기 있는 분야로 자리 잡았다.

이러한 역사 해석은 이스라엘 국가의 정체성 정치에 중요한 토대를 제공한다. 문제는 바로 여기에서 비롯된다! 이 해석은 유대교를 본질주의적이고 민족주의적인 틀 속에 가두며, 유대인을 아랍인, 러시아계 이민자, 이주 노동자 등 '비유대인'들과 구분을 절대화하고, 스스로 차별과 배제를 강화하는 결과를 초래한다.

이스라엘은 건국 80년에 가까워진 지금까지도 자국을 모든 시민의 공화국으로 여기길 거부한다. 2018년, 이스라엘 의회인 크네세트

(Knesset)는 '유대 민족국가법'을 통과시켜, 국가의 권리를 유대인 시민에게만 부여한다고 규정했다. 다시 말해, 이 나라는 유대인으로 간주되지 않는 전체 인구의 1/4에 해당하는 시민들에 대해서는 그들의 국가가 되기를 거부하면서도, 유대인에 대해서는 그들의 세계 어느 나라에 있든 여전히 유대인들의 국가임을 자처한다.

설령 이들이 더 이상 박해받는 난민이 아니라, 거주국에서 완전한 시민권과 평등을 누리는 유대인이라 하더라도 말이다. 즉, 이스라엘은 '영원한 민족이 조상들의 땅으로 돌아온다'는 신화를 바탕으로, 유대인 중심의 민족주의 지배체제(ethnocracy)를 구축해왔다. 그 결과, 유대인으로 간주되지 않는 자국 시민들은 제도적 차별과 배제의 대상이 되었고, 이러한 구조는 오히려 정치적으로 정당화되고 있다.

---

글 · 쉴로모 산드 Shlomo Sand

(1) 유대교의 기초 경전인 토라는 히브리어 어근 yara에서 유래하며, 이는 '가르치다'라는 뜻이다. 토라는 성경의 처음 다섯 권, 즉 창세기, 출애굽기, 레위기, 민수기, 신명기로 구성되며, 이를 오경(Pentateuque)이라고 부른다.
(2) 참고: David Ben Gourion과 Yitzhak Ben Zvi, 『Eretz Yisrael in the Past and Present』, Poale-Zion Palestine Committee, New York, 1918; Yitzhak Ben Zvi, 『Notre population dans le pays 우리 조국 인구현황』, 유대 청년연합 집행위원회 및 유대민족기금, 바르샤바, 1929.
(3) 미슈나(Mishna)는 랍비 문학의 첫 저작으로, 서기 2세기에 완성되었다. 탈무드(Talmud)는 유대 율법, 관습, 역사에 관한 랍비들의 토론을 집대성한 것으로, 팔레스타인 탈무드(2세기~5세기)와 바빌로니아 탈무드(5세기 말 완성) 두 가지가 존재한다.
(4) 이디시어(Yiddish)는 동유럽 유대인들이 사용하던 언어로, 슬라브어와 독일어의 요소를 결합하고 있으며, 히브리어 어휘도 포함되어 있다.

# 막을 수 없는 좌파 시온주의의 쇠락

### 토마 베스코비 Thomas Vescovi
프랑스의 역사학자이자 중동 문제 연구자. 이스라엘-팔레스타인 분쟁사와
이스라엘 사회 내부의 역사 서술 방식을 비판적으로 분석해왔다. 주요 저서로는
『이스라엘: 식민화에서 분리장벽까지』(Israël, de la colonisation à l'apartheid, 2021)와
『나크바의 기억』(La Mémoire de la Nakba, 2015) 등이 있다.

## 자기모순에 빠진 이념

베냐민 네타냐후 이스라엘 총리에게 맞서는 야당은 최근 2년 동안 네 번이나 똑같은 문제에 직면했다. 야권이 다수를 차지하고 있음에도 불구하고, 정당 간 성향이 너무 달라 안정적인 연립과 정책 합의에 실패하고 있다. 한때 이스라엘 좌파 시온주의의 중심축을 형성했던 노동당과 메레츠당의 현재 의석수는 총 120석 중 고작 13석에 불과하다. 이 두 정당이 행사해온 정치적 헤게모니는 이제 역사 속으로 사라질 운명에 처했다.

2019년 4월 이후 이스라엘은 네 번의 총선을 치렀다. 선거가 끝나면, 언제나 민족주의 진영과 종교계의 연대로 노동당의 영향력이 무너지고 있다는 평가가 나왔다. 좌파 시온주의의 이상향인 '사회주의에 기반을 둔 유대국가 건설'은 실패한 듯하다. 하지만 좌파는 이스라엘의 지난 역사에 있어서 항상 중요한 역할을 도맡아왔다. 1948년 건국 당시에도 그랬고, 건국 직후 3년에 이어 1992~1996년과 1999~2000년에도 좌파는 크네세트(Knesset, 의회)를 주도했다. 그러나 최근 몇 차례의 선거에서 연이은 패배로 정치무대의 뒷전으로 밀려나고 말았다. 2020년 3월 선거에서는 총 120석 중 7석, 2021년에는 13석을 차지하는 데 그쳤다.

## '좌파 시온주의'라는 용어의 모순

좌파의 쇠락 이유와 과정을 설명하기 위해서는 좌파 시온주의의 기원과 모순을 살펴봐야 한다. 유대인 지식인들은 1897년 스위스 바젤에서 시온주의 운동을 시작했다. 원래 이 운동의 중심에 섰던 인물은 오스트리아-헝가리의 언론인 테오도르 헤르츨이다. 그는 원래 유대인이 주류 사회에 동화되어야 한다는 입장을 지지했으나, 1894년 파리에서 드레퓌스 사건을 취재하고, 1897년에는 반유대주의자 카를 뤼거가 기독사회당 후보로 빈 시장 선거에 출마해 당선되었다는 소식을 접하면서 생각을 바꿨다.

그때부터 헤르츨은 '동화정책'이 해결책이 아니라 오히려 위협이며, 궁극적으로는 유대인의 물리적 말살로 이어질 수 있다고 판단했다. 제정 러시아에서 일어난, 유대인에 대한 조직적인 탄압과 학살이 그 직접적인 사례였다. 유럽 사회에 통합되려는 의지는, 종교적 정체성의 약화와 공동체의 해체로 이어질 가능성이 명백해 보였다. 또한 유럽 통합주의 전략은 반유대주의의 확산을 막지 못했고, 오히려 유대인들을 더 큰 위험에 노출시켰다. 따라서 헤르츨은 유대인이 중심이 돼 안전하게 살아갈 정치적 집합체 구축을 목표로 삼았다. 즉 유대인 국가의 건설이었다.

하지만 시온주의 운동은 단일한 흐름으로 전개되지 않았고 여러 분파로 나뉘었으며, 그 이념적 지향 역시 서로 상이했다. 한편에서는 부르주아 계층이 자유주의 유대인 국가를 지지하며, 서구 자본주의의 틀 안에서 외교적 지지와 지원을 요청하던 헤르츨을 중심으로 결집했다. 다른 한편에서는 사회주의와 결부된 시온주의 운동이 전개되었다. 이들은 소외된 유대인들이 생산적인 노동자, 일꾼, 소작농으로 거듭나는 것을 목표로 삼았다. 1920년대에 들어서면서 이러한 흐름은 '노동 시온주의'로 불리게 되었고, 이 좌파 시온주의가 건국 운동을 이끌었다.

19세기 말, 시온주의 운동의 창시자들은 단순히 유대인의 민족적 자치나 국가 수립만을 주장한 것이 아니었다. 당시 팔레스타인 인구의 단 5%에 불과했던 유대인들이 그 땅에 정착해 살고 미래의 국가를 건설할 권리까지도 국제적으로 인정받기를 원했다. 서구 열강이 아시아와 아프리카에서 제국을 세우던 시기에 시작된 시온주의 프로젝트는 이미 식민주의 이념에 동화됐다.(1)

좌파가 된다는 것은 보편주의적 접근을 강조하며, 만인이 평등한 사회 정의나 자유 같은 기본원칙을 수호한다는 의미다. 이런 좌파의 기본 이념은 특정 민족 집단의 보호를 중심에 두는 시온주의와 근본적으로 출발선이 다르다. 19세기 후반, 유럽의 급진좌파도 이런 모순을 크게 비판했다. 그들은 마르크스주의나 사회주의 원칙을 바탕으로, 유대인의 해방은 민족국가의 건설이 아니라 계급 혁명을 통해서만 가능하다고 보았다. 즉 투쟁지에서 수천 킬로미터나 떨어진 곳에 국가를 건설하는 것은 해방의 길이 될 수 없다고 생각했다.

또한 민족주의와 민족 종교의 관점을 따르는 일은 계급투쟁과 동떨어진 것으로 간주했다. 계급투쟁은 특정 공동체에 소속된 정체성이 아니라, 사회적 조건 속에서 형성된 개개인의 이해관계를 바탕으로 이루어지는 연대이기 때문이다. 결과적으로, 유럽의 마르크스주의 및 사회주의 조직들은 '유대인 국가' 건국을 분명하게 반대했다.

그러나 반유대주의를 경험하고, 일상에서 수모와 배제를 당하며, 사회적 인정조차 받지 못하는 유대인들로서는 실현 여부도 불투명한 혁명을 그저 인내하며 기다릴 수는 없었다. 이러한 현실 속에서, 식민주의에 기반한 국가 건설이라는 비판에도 불구하고, 진보와 혁명적 이념에 익숙했던 좌파 활동가들 사이에서도 점차 시온주의의 영향력이 확대되어 갔다. 농민 비중이 높고 전통적인 정치 모델에 익숙한 아랍 인구의 터전인 팔레스타인에서 여러 좌파 시온주의 운동 조직은 스스로를 '마르크스주의나 사회주의 실현을 위해 머나먼 땅에서 싸우는 혁명 투사'로 여겼다. 이들 조직은 부르주아 시온주의자들과 마찬가지로, 공정하고 현대적이며 진보적인 자신들의 계획이 아랍인들에게도 득이 될 수밖에 없다고 생각했다.

## 억압을 벗어나고자 다른 민족을 억압한 이스라엘

하지만 이런 생각은 1920년대와 1930년대를 거치며 무너지고 만다. 이 시기에 팔레스타인 아랍인들이 영토 박탈과 영국 위임통치에 반발해 수차례 봉기를 일으켰다. 그러다가 1947년 유엔이 유대국가와 아랍국가로 팔레스타인 지역을 나누는 분할안을 채택했으나, 제1차 중동전쟁 발발로 이행되지 못했다. 중동전쟁 기간 시온주의자들은 팔레스타인의 78%를 점령했고, 1948년 그 자리에 이스라엘 국가가 들어섰다.

이스라엘 건국은 유엔 결의안이 규정한 '아랍 국가와 유대인 국가의 동시 설립'이라는 조건을 준수할 때만이 국제적 정당성을 획득할 수 있는 사건이었다. 하지만 이스라엘은 건국 직후부터 유엔 결의안을 불이행했다. 이러한 흐름의 주도는 바로 이스라엘 좌파 정당이 맡았다. 노동 시온주의 진영은 수십 년이 지나도록 국경 안에 거주하는 아랍인들에게 유대인과 동등한 권리를 부여하기를 거부했고, 팔레스타인인들이 고향에서 존엄을 지키며 자유롭게 살 권리조차 인정하지 않았다.

결국, 노동 시온주의 진영에서는 진보성이 사라지고 '보수적이고 식민주의적인 특징'만 남았다. 진보적이고 평등한 국가를 꿈꾸며 팔레스타인에 당도한 혁명 유대인의 비전은 이제 상상 속의 정책이 돼버렸다. 한때 유럽의 많은 지식인들과 정치 세력은 키부츠(집단 농업) 공동체와 그 개척자들을 이스라엘 사회주의의 이상적 모델로 찬양했으나, 오늘날 그러한 기대는 퇴색한 이상주의의 기억으로만 남아 있을 뿐이다.(2)

키부츠 운동이 더는 사회, 경제의 균형에 높은 비중을 두지 않는다는 것이 한 가지 이유이지만, 무엇보다도 이 운동으로 이스라엘의 정치 현실을 가릴 수 없다는 것이 주된 이유다. 식민주의적이고 억압적이며, 신자유주의 억지 논리가 깊이 뿌리내린 정책을 펴는 이스라엘은 멕시코의 뒤를 이어 국제협력 개발기구(OECD) 회원국 중에서 불평등이 가장 심각한 국가에 해당한다. 여기에 악화된 정치 풍토도 한몫했다. 2000년대 이후, 수많은 지식인과 언론인들은 이스라엘이 점점 더 '우경화'되고 있다고 평가해 왔다. 노동 시온주의 운동이 힘을 잃으면서 이스라엘이 '파쇼' 국가가 되고 있다고 말하는 이들도 있다.

### '디지털 황금의 땅'이 된 가나안

이스라엘 건국 초기부터 수십 년에 걸쳐, 세속주의와 유대 노동자 간의 연대라는 원칙으로 건설한 노동 국가는 이제 더 이상 존재하지 않는다. 오늘날 이스라엘은 서구 자본주의에 깊숙이 편입된, 신생 디지털 기술 기업들의 '황금의 땅'으로 변했다. 사회적으로는, 1980년대 경제개혁의 물결이 공동체 중심의 가치를 개인주의로 대체했고, 종교 민족주의와 달리 사회주의적 가치는 시대에 동떨어진 산물로 인식된다.

예컨대, 2019년 9월을 기준으로 세속주의 공립학교 입학비율은 41%에 불과했으며, 나머지는 사립이나 종교 학교에 진학했다. 이는 이스라엘 사회의 의식 변화가 이미 교육 전반에 깊이 스며들었음을 보여준다. 이러한 변화는 군사제도에도 영향을 미쳤다. 메사르보트(Mesarvot, '거부자'라는 뜻) 협회에 따르면, 고교생의 50%가 병역을 꺼리고 있으며, 그 가운데 철학적・정치적 신념을 내세워 스스로를 '양심적 병역 거부자'라고 밝히는 사례는 매년 10여 명 정도에 불과하다.

그밖에는 종교적(초정통파) 사유로 병역을 면제받기도 하고, 직업 활동을 이유로 예외를 인정받기도 한다. 이스라엘 정부가 '유대민족'은 하나라고 강조하지만, 다양한 유대인 집단(아슈케나짐, 스파라딤, 미즈라힘, 에티오피아계 유대인, 러시아어권 유대인 등)이 국가의 주요 요직을 놓고 경쟁하는 가운데, 민족 갈등이 사회에 만연해 있다.(3) 아슈케나짐 유대인의 비율은 국가의 30%에 불과하지만, 사실상 이들이 시온주의 좌파 정책 방향을 좌지우지한다. 모로코 출신 가정에서 태어나 사업가로 활동하다 2019년까지 이스라엘 노동당 대표를 역임한 아비 가베이(Avi Gabbay)는 2017년 당 대표 선거에서 전통적으로 우파 성향을 띠는 동부 유권자들의 지지를 별로 얻지 못했다.

하지만 정작 가베이 전 대표는 팔레스타인 점령지가 '시온주의의 참된 면모'를 보여준다고 주장하며, 그간 좌파가 유대인의 정체성을 망각하는 잘못을 범했다는 비판을 내세워 보수파와 종교계 유권자의 지지를 얻으려고 애썼다. 역시 모로코 출신으로 가베이의 뒤를 이어 2021년 1월까지 당 대표를 역임한 아미르 페레츠(Amir Peretz) 전 대표도 선거에서 전임자보다 나은 성적을 거두지는 못했다.

## 무지, 동력 상실, 그리고 고립

좌파 시온주의자들에게 불리하게 작용하는 요인은, 이들이 대도시 외곽에 거주하는 이스라엘 서민들의 생활상을 모르거나 혹은 잘못 알고 있다는 점이다. 정치학자 일란 그레일세머(Ilan Greilsammer)는 이스라엘의 좌익 정당 메레츠(Meretz)를 비롯한 노동 시온주의 노선의 정치계 전체가 "민생과 아무런 연관이 없다"(4)라고 지적하면서 "이들 정당의 지도자들은 가자지구 인근 스데로트(Sderot)나 네티보트(Netivot)를 방문하기는커녕 지나친 적도 없을 것"이라고 단언했다. 이런 주장은 당의 사상과 견해가 어떻게 텔아비브의 특권층이 자신들을 위해 고안해 낸 일종의 '엘리트주의'로 인식되는지를 보여준다. 여타 국가와 마찬가지로 서민층(아랍계 인구 제외)은 좌파보다 우파를 지지하는 경향이 강하다.

2019년 4월 선거 다음 날 이스라엘 언론 〈메론 라포포트(Meron Rapoport)〉는 소득이 가장 낮은 37개 유대인 거주 도시의 유권자 1백만 명의 투표 결과를 분석했다.(5) 해당 도시에는 주로 미즈라힘과 러시아어권 유대인이 많았다. 이스라엘은 비례대표제로 의원을 선출하기 때문에 평균 60%에 달하는 투표율은 곧 30석의 의석을 뜻했다. 시온주의 좌파는 해당 구역에서 3.25% 득표로 겨우 1개 의석을 확보했을 뿐이다. 사회경제적으로 소외된 유대인들은 노동당과 메레츠당의 후보들에게 등을 돌렸다. 이들은 자신들의 현실과 동떨어진 엘리트 중심 좌파 정당의 정체성을 더 이상 신뢰하지 않았다.

한편, 이들 도시에서 민족주의 우파가 획득한 의석수는 22석에 달하고, 그중 12석은 리쿠드(Likoud)당이 차지했다. 베냐민 네타냐후 총리가 대표하는 리쿠드당뿐 아니라, 동맹 정당들도 이런 변두리 지역을 지지 텃밭으로 삼아 지역의 아동 자선단체나 보조금으로 운영되는 학교를 집중적으로 공략했다. 불과 몇십 년 전까지만 해도 이런 활동은 이스라엘 노동조합 히스타드루트(Histadrut)를 중심으로 전개됐고, 노동당은 이를 토대로 사회적 약자의 지지를 끌어모을 수 있었다.

그밖에도 시온주의 좌파는 오랫동안 국가와 국가 기관에서 영향력을 행사해 온 키부츠 출신 지도자의 부재로 어려움을 겪었다. 과거에 키부츠 공동체는 의무 군복무 제도처럼 활동가들에게 정치 교육을 제공하면서 노동 시온주의 운동의 토대가 됐고, 그 핵심 간부들은 한때 이스라엘의 엘리트를 대표했다. 그밖에도 시온주의 좌파는 오랫동안 국가와 국가 기관에서 영향력을 행사해 온 키부츠 출신 지도자 양성 기능의 부재로 어려움을 겪고 있다. 과거에 키부츠 공동체는 의무 군복무 제도처럼 활동가들에게 정치 교육의 장을 제공하면서 노동 시온주의 운동의 토대가 됐고, 그 핵심 간부들은 한때 이스라엘의 엘리트를 대표했다.

끝으로, 대다수의 시온주의 좌파가 팔레스타인의 현실에 무지하다는 점을 지적하지 않을 수 없다. 그들은 군사 봉쇄 지역에서 산다는 것이 어떤 의미인지 모른다. 시온주의 좌파는 아미라 하스(Amira Hass)나 기드온 레비(Gideon Levy) 같은 언론인이 팔레스타인 점령지역의 현실을 보도하는 기사를 쓰더라도, 그들을 팔레스타인의 입장에만 귀를 기울이는 좌익, 패배주의자, 비관론자로 매도할 뿐이다.

이밖에도 브첼렘(B'Tselem), 브레이킹 더 사일런스(Breaking the Silence), 예슈딘(Yesh Din) 같은 비정부기구(NGO) 활동을 경시하는 노동계의 무관심 역시 간과할 수 없다. 이들 단체는 이스라엘 사회가 더는 주목하지 않는, 혹은 주목하지 않으려 하는 점령지역의 현실, 불편한 진실, 눈에 보이지 않는 사각지대의 상황을 폭로하면서 평화주의 진영의 마지막 보루 역할을 자처한다.

하지만 주요 좌파 정치 지도자들은 정작 이런 단체에 아무런 도움을 주지 않는다. 그들은 요르단강 서안 지구에 거주하는 66만 정착민의 표심 얻기에 몰두하기 때문이다. 이들 단체는 정부 당국으로부터 반역자 취급을 받을 뿐만 아니라, 활동에도 상당한 제약을 받고 있다. 즉, 고립 상태에 빠져있다. 시온주의 좌파는 한때 정치 기반으로 삼았던 지지층과 스스로 결별한 셈이다. 그 결과, 시온주의 좌파는 네타냐후 총리가 앞세우는 식민주의와 극단적 안보주의 같은 선동 정치에 맞서 대안 담론을 제시할 동력마저 스스로 잃고 말았다.

---

글 · 토마 베스코비 Thomas Vescovi

※ 이 글은 토마 베스코비의 저서 『L'Échec d'une utopie. Une histoire des gauches en Israël 유토피아의 실패: 이스라엘 좌파의 역사』(La Découverte, Paris, 2021)에서 발췌했다.

(1) Gilbert Achcar, 「La dualité du projet sioniste. Un peuple, une colonisation 시온주의 프로젝트의 이중성. 하나의 민족, 하나의 식민지」, 〈마니에르 드 부아르〉 프랑스어판, 157호, 2018년 2월~3월.
(2) 키부츠는 이스라엘의 집단적 농업공동체를 말한다. 키부츠 공동체 구성원은 키부츠니크(kibbutznik), 복수형은 키부츠니킴((kibboutznikim)이라고 칭한다.
(3) 미즈라힘(Mizrahim, 미즈라호 유대인)은 중동, 캅카스 및 기타 아시아 지역에 거주하던 유대인 집단을 지칭한다.
(4) Chloé Demoulin, 「La gauche israélienne se cherche à droite… et ne se trouve pas 우익에서 길을 찾다 갈 길을 잃어버린 이스라엘 좌파」, 〈Mediapart〉, 2018년 6월 8일, www.mediapart.fr
(5) Meron Rapoport, 「Israel's left lost a million votes in the last polls. Here's how they get them back」, 〈Middle East Eye〉, 2019년 8월 19일, www.middleeasteye.net

## 유대인들의 학교 선택

프랑스에는 약 200만 명의 학생이 사립 교육기관에 재학 중이다. 그중 프랑스 전역에 있는 112개 유대인 학교에 재학 중인 학생은 약 3만 5천 명에 불과하다. "공적 공간과 학교 내에서 반유대주의 발언이 점점 더 자유롭게 표출됨에 따라, 해마다 새로운 유대인 청소년들이 유대인 학교로 향하고 있습니다." 파트릭 프티-오아용, 프랑스 유대인사회통합기금(FSJU) 교육부장의 말이다. 그에 따르면, 유대인 학교는 안전을 위한 피난처로 여겨지며, 유치원 단계부터 사전 예방 차원에서 선택되고 있다고 한다.(1)

수십 년 동안, 프랑스 유대인 공동체 아동의 교육은 유대인 학교, 카톨릭 사립학교, 공립학교에 각각 3분의 1씩 분산되어 왔다. 하지만 최근에는 프랑스 유대인 청소년의 43%가 유대인 학교에 다닌다. 사회학자 마르틴 코헨(Martine Cohen)에 따르면, 이 증가 원인을 반유대주의의 격화로만 설명할 수 없다.(2) 공립학교 이탈, 사회적 동질성 추구, 종교 행사와 학사일정의 조화, 혼인 예방(혼혈혼 기피) 등도 부모들의 결정에 큰 영향을 미친다. 또한 코헨은, 유대인 학교들이 사실상 공동체 내부의 추천을 통해 학생을 받아들임으로써, 거의 완벽한 종교적 동질성을 유지하고 있다고 지적한다. 이는 사실상 법적 의무를 우회하는 방식에 가깝다. 대부분의 유대인 학교들은 국가와의 계약을 통해 입학 차별 금지, 양심의 자유 보장 등 공교육의 기본원칙을 따라야 하기 때문이다.

그렇다면, 이러한 유대인 학교들은 실제로 어떤 성과를 내고 있을까? 목표는 "전통과 프랑스 시민성, 그리고 유대인 정체성에 대한 안정감을 균형 있게 갖춘 차세대 유대인을 양성하는 것"이다. 2024년 여름 발표된 『프랑스 유대 청년 FSJU 바로미터』는 이에 대한 실마리를 제공한다. 이 보고서에 따르면, 유대 청년들은 연대, 세대 간 관계, 반유대주의 대응 등의 사회적 의제에 매우 민감하며, 특히 38%가 반유대주의와의 싸움을 최우선 과제로 여긴다. 이는 이들이 기후변화 대응 등 보다 보편적인 사회적 쟁점들에 대해서는 한걸음 물러서는 이유이기도 하다.

이스라엘과의 관계는 유대인 정체성의 핵심축으로 작용하고 있으며, 실제로 전체 응답자의 94%가 이미 이스라엘을 여러 차례 방문한 경험이 있고, 52%는 이스라엘 이주에 긍정적이며, 57%는 이스라엘 유학을 고려 중이라고 답했다. 이러한 경향은 유대 청소년들에게 제공되는 교육이 '용기와 투지'를 기르고, 지적으로 무장시킨다. 이러한 교육은 '집단학살'이나 '아파르트헤이트'와 같은 용어를 통한 이스라엘-팔레스타인 분쟁의 부정적 담론에 단호히 맞서도록 하는 데 그 목적이 있다.

---

글 · 안 주르댕 Anne Jourdain
파리-도핀 대학교 사회학과 교수. 주로 문화사회학 · 경제사회학 분야에서 활동하며 특히 예술가의 직업적 정체성과 창작 활동의 사회 · 경제적 조건을 연구해왔다. 주요 저서로 『장인의 사회학』(Sociologie des artisans, 2017), 『피에르 부르디외 이론과 그 사회학적 활용』(La Théorie de Pierre Bourdieu et ses usages sociologiques, 시도니 노클랭 공저, 2011) 등이 있다.

(1) 별도의 언급이 없는 한, 모든 인용은 「프랑스 유대인 청년 바로미터(FSJU Baromètre de la jeunesse juive en France)」, 〈라르슈(L'Arche)〉 특별호, 파리, 2024년 7-8월호에서 가져왔다.
(2) Martine Cohen, 「유대인 학교에서… 유대인 학교들로. 사회학적 접근의 출발」, Bruno Poucet (편), 『국가와 사립 교육: 드브레 법(1959년)의 적용』, 렌 대학출판부, 2011.

## 점점 더 심해지는 인종차별

"이스라엘은 인종차별이 단순한 실수가 아니라 위험한 행위이며, 결국 무거운 대가를 치르게 될 것임을 인정해야 한다." 이스라엘 여론 분석가 달리아 샤인들린(Dahlia Scheindlin)은 "아랍인들은 힘으로 다스려야만 한다"라는 사고방식이 이스라엘 사회에 퍼지고 있는 현실을 깊이 우려한다.(1)

공공연한 인종차별적 발언은 이스라엘의 '유대인 우월주의'에 빠진 정치인들만의 전유물이 아니다. 예컨대 이타마르 벤그비르 국가안보부 장관이나 베잘렐 스모트리치 재무장관만 그런 것이 아니다. 리쿠드(Likoud)당 소속이며 문화·체육부 장관을 맡고 있는 미키 조하르(Miki Zohar)는 팔레스타인인에 대해 이렇게 말했다. "이런 말까지 하게 되어 유감이지만, 그들에게는 명백한 결함이 있습니다. 유대인으로 태어나지 않았다는 점이죠."(2)

이러한 인식은 이제 보편적인 사고방식으로 자리잡고 있다. 2018년에 발표된 한 설문조사에 따르면, "유대인은 유대인으로 태어났기 때문에 비유대인보다 우월하다"라는 문장에 대해 이스라엘 유대인 23%가 "비교적 그렇다" 혹은 "매우 그렇다"라고 응답했고, "전혀 그렇지 않다"라고 답한 비율은 43%에 불과했다.(3)

이 설문조사는 또 다음과 같은 사실을 보여준다. 3분의 1의 이스라엘 유대인은 캄보디아 혹은 르완다에서의 집단학살에 대해 "모른다"라고 답했고, 40% 이상은 "조금만 안다"라고 응답했다. 5명 중 1명은 아르메니아 집단학살에 대해 "전혀 모른다"라고 했으며, 절반은 "조금만 안다"라고 답했다. 참고로 같은 해 프랑스인들 중 8%는 홀로코스트(유대인 학살)에 대해 "전혀 모른다"라고 했고, 21%는 "조금만 안다"라고 답했다.(4)

마르크 샤갈 - 「십자가에 달린 사람들」, 1944

  이스라엘 사회를 갉아먹는 이 인종주의는 팔레스타인인이나 주변 아랍인들만을 대상으로 하지 않는다. 그것은 유대인들 사이에서도, 그들의 신념이나 출신에 따라 커뮤니티를 나누는 방식으로 나타난다. 이스라엘 정부의 반인종차별 조정기관이 2021년에 발표한 보고서에 따르면, 2020년 접수된 1,450건의 인종차별 신고 중 27%는 에티오피아계 유대인에 대한 차별이었고, 27%는 아랍계 이스라엘인에 대한 것이었다.
  다른 19%는 '극정통파 유대인'(토라 · 탈무드 · 고전 문헌 등을 아우르는 전통적인 유대 율법 '할라카'와 관습을 철저히 따르며, 현대 세속 문화나 이스라엘 국가 체제에도 비판적인 태도를 보이는 경우가 많다-역주)을 향한 것이었고, 7%는 러시아계 이스라엘인을 향한 것이었다.(5) 이러한 차별은 전통적으로 존재해온 아슈케나즈(동유럽계 유대인)가 미즈라힘(중동 및 북아프리카계 유대인)을 얕잡아 보는 차별의 연장선에 있다.

2018년 다큐멘터리 시리즈 〈하차르포카임(Hatsarfokaim)〉에서, 감독 론 칼릴리(Ron Cahlili)는 프랑스 출신 유대인들이 이스라엘로 이주한 뒤 마주하는 차별적 현실을 조명했다. 그에 따르면, "이들은 조금은 프랑스인, 아주 많이는 세파르디(북아프리카 유대인)"로 인식됐다. 칼릴리 감독이 인용한 한 조사에 의하면, 프랑스 출신 이민자들은 미국이나 러시아 출신 이민자들보다 낮은 평가를 받고 있으며, 22%의 이스라엘인들은 이들을 "야만적이며, 시끄럽고, 뻔뻔하다"라고 여긴다고 답했다.

---

글 · 필리프 데캉 Philipe Descamps
〈르몽드 디플로마티크〉 기자

(1) Dahlia Scheindlin, "이스라엘의 대팔레스타인 정책에는 "그들은 오직 힘만 이해한다"는 인종주의적 사고방식이 자리하고 있으며, 이는 매우 위험한 태도라고 지적했다.", 〈Haaretz〉, 2024년 10월 22일
(2) Ravit Hecht, 리쿠드당 소속 문화체육부 장관 Miki Zohar가 "팔레스타인인은 유대인으로 태어나지 않았기에 명백한 결함이 있다"고 발언하며 노골적인 인종차별을 드러냈다.", 〈Haaretz〉, 2017년 10월 28일
(3) 이스라엘 민주주의 연구소, 2018년 여론조사에서 이스라엘 유대인의 23%가 "유대인은 태어났기 때문에 비유대인보다 우월하다"는 주장에 동의했고, 43%만이 이를 전면 부정했다."(2018년 12월 2일)
(4) 〈CNN〉의 요청으로 ComRes가 수행한 조사, 2018년 프랑스 조사에 따르면, 프랑스인의 8%는 홀로코스트에 대해 전혀 모르고 있고, 21%는 "조금 안다"고 응답했다.(2018년 9월)
(5) 이스라엘 정부 산하 반인종차별 조정 기구, 2020년 이스라엘 정부가 접수한 인종차별 신고 1,450건 중 27%는 에티오피아계 유대인 대상, 27%는 아랍인 대상, 19%는 초정통파 유대인 대상, 7%는 러시아계 이스라엘인 대상 사건이었다.(2021년 4월 7일)

# 가자에서 드러난 서구 자유주의 진영의 위선

## 질베르 아슈카르 Gilbert Achcar

레바논 출신의 국제 정치학자, 현재 영국 런던대학교 동양아프리카학부(SOAS) 개발학과 교수.그는 중동 현대사 · 국제정치 · 좌파 정치사상을 중심으로 연구와 저술을 이어왔으며, 제국주의 · 시온주의 · 근본주의에 대한 비판적 분석으로 알려져 있다. 주요 저서로는 『아랍 · 이스라엘의 전쟁과 평화』(The Arabs and the Holocaust, 2010)와 『마르크스주의, 오리엔탈리즘, 그리고 근대성』(Marxism, Orientalism, Cosmopolitanism, 2013) 등이 있다.

### 의문이 계속되는 유럽의 이스라엘 지지

민간인 학살이 18개월간 계속되고, 이스라엘 국가 최고위층에서조차 집단학살에 대한 담론이 일상화된 이후에야, 런던과 오타와, 브뤼셀은 텔아비브에 경제적 압박을 가하는 방안을 검토하기 시작했다. 이 와중에도 베냐민 네타냐후는 가자지구를 통째로 장악하겠다는 의지를 굽히지 않고 있다. 서방 강대국들의 미온적이고 뒤늦은 반응은 국가 이익보다 인권, 민주주의 등 보편적 가치를 우선시하고 있다는 '가치 외교'의 근본적인 모순을 적나라하게 드러낸다.

2023년 10월 7일 이후, 팔레스타인 민중의 오랜 수난사 중 가장 참혹한 국면이 펼쳐지고 있다. 이는 1948년의 나크바(Nakba)보다도 더 끔찍하다. 아랍어로 '재앙'을 뜻하는 나크바는, 지금은 흔히 '민족 청소'라고 불리는 대재앙을 가리킨다. 하지만 오늘날의 재앙은 그보다 훨씬 더 심각한 집단학살을 동반하고 있다. 팔레스타인을 덮친 이 비극을 제대로 지칭하려면, 나크바보다도 더 강한 아랍어가 필요하다. 그 단어는 '카리타(karitha, 참화)'다.

이스라엘은 가자지구 주민 일부를 학살하면서도, 서안지구와 가자 양

쪽 모두에서의 '정화' 작업을 결코 멈추지 않고 있다. 2024년 5월 6일, 이스라엘 재무장관 베잘렐 스모트리치는 요르단강 서안의 정착촌 오프라에서 열린 한 회의에서 다음과 같이 말했다. "가자는 완전히 파괴될 것이다. 그 이후 민간인들은 남쪽으로 보내지고, 그곳에서 대규모로 제3국으로 떠나기 시작할 것이다."(1)

도널드 트럼프 미국 대통령은 이번 사태를, 2020년에 외면받았던 '세기의 거래'(예루살렘 전체를 이스라엘 수도로 인정하고, 유대인 정착촌 합법화 및 팔레스타인 국가 수립을 조건부로 제한하는 등 이스라엘의

시마 알샤이비 - 「세대에서 세대로」, 2019

입장을 일방적으로 반영한 계획이었다. 팔레스타인은 이를 전면 거부했다-역주)를 새롭게 추진하고 아랍 국가들을 끌어들이는 계기로 활용할 수 있다.(2)

그러나 '민족 청소'라는 이스라엘의 시나리오를 고려할 때, 비록 형식적이고 무력한 위성국가에 불과하더라도, '팔레스타인'이라는 이름을 지닌 국가가 존재하는 편이 오히려 그것보다는 더 나은 선택처럼 보일 수도 있다.

## 트럼프 복귀 이전부터, 심각하게 붕괴된 국제질서

사우디아라비아가 이스라엘과의 관계 정상화에 나선다면, 바레인과 아랍에미리트, 모로코, 이집트, 요르단 등 이미 이스라엘과의 관계를 수립한 국가들의 대열에 합류하게 된다. 이는 미국 트럼프 대통령과 이스라엘 네타냐후 총리에게 외교적 성과로 포장될 수 있지만, 팔레스타인 문제의 본질을 해결하지는 못한다. 결국 중동의 미래는 국제질서 전반의 불안정성과 맞물려 더욱 어두운 전망을 낳고 있다.

국제질서의 붕괴는 트럼프의 백악관 복귀로 시작된 것이 아니다. 〈뉴욕타임스〉의 언론인 미셸 골드버그는 이렇게 보도했다. "트럼프가 집권하기 전부터, '규칙에 기반한 국제 질서'는 이미 심각하게 붕괴된 상태였으며, 그 주요 원인 중 하나는 바이든 대통령이 가자지구 파괴에 공모했다는 점이다."(3)

사회학자 야길 레비도 다음과 같이 지적했다. "이스라엘은 과거처럼 국제 사회의 묵인이 없었다면, 이번처럼 가자지구에 대한 지상군 작전을 감행하지 못했을 것이다."(4) 이는 곧, 이스라엘에 실질적인 영향력을 행사할 수 있는 국가들, 특히 1960년대 말부터 이스라엘의 주된 후원국이 되어온 미국을 가리킨다. 그런데 워싱턴은 동맹국 이스라엘을 자제시키기는커녕, 오히려 적극적으로 동참했다. 비록 미군이 직접 가자지구를 폭격하지는 않았지만, 몇 달간에 걸쳐 '미국-이스라엘 공동 전쟁'에 열정적으로 가담한 것이다.(5)

조 바이든 미국 대통령의 이스라엘에 대한 열성적인 지지는 본질적으로 이념적이었다. 이는 오히려 트럼프보다 더한 수준이었다. 트럼프의 첫 임기는 미국 내 초당적 합의의 한계를 넘는 친이스라엘 정책으로 주목받았다. 이에 민주당의 바이든은 전임자 트럼프 때의 친이스라엘 조치를 철회하겠다고 약속했지만, 실제로는 그 정책을 계승했을 뿐만 아니라, 가자지구에 대한 이스라엘의 장기적 군사 공세마저 무조건 지지함으로써 그 선을 훨씬 넘어서 버렸다.

2020년 민주당 경선 전, 언론인 피터 바이너트는 바이든의 "이스라엘 관련 기록은 매우 우려스럽다"라고 경고한 바 있다. 그는 2020년 1월 27일 〈쥬이시 커런츠(Jewish Currents)〉에 발표한 글에서 오바마 행정부 초기에, 백악관이 팔레스타인 국가 수립 가능성을 지키기 위해 네타냐후에게 압박을 가하려 했을 때, 그 누구보다 적극적으로 이스라엘 총리를 옹호했던 인물이 바로 바이든(당시 부통령)이라고 주장했다.(6)

## 바이든, "이스라엘을 나보다 더 도운 정부는 없다"

1973년 아랍-이스라엘 4차 전쟁(욤키푸르 전쟁) 중, 리처드 닉슨 미국 대통령은 미국의 유대계 사업가 레너드 가먼트에게 이렇게 말했다. "나는 시온주의자요. 시온주의자가 되기 위해 유대인일 필요는 없소." 바이든 대통령 역시 재임 중 여러 차례 공식 석상에서 똑같은 발언을 했다. 그리고 2023년 10월 7일의 하마스 공격 이후 1년이 지난 시점에, 가자지구에 대한 이스라엘의 공세가 집단학살적 성격을 띠기 시작했다고 유수의 인권단체들이 경고하고 있는 중에도,(7) 조 바이든 대통령은 이렇게 자랑했다. "어떤 행정부도 나보다 이스라엘을 더 많이 도운 적은 없다. 없다. 없다. 없다."(8)

하마스의 이번 공격은 사회적 트라우마로 남을 만큼 극단적인 폭력으로, 서구 사회에 특히 깊은 충격을 주었다. 자신들과 비슷한 이들이 재난을 겪는 데 민감한 서구인들은, 그 장면들을 보며 '자기 동일시적 연민'(self-identificatory compassion)이라 부를 만한 반응을 보였다. 이러한 정서는, 서유럽 국가들—특히 독일, 오스트리아, 프랑스, 이탈리아—이 나치의 유대인 집단학살에 가담했거나 이를 방조했다는 죄책감과 맞물리며, 이스라엘에 대한 전례 없는 수준의 무조건적 연대감을 낳았다. 아이러니하게도, 오늘날 이스라엘 지도부는 과거 나치가 박해했던 이들과 유사한 사람들—인종차별의 피해자, 좌파 운동가 등—을 공격하고 있다.

이스라엘이 가자지구와 같은 좁은 인구 밀집 지역을 대상으로 대규모 군사작전을 벌이며, 사실상 집단학살에 가까운 폭력을 가하고 있는 상황은 매우 모순적으로 보인다. 왜냐하면, 이스라엘이라는 국가는 본래 1940년대 유대인들이 나치로부터 당한 '홀로코스트'의 비극을 계기로, 세계가 보편적 인권과 인도주의 정신을 교훈으로 삼아야 한다는 전제에서 출발한 세계 질서의 일부이기 때문이다.

그러나 오늘날 이스라엘과 서구 국가들은, 이 역사적 비극을 특정 민족(유대인)만의 고유한 고통으로 한정하는 민족주의적 관점을 취함으로써, 팔레스타인인에 대한 폭력을 정당화하고, 그들의 고통에 둔감한 이중적 태도를 보이고 있다. 이는 결국, 유엔 헌장에 기반해 인류 보편의 평화와 인권을 약속했던 전후 국제질서가 이념적으로도, 현실적으로도 무너지고 있음을 보여준다.

이처럼 전후 국제질서가 흔들리는 가운데서도, 국제 평화와 인권을 제도적으로 뒷받침하려는 노력은 중요한 진전을 이뤘다. 대표적으로, 국제사법재판소(ICJ)의 창설은 1922년 설립된 국제연맹 산하 상설 국제사법재판소를 대체하며 국가 간 분쟁의 중재 기능을 이어받았다. 또한

1949년에 채택된 새로운 제네바 협약은 국제인도법의 틀을 강화하고, 전쟁 규범의 적용 범위를 민간인 보호까지 확대하는데 기여했다. 그러나 1945년 4월 프랭클린 루스벨트 미국 대통령의 서거와, 그 뒤를 이은 우익 성향의 해리 트루먼 대통령은 중요한 전환점으로 작용했다.

1945년에 수립된 국제질서는 그리 오래가지 못하고 빠르게 무너졌다. 냉전은, 한쪽에겐 공산주의에 맞서 싸우는 전쟁, 다른 쪽에겐 미국 제국주의에 저항하는 투쟁이라는 명분 아래, 유엔 헌장을 전반적으로 무시하는 구실이 되었고, 그 중심에는 특히 미국의 태도가 자리했다. 그 결과, 보편적 자유주의는 대서양주의적 자유주의 즉, 미국 중심의 서방 자유주의로 대체되었다. 그리고 1990년대 소련 블록의 붕괴는, 단지 세계 권력 균형의 급격한 변화에 그치지 않고, 서방 진영에겐 하나의 '이념적 승리'로 받아들여졌다.

## 미국이 개입한 코소보 전쟁,
## 국제법을 정면으로 위반한 중대 사례

워싱턴은 세계 질서를 재편할 수 있는 이 기회를 적극적으로 활용하고자 했다. 미국이 압도적인 영향력을 행사하던 일극 체제(unipolaire) 시대에, 워싱턴은 자국의 패권적 위상이 위협받지 않는 범위 내에서, 인권과 민주주의의 확대를 위한 국제기구 설립 등 이상주의적인 시도를 일부 허용했다. 이러한 흐름에 기반하여 2002년, 국제형사재판소(ICC) 설립이 구체화되었다. 이 재판소는 개인을 대상으로 집단학살, 반인류범죄, 전쟁범죄, 침략범죄 등 네 가지 범죄를 기소하고 처벌하는 국제 사법 기구다.

다른 한편으로는, 2005년 9월 16일 유엔 총회가 '보호할 책임' 원칙을 채택하면서 그 방향이 더욱 명확해졌다. 이 원칙은 국가 주권의 원칙을 초월하여, 다음과 같은 경우 유엔 안전보장이사회를 통한 단호한 집단적 행동을 허용한다. 평화적 수단이 효과를 발휘하지 못하고, 각국 정부가 자국민을 집단학살, 전쟁범죄, 민족 정화, 반인륜범죄로부터 명백히 보호하지 못할 경우, 유엔 헌장 제7장에 따라, 유관 지역기구와 협력하여 사례별로 군사적 또는 비군사적 조치를 취할 수 있도록 규정한 것이다.

이러한 국제 사법 기구들이 설립되기 이전, 미국은 아프리카의 '아프리카의 뿔' 지역(소말리아 등)과 발칸 반도에서 일련의 '인도적 개입'을 주도한 바 있다.(9) 그들은 세르비아군에 의해 자행된 보스니아계 민간인 학살을 '집단학살'로 규정할 것을 강하게 주장했다. 하지만 오늘날 가자지구에서 벌어지고 있는 대규모 학살에 비하면, 당시의 학살은 그 규모와 강도 면에서 초라해 보일 정도다.

그럼에도 미국은 당시 내세운 이상주의적 명분과는 달리, 실제로는 새로운 '냉전' 구도를 촉발하는 방향으로 국제 정책을 전개했다. 바르샤바 조약기구가 해체된 이후에도 북대서양조약기구(NATO)는 그대로 존속하며, 오히려 모스크바와 과거 밀접한 관계를 맺었던 국가들, 심지어 옛 소련의 일부 공화국들까지 북대서양조약기구(NATO) 가입을 목표로 삼는 점진적인 동진(東進) 정책을 이어갔다.

이로써 미국은 동맹국들과 함께 군사적 집단개입이라는 새로운 단계로 나아가게 되었고, 그 첫 번째 사례가 1999년 코소보 전쟁이었다. 이 전쟁은 러시아와 중국의 거부권을 피하기 위해 유엔 안전보장이사회를 우회하면서 진행되었고, 1990년 이후 국제법 질서를 정면으로 위반한 중대한 첫 사례로 기록된다. 이처럼, 잠시 등장했던 '신세계 질서'는 결국 허망하게 흐트러졌다.

## '보호할 책임' 원칙이 배제된 가자지구, 서방이 주장한 '자유주의적 정당성' 실추

1998년 로마 회의에서 미국과 이스라엘은 국제형사재판소(ICC) 규정의 채택에 반대표를 던졌다. 두 나라 모두 이후에는 서명은 했지만, 비준하지 않았고, 오히려 최종적으로 탈퇴했다. 미국은 2002년 이라크 침공에 앞서 ICC에서 탈퇴했는데, 이는 1990년 이후 국제법 질서를 두 번째로 위반한 중대 사건이었다.

이스라엘 역시 2001년부터 시작된 제2차 인티파다(팔레스타인 민중봉기)에 대한 무력 진압 과정에서 국제인도법을 반복적으로 위반한 끝에 ICC에서 탈퇴했다. 이렇게 해서 조지 W. 부시 미 행정부와 아리엘 샤론 이스라엘 정부가 각각 주도한 전쟁들은 이제 '테러와의 전쟁'이라는 공동의 깃발 아래 진행되었으며, 이는 과거의 반공주의처럼, 국제질서의 원칙들을 짓밟는 '면책 허가증'으로 기능하게 되었다.

국제사회가 대규모 인권 침해로부터 민간인을 보호할 책임이 있다는 인도주의적 국제규범, 즉 '보호할 책임(R2P)' 원칙은 사실상 2011년 리비아에 대한 군사 개입을 정당화하는 데 가장 적극적으로 활용되었다. 이 개입은 미국, 영국, 프랑스 등이 주도했으며, 당초에는 유엔 안전보장이사회 결의에 근거한 제한적 개입으로 시작되었지만, 곧 그 범위를 넘어서게 되었다.

해당 결의는 러시아와 중국이 기권한 채 채택되었지만, 개입이 정권 붕괴와 내정 개입으로 확대되자, 이는 곧 '보호할 책임' 원칙이 강대국의 개입 명분으로 악용될 수 있다는 정당한 의심을 불러일으켰다. 이러한 불신의 전례 때문에, 이후 시리아를 비롯한 대규모 학살 사태에 대해서는 더 이상 '보호할 책임' 원칙이 국제 개입의 근거로 활용되지 않게 되었다.

가자에서 현재 진행 중인 집단학살과 관련하여, '보호할 책임' 원칙을 배제한 것은 서방 강대국들이었다. 더 일반적으로 보자면, 현실적으로 국제질서 구조 자체가 무너졌다. 국제질서의 두 축이라 할 수 있는 국제사법재판소(ICJ)와 국제형사재판소(ICC)가 이스라엘 혹은 그 지도자들을 상대로 각각 기소와 제소 절차를 진행하자 서방 주요국들은 이에 강한 반발을 드러냈고, 그 결과 국제사회가 표방해온 '자유주의적 정당성'은 결정적인 타격을 입게 되었다.

그 불신은 특히 국제형사재판소가 발부한 두 개의 체포영장에 대한 서구의 상반된 반응을 통해 더욱 깊어졌다. 하나는 2023년 3월 17일, 우크라이나 침공과 관련하여 블라디미르 푸틴 러시아 대통령에게 발부된 체포영장, 다른 하나는 2024년 11월 21일, 베냐민 네타냐후 이스라엘 총리에게 발부된 체포영장이었다. (10)

## 자유 진영의 국제질서 재구성 시도, 이미 파산 상태

게다가 이스라엘 내 극우 연합 정부의 범죄 행위를 묵인함으로써, 서방의 정부들, 대다수 정당들, 지식인들은 자국 내 극우 세력의 존재를 점점 더 당연시하게 만들고, 그동안 네타냐후가 부추겨온 극우 세력의 반(反)좌파, 반(反)세속 유대인, 반(反)정부 유대인 혐오에 국제사회가 사실상 정당성을 부여하는 결과로 이어지고 있다.(11) 이른바 '신(新)반유대주의'는 전체적으로 무슬림들, 또는 무슬림을 옹호하거나 이스라엘을 비판하는 이들에게 그 책임이 전가된다.

이러한 논리는 유럽과 미국의 극우 세력이 과거 혹은 현재에 보여온 유대인 혐오를 면죄할 수 있는 기회를 제공하며, 그들과 손잡고 '진짜 공통의 적'을 규탄하는 데 이용된다. 그 결과는 팔레스타인 민중의 고통에 대한 무관심을 조장하고, 현재 벌어지고 있는 집단학살의 현실을 부정하는 분위기로 이어진다. 이러한 태도를 취하는 서구 자유주의자들은 결국 자신들의 정치적 전통을 스스로 훼손하는 것이며, 그들은 지금 자기 무덤을 파고 있는 셈이다.

서구 자유주의는 이제 결정적인 불신과 붕괴 위기의 순간을 맞고 있다. 급진 우파 세력들은 NATO 내부 곳곳에서 세력을 확장하고 있으며, 이는 2차 세계대전 당시 추축국에 맞서 싸운 중심축이었던 미국과 영국조차 예외가 아니다. 냉전 이후 국제질서를 재구성하려는 시도는 처참하게 실패했다.

그 원인은 극우 세력의 부상이 아니라, 오히려 그보다 앞서 존재했던 자유주의 진영 내부의 일관성 결여와 패권적 오만이었다. 이 질서는 이미 파산 상태에 있으며, 서방이 가자지구 집단학살을 묵인한 행위는, 그 질서의 관에 하는 마지막 못질이었다. 1945년에 선언되었고, 1990년대에 다시금 강조되었던 '법의 지배'라는 약속은 이제 영원히 물거품이 되었다. 돌이킬 수 없을 정도로.

글 · 질베르 아슈카르 Gilbert Achcar

(1) 제레미 샤론, 「스모트리치, '가자는 완전히 파괴될 것', 주민들은 '좁은 지역에 집중될 것'이라 발언」, 2025년 5월 6일, 〈타임스 오브 이스라엘〉. (www.timesofisrael.com)
(2) 관련 내용은 알랭 그레쉬, 「이스라엘-팔레스타인, 하나의 전쟁 계획」, 〈르몽드 디플로마티크〉 2020년 3월 참조.
(3) 미셸 골드버그, 「트럼프의 가자 거래: 해변 땅과 맞바꾼 전쟁 범죄」, 〈뉴욕타임스〉, 2025년 2월 7일.
(4) 야길 레비, 「군대의 도덕성은 단 하나의 기준으로 측정된다. 이스라엘군(IDF)은 이 시험에 실패했다」, 〈하아레츠 텔아비브〉, 2024년 12월 12일.
(5) 「미국의 구원 등장」, 〈마니에르 드 부아르〉, 제193호, 특집 "이스라엘, 팔레스타인, 생채기 난 땅", 2024년 2~3월.
(6) 피터 바이너트, 「이스라엘에 대한 조 바이든의 우려스러운 기록」, 〈쥬이쉬 커런츠〉, 뉴욕, 2020년 1월 27일.
(7) 관련 기사: 안세실 로베르, 「국제사법재판소, 가자에서의 집단학살 가능성을 언급」, 2024년 2월. 아크람 벨카이드, 「이스라엘, 집단학살 혐의로 고발되다」, 2025년 1월, 각각 〈르몽드 디플로마티크〉에 게재.
(8) 콜린 롱, 「바이든, "이스라엘이 2024년 미국 대선에 영향 주기 위해 평화 협상을 지연하는지 모르겠다"고 주장」, 〈AP통신〉, 2024년 10월 4일. 또한 1973년 10월 18일 자 「백악관 녹취록」, 리처드 닉슨 대통령 도서관 참조.
(9) 안세실 로베르, 「'개입 권리'의 기원과 우여곡절」, 〈르몽드 디플로마티크〉, 2011년 5월.
(10) 마티아스 들로리, 「푸틴, 재판관들, 그리고 핵무기」, 브누아 브레빌, 「유럽이라는 걸레」, 각각 〈르몽드 디플로마티크〉 2023년 5월, 2024년 12월.
(11) 그레고리 르젭스키, 「이런 친구를 두다니…」, 〈마니에르 드 부아르〉, 제199호, 특집 "반유대주의와 그 정치적 도구화", 2025년 2~3월. 또한 세르주 알리미와 피에르 랭베르, 「정치적 중상 모략의 기술」, 〈르몽드 디플로마티크〉, 2024년 10월.

마르크 샤갈-「랍비」, 1936~1938

# 이스라엘의 심각한 국제인도주의법 위반

안세실 로베르 Anne-Cécile Robert

르몽드 디플로마티크 국제편집장, 르몽드 디플로마티크 국제이사,
파리8대학 겸임교수, 파리8대학에서 유럽연합법 연구로 박사 학위. 주요 저서로는
『Un totalitarisme tranquille : la democratie confisquee 은밀한 전체주의: 몰수당한 민주주의』
(Andre Bellon과 공저, 2001년, Editions Syllepse, Paris)

몇 주간의 폭격 끝에, 2023년 11월 22일 이스라엘과 하마스는 4일간의 일시 휴전에 합의했다. 200만 가자지구 주민들의 고통을 고려하면 너무나 짧은 휴전이었다. 이스라엘 점령군이 국제기구와 비정부기구의 구조 활동과 언론의 접근을 막으면서, 폭격을 퍼붓고 포위하는 상황은 1945년 이후 제정된 국제인도법에 대한 명백한 위반이다.

2023년 10월 7일 하마스가 저지른 잔혹 행위에 대응하여 이스라엘이 폭격을 감행하면서 약 1만 5,000명의 희생자가 발생했다. 100명 이상의 유엔 직원과 약 50명의 언론인이 사망한 것으로 추정된다.(1) 국경없는의사회 설립자인 로니 브라우만은 "가자지구는 거대한 묘지"라며 개탄했다. 대규모 주민 학살과 보건 인프라 파괴, 물과 전기 공급 차단, 통신 차단, 영토 포위, 인도적 지원 공급 차단 등 잔인하고 파괴적이며 치명적인 모든 행동은 이스라엘이 방어권을 행사하고 하마스 소탕이 필요하다는 이유로 정당화될 수 있을지도 모른다.

마누엘 발스 전 프랑스 총리는 "우리는 2015년 테러 공격 이후 프랑스를 방어하고 시리아의 이슬람국가(IS)를 공격할 때 어떤 국가의 조언도 기다리지 않았다. 우리는 모두 차할(이스라엘군)의 정당한 대응에 팔레스타인 민간인들이 가능한 한 피해를 적게 받기를 바란다."라고 말했

파스칼 블레조 - 「재난」, 시리즈, 2018

다(〈렉스프레스〉, 파리, 10월 27일). 일부에서는 이번 대응이 1945년 제2차 세계대전 당시 나치 독일의 드레스덴을 초토화시킨 연합군의 대규모 소이탄 폭격에 버금간다며 이번 사건을 이미 적이 패배한 상황에서 자행된 전쟁 범죄로 보기도 했다. 영국의 그랜트 샤프스 국방부 장관은 11월 11일 〈BBC〉 방송에 출연해서 "우리는 전시에 사람들이 죽는다는 사실을 잊고 있는 것 같습니다. 영국이 드레스덴을 폭격했을 때 3만 5,000명이 사망했습니다"라고 설명했다.

## "가자지구는 아동 공동묘지가 되고 있다"

유엔 관리와 비정부기구들은 하마스의 인질극을 비난하면서 아주 빠르게 '전쟁 범죄'라고 언급했다. 조심스러운 성격의 안토니우 구테흐스 유엔 사무총장은 "전쟁에도 규칙이 있다"라며 "가자지구의 악몽은 인도주의적 위기 그 이상이다. 인류의 위기다. 가자지구는 아동 공동묘지가 돼가고 있다."라고 말했다.(2) 국제앰네스티는 국제법 위반에 대한 "명백한 증거"가 있다고 밝혔다. 이스라엘은 언론인의 안전을 보장할 수 없다고 말했지만, 국경없는기자회는 이스라엘이 고의로 언론인을 표적으로 삼고 있다고 비난했다.(3)

유엔 기구와 인도주의 단체들은 SNS를 통해 병원과 학교, 구급차는 표적이 아니라는 성명을 발표했다. 이스라엘의 베냐민 네타냐후 총리는 "우리는 민간인 사상자를 최소화하려 노력했으나, 안타깝게도 성공하지 못했다"라고 인정했다(《CBS》 뉴스, 2023년 11월 16일). 남아프리카공화국과 콜롬비아, 칠레 등 여러 남반구 국가는 항의의 표시로 텔아비브 주재 자국 대사를 소환했다. 러시아와 중국, 이란, 사우디아라비아는 중동 상황에 대해 미국을 비난했다.

점령국에는 자위권이 존재하지 않는다고 믿는 아랍 국가와 러시아, 이란과 달리, 이스라엘을 인정하는 서방국들은 '자위권'이라는 말을 방패로 삼고 있다. 그 중간 위치에 있는 중국은 '자위권' 원칙은 인정하지만, 이스라엘이 "도를 넘어섰다"는 입장이다. 구테흐스 유엔 사무총장은 2021년 이스라엘과 하마스가 충돌했을 때도 "국제인도주의법을 위반하는 것은, 테러와의 전쟁이든, 자위 등 그 무엇으로도 정당화될 수 없다"라고 말한 바 있다.(4)

2023년 10월 18일 미국은 유엔 안보리 결의안에 하마스의 공격을 비난하는 내용이 포함되지 않았고 이스라엘의 대응을 불법화할 위험이 있다는 이유로 거부권을 행사했다. 그로부터 한 달이 지나서야 에마뉘엘 마크롱 프랑스 대통령은 민간인에 대한 이스라엘의 행동을 "정당하지 않고, 이유 없는" 행동이라고 규정하며 휴전 요청을 지지했다(〈BBC〉, 11월 12일). 알렉산더 드 크루 벨기에 총리는 이스라엘의 행동을 "합당하지 않다"고 표현했다(X[전 트위터], 11월 7일). 하지만 2022년 2월 24일부터 러시아의 우크라이나 침공에 대해서는 그토록 자주 등장하던 '비난하다'라는 동사는 현재 외교 사전에서 사라진 것처럼 보인다.

### 전쟁 범죄를 정당화하다

언론에서는 불길한 균형 게임을 펼쳐지고 있다. 한편에서는 점점 더 많은 사람이 고통을 겪는 끔찍한 광경이 펼쳐지고 있지만, 다른 편에서는 제2차 세계대전 이후 비교할 바 없는 규모의 전쟁 범죄를 조용하게 정당화하고 있다. 이스라엘이 가자지구의 통신을 차단하고 해외 언론인의 가자지구 출입을 금지한 탓에 영상과 직접적인 증언을 확보하기 어려운 상황에서 폭격은 '공격'이라는 표현으로 완곡하게 포장되고 폭격으로 인한 사망자는 숫자에 그치고 있으며 비현실적인 논의만 이어지고 있다. 이오시프 스탈린은 "한 사람의 죽음은 비극이다. 하지만 100만 명의 죽음은 통계일 뿐이다"라고 말한 바 있다.

전쟁으로 인한 피해와 고통은 항상 국제법의 발전을 촉진해왔다. 1863년 솔페리노 전투 이후 국제적십자위원회(ICRC)가 탄생했고, 제1차 세계대전 이후 1925년과 1929년 주요 제네바 조약이 체결됐으며, 제2

차 세계대전 이후 지금은 사라진 국제연맹의 본부가 있던 스위스에서 4개의 새로운 협약이 체결된 것을 봐도 알 수 있다. 예전 기준들은 전쟁의 규칙과 전투원과 부상자, 포로 신분에 초점을 맞췄지만, 1945년에 제정된 기준은 현대의 일반적이고 산업화된 분쟁으로부터 영향을 받는 민간인에 관한 내용을 담고 있다.

1944년 막스 후버 국제적십자위원회 회장은 "전쟁이 점점 더 총력전 양상으로 발전하면서 위험과 고통 속에서 군대와 민간인을 구분하는 것이 사실상 의미가 없어졌다. (…) 더 이상 고통을 완화하는 것이 문제가 아니라 전쟁의 근원을 없애는 것이 문제였기에 우리는 전쟁 자체와 직접 대면하는 투쟁에 돌입하고 있었다."라고 말했다.(5)

전쟁 직후 파괴된 유럽에서 논의와 협상이 진행됐다. 도시는 폐허가 되고, 난민 수용소가 존재하고, 사람들은 도로 곳곳에 쓰러져 있었으며 민간인과 군인 사망자는 수백만 명에 이르렀다. 연합군이 드레스덴 같은 여러 도시에 소이탄을 투하한 뒤 승전국이라는 지위가 일시적으로 유럽을 치욕에서 보호해 주긴 했지만, 나치 독일이 저지른 기술적 야만과 산업화된 잔혹 행위로 유럽은 고통을 받았다. 전쟁의 영향을 적게 받은 스위스는 평온한 피난처를 제공했지만, 미래를 위해 특정 규칙에 동의해야 한다는 인식에서 벗어날 수 없었다.

### 민간인의 보호 받을 권리는?

장 픽테 교수는 국제적십자위원회에 제출한 제네바 협상에 대한 논평에서 다음과 같이 말했다. "제네바에 모인 전권 대사 모두에게 경의를 표한다. 그들은 약 4개월에 걸쳐 매우 철저하게 작업을 수행했고, 서로 의견이 다름에도 협력과 조정을 지향했으며, 훌륭한 인도주의 정신을 보여 줬다. 최근 세계 분쟁이 초래한 악에 대해 두려움을 통감하며 전쟁으로 인한 수많은 희생자의 삶을 더 나아지게 하려는 진지한 열망으로 협상을 이어 나갔다."(6)

무력 분쟁의 새로운 구도에서 민간인은 보호받을 권리를 가진다. 하지만 이 권리는 절대적이지는 않다. 민간인이 작전 수행에 걸림돌이 되는 경우가 있다. 픽테 교수는 "부상자나 포로는 위험한 존재가 아니기 때문에 이들에 대한 의무가 있다고 해도 국가가 적대 행위를 지속하는 데 심각한 방해가 되지 않는다. 반면에 민간인 대부분은 위험에서 벗어나지 못하며, 이들을 위한 조치는 전쟁 수행에 심각한 장애물이 될 수 있다"고 주장했다.(7)

따라서 1949년 제4차 제네바 협약에서는 '보호 대상자'의 범주를 넓혀서 병자와 부상자, 난파자, 포로에 이어 의료인과 종교인, 인도주의 활동가, 민간인 보호 대원 등 "적대 행위에 직접적으로 참여하지 않는" 민간인으로까지 점차 확대했다. 이들에게 영향을 미치거나 불필요하거나 부당한 고통을 가할 수 있는 군사 행동도 제한됐으며, 보복과 집단 처벌이 명시적으로 금지됐다. 군사 작전에는 필요성의 원칙과 비례의 원칙을 적용해야 한다.

그래서 (우크라이나에서) 러시아와 (가자지구에서) 이스라엘은 폭격당한 학교나 병원을 '적의 은신처'라고 주장함으로써, 이 장소들을 정당한 군사적 목표로 바꾸려 하는 것이다. 이는 항상 사례별로 검증해야 하는 고전적인 주장이다. 특히 하마스가 점령지 지하를 뚫어도 적대적인 행동을 계속하지 않는 경우 이스라엘이 무차별적인 폭탄 세례를 계속 퍼붓는다면 위 주장은 신뢰를 잃게 될 것이다.

현대 국제인도법의 탄생을 둘러싼 위와 같은 상황과 동기를 살펴보면 가자지구의 참상에 직면한 인도주의 단체 대표들과 많은 법률 전문가가 경악하고 반발하는 이유를 알 수 있다. 아녜스 칼라마르 국제앰네스티 사무총장은 제2차 세계대전을 넌지시 암시하듯 "오랫동안 볼 수 없었던 범죄"라고 비난하며 휴전 촉구를 지지했다(《프랑스 앵포》, 11월 10일). 전후 수십 년 동안 심각한 기본권 침해와 전쟁 규칙 위반으로 인해 상흔이 남았지만, 아직 처벌이 내려지지 않은 범죄도 많다. 베트남 전쟁 당시 미국이 민간인을 상대로 저지른 화학무기 사용이나 1950~1970년대 식민지 세력이 저지른 범죄, 유고슬라비아 해체 과정에서 자행된 잔혹 행위 등을 보더라도 알 수 있는 사실이다.

최근 미국이 아프가니스탄과 이라크에서 고문을 자행한 것으로 추정되는 사건이나 러시아가 우크라이나 아동들을 추방한 사건을 보면 제네바 협약 체결국들이 인정한 규칙들에 위배되는 관행이 재발하고 있음을 알 수 있다. 현재 중동에서 벌어지고 있는 상황은 1945년 당시 협상국들이 금지돼야 하고, 발생한다면 지체 없이 종식돼야 한다고 생각했던 전형적인 상황, 즉 무장을 하고 범죄를 저지르는 적을 물리친다는 표면적인 목적 아래 명백한 기술적 우위(항공, 정보, 미사일 등)를 바탕으로 강력한 동맹국의 지원을 받는 '점령군'이 민간인에게 폭력을 행사하는 사례를 그대로 보여주고 있다.

## 이스라엘의 국제법 위반과 인권 유린

프랑스 법률 전문가들은 위와 같은 이유에서 2023년 10월 30일 호소문을 발표하고 '인류의 근본 규칙'을 다시 논쟁의 중심으로 끌어오려고 노력했다. "국제법의 기본원칙은 법률 전문가들을 위한 것도, 특정 국가의 이익만을 보호하기 위한 것도 아니라는 점을 기억해야 한다. 국제법의 존재 이유는 어느 곳에서든 개인과 민족, 국가를 그들의 기본권 소멸과 존엄성 모독으로부터 보호하고, 평화의 기회를 보존하며, 국가 간 최소한의 보편적 인식과 연대에 실체를 부여하고, 여기서는 이스라엘과 팔레스타인의 아이들을 모두 보호하기 위함이다."(8)

과거 유럽 지도자들은 유대인 학살을 "다시는 일어나지 말아야 할 일"이라고 통감했으나, 현재 지도자들은 1945년 유럽의 초토화를 잊고 민간인에게 폭격이 쏟아지는 것을 묵인하는 듯하다. 국제인도법의 의무에는 스스로 국제인도법을 준수하는 것은 물론 다른 이들이 준수하게끔 하는 것도 포함된다. 따라서 하마스의 잔혹 행위가 이스라엘의 분노를 샀다고 해도, 이스라엘에 국제 규범을 벗어날 수 있는 권한이 주어지는 것은 아니며 동맹국도 이를 허용할 수 없다. 다른 국가들의 침묵 속에서도 벨기에 총리가 "폭력적인 이스라엘 극단주의자"가 유럽 영토에 접근하는 것을 거부해야 한다고 유럽이사회에 제안한 것은 아마도 위와 같은 의무를 떠올렸기 때문일 것이다(〈AFP〉통신, 2023년 11월 9일).

도미니크 드 빌팽 프랑스 전 총리의 말을 빌리자면, 이스라엘은 하마스가 설치한 '함정'에 동맹국들을 끌어들이고 있다. '절대적 공포'를 유발하고, 여러 세기 유대인들이 겪은 대박해의 기억을 되살려 상대편도 대규모 범죄에 가담하도록 강요한다는 것이다.(9) 이스라엘은 수십 년 동안 팔레스타인에 집속탄과 같은 금지된 무기를 사용하고, 대규모 행정구금을 자행하며, 특히 시위 현장에서 수십, 수백 명에게 치명적인 무력을 남용하는 등 국제법을 위반하고 인권을 유린해 왔다.

2006년 가자지구 전쟁과 현재 상황이 다른 점은 하마스를 물리치기 위해 사용된 수단의 규모와 불균형에 있다. 사실상 이번 상황은 거의 모든 규칙을 위반했으며 민간인 무차별 대량 학살에 해당한다. 지정학적으로 재구성된 상황은 국제법 위반에 대한 인식과 수용을 변화시키고 있다.

전쟁이 끝나면 국제 재판소의 법률 전문가나 정치적 해결 당사자들이 양측이 저지른 행위가 1945년에 정의된 '국제 범죄'에 해당하는지와 그 범위를 결정할 것이다. 어쨌든 전후 국제 질서의 창시자들에게 영감을 주었던 것과 같은 인류애적 노력이 필요할 것이다. 그렇지 않으면 우리는 범죄가 득세하는 혼란 속에서 유명한 정치가 장 조레스가 말한 "돌이킬 수 없는 양심의 타락"을 목격하게 될 것이다.

---

글 · 안세실 로베르 Anne-Cécile Robert
〈르몽드 디플로마티크〉 프랑스어판 국제편집장

(1) 폭격 희생자 관련 수치는 하마스 보건부가 제공한 것이 유일하다.
(2) 유엔정보센터, 'L'ONU et la crise au Proche-Orient 유엔과 중동의 위기', 2023년 11월 8일, https://unric.org
(3) Christophe Deloire, 'RSF dépose plainte devant la Cour pénale internationale pour crimes de guerre contre les journalistes 국경없는기자회, 언론인을 대상으로 한 전쟁 범죄로 국제형사재판소에 고소장 제출', 국경없는기자회, 2023년 10월 20일, https://rsf.org
(4) 유엔 총회, 2021년 5월 20일.
(5),(6),(7) Jean Pictet, 『Les Conventions de Genève du 12 août 1949, volume IV : La Convention de Genève IV relative à la protection des personnes civiles en temps de guerre : commentaire 1949년 8월 12일 제네바 협약, 제4권: 전쟁 중 민간인 보호에 관한 제네바 협약 제4조: 논평』, 국제적십자위원회, 제네바, 1956. 국제적십자위원회 도서관에서 온라인 열람 가능: https://library.icrc.org.
(8) Evelyne Lagrange et al., 'Conflit au Proche-Orient : rappels à la loi des nations 중동 분쟁: 국제법상의 주의사항', Le Club des juristes, 2023년 10월 30일.
(9) 〈BFM TV〉, 2023년 10월 27일.

# 신은 존재하지 않으나 우리에게 이 땅을 주셨다

안 월레스 Anne Waeles

프리랜서. 이스라엘과 팔레스타인 간의 분쟁에 관심이 많으며, 프랑스 〈르몽드 디플로마티크〉의 자매지인 〈마니에르 드 부아르〉에 자주 글을 기고하고 있다.

이스라엘에서 집권 중인 세속적·종교적 초국가주의자들끼리 손잡는 일은 이례적이지만, 메시아적 상상은 2022년 훨씬 이전부터 이스라엘 내에서 널리 퍼지기 시작했다. 시온주의가 싹트기 시작하면서 종교에서 차용한 담론은 시온주의의 계획에 추가적인 정당성을 부여해야 한다. 이런 수사법은 '약속의 땅' 같은 표현들과 유배당한 유대인을 재결집하는 2,000년 된 유대인의 희망을 떠오르게 한다. 그러나 시온주의 개척자 대부분은 무신론자였다. 그들은 종교적 유대인을 '시대에 뒤떨어졌다'라느니 '수동적'이라느니 경멸하면서도, 합리적이고 의지가 강하고 근면한 유대인이 이스라엘 땅에서 유대 민족을 재건하기를 바랐다. 자유주의적이건 초정통주의적이건, 종교적 유대인은 시온주의 계획의 출현을 전통에 대한 배신으로 본다. 그들은 유대교가 국교(國敎)를 위한 도구로 전락했다고 비난한다.

## 유대교의 근본 개념에서 벗어난 시온주의

이와 관련하여 역사학과 교수 암논 라즈크라코츠킨은 세속적 메시아사상(messianisme)을 이야기한다. 그는 오늘날 이스라엘에서 메시아사

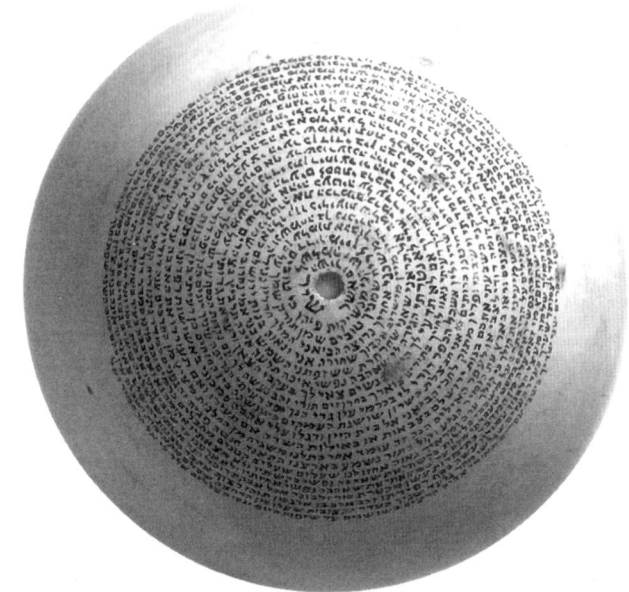

작자 미상 – 「달걀에 적힌 찬송가」, 19세기, 폴란드

상과 민족주의가 강화되고 있는 현상은 "세속적 시온주의 신화의 중심에 그들이 있기 때문"이라고 설명한다. "식민지 개척자들이 새로 생각해 낸 것은 없다. 그들의 입장은 세속적 시온주의자의 입장과 다르지 않으며, 그들의 논리적 결과를 따를 뿐이다."(1)

이 역사학자와 그에 동조하는 다른 이들은 시온주의가 유배와 구원이라는 유대교의 근본 개념에서 벗어났다고 본다. "유대교의 본질은 존재는 곧 유배라는 생각"이기 때문이다. 제2성전이 파괴된 뒤 이스라엘 민족의 유배는 전통이 신의 계율에서 벗어난 결과로 나타난다. "그 자신의 죄 때문에 (…) 이스라엘 족속은 유배되었다."(『에스겔서』 39:23) 그러나 이 유형(流刑)에서 유대인은 토라(2)의 계명을 지키고 선행으로 세상을 회복해야 한다. 따라서 부재(éloignement)에는 영적인 차원(또 다른 역사학자 야코브 라브킨은 이것을 '신의 존재가 숨겨져 있는 세계의 상태'라고 표현한다(3))이 있고, 또한 인류 전체에 보편적인 의미를 갖는다. 라즈크라코츠킨은 "유배는 근본적인 부재와 관련되고 세상의 불완전함을 나타내며 세상의 변화를 바라는 희망을 품고 있다"라고 정리한다.

### 팔레스타인의 역사를 가려버린, 세속적 메시아 사상

시온주의는 유배를 물질적 차원으로 축소하고, 팔레스타인에 나라를 세움으로써 다른 국가들이 저지른 부당한 행위를 해결할 수 있다고 본다. 이 해결 방식에는 토라에 기록된 유대의 역사와 1948년 이스라엘 국가의 탄생 선포 사이에 연관성을 확립하는 작업이 포함된다. 또한 유대인 디아스포라가 2,000년 넘게 겪은 상황을 무시하고, 국가라는 신화를 중시하는 작업도 포함된다.(4) 유대 역사의 시온주의 개념은 벤시온 디누르와 이츠하크 바에르를 중심으로 한 예루살렘 학교에서 확립됐다.

32세의 프랑스계 이스라엘인 나다브는 이렇게 말했다. "그건 사실 종교 수업도 아니었고, 역사 수업은 더더욱 아니었다. 그러나 우리는 토라의 내용을 민족의 역사와 연결해 읽었다." 토라를 제외한 『탈무드』(5)는 유배의 책으로나 해설서로서도 받아들여지지 않았다. 시온주의는 종교 문헌을 문자 그대로, 도구적으로 읽는 방식을 고수한다. 예를 들어 『여호수아서』는 전통에서는 소외되어 있으나 가나안 정복을 중점적으로 다룬다. 이런 식으로 재구성된 민족의 역사는 팔레스타인 역사를 가려버린다. 라즈크라코츠킨은 "이스라엘 학생에게 조국으로 정의되는 국가는 성경에 나타난 유구함과 시온주의 식민지화 사이에 역사가 존재하지 않는다. 이슬람교와 관련된 팔레스타인의 과거는 커리큘럼에서 감춰져 있다."

## 새 이민자들을 세속화하는 시온주의자들

"신은 존재하지 않으나 우리에게 이 땅을 주셨다." 역사학과 교수 라즈크라코츠킨이 쓴 이 역설적 표현은 세속적 메시아사상을 잘 요약하는 것처럼 보인다. 전통적으로 약속의 땅 시온은 메시아가 도래했을 때 평화와 정의가 뒤따를 장소나 영역이라기보다는 구원을 상징한다. "내년에는 예루살렘에서"라는 말은 어디에서나 열망할 수 있는 영적 이상을 노래한다. 일부 이스라엘 유대인은 자신이 여전히 유배 상태에 있다고 생각하기 때문에 이 전통적 기도를 계속해서 올린다.

물론 메시아사상은 유배된 유대인을 이스라엘로 재결집하겠다는 구상을 갖고 있다. 그러나 그 구상에서 팔레스타인에 민족국가를 세운다는 결론을 끌어내리면 국가의 건설이 약속의 땅이라는 표현에 부여하는 의미와 전통을 왜곡해야 한다. 또한 많은 종교적 유대인이 그곳에 와서 살기를 바라지 않는 유배자들을 하나로 모을 수 있는 것은 오로지 신뿐이기 때문이다. 탈무드는 구원을 서두르는 것을 금하고, 무력을 사용해 집단적으로나 조직적으로 이스라엘에 들어오는 것을 비난한다.

이처럼 시온주의자들은 시대착오적이라고 생각하는 랍비의 계명과 신앙을 없애되, 유대성(judéité)을 국가적 소속감으로 바꾸려 한다. 이런 이유로 그들의 문학은 유배 사상에 얽매인 종교인들에 대해서는 반유대주의적 고정관념(역사가 없고 수동적이며 나약하다는 비판)을 되풀이하고, 자신의 운명을 통제하는 '강인한 유대인'(6)을 내세운다. 우크라이나 출신의 식민지 개척자 예호슈아 하나 라우니츠키(1859~1944)는 이렇게 썼다. "왜소하고 허약하며 쪼글쪼글하고 말라비틀어진 유대인, 게토에서 태어나 신체적 이미지가 없는 유대인으로부터, 키가 크고 힘이 세며 건강하고 생기 넘치는 유대인이 등장할 것이다."(7)

이스라엘 이민을 장려하려면 메시아 담론에 의지하는 동시에 새 이민자들을 세속화하는 것이 중요하다. 1940년대 말, 예멘에서 온 이민자들은 재교육화 캠페인을 경험했다. 그들은 수용소에서 생활하며 안식일에 오렌지를 따고 성구함(히브리어로 테필린이라고 하며, 양피지에 쓴 경구 두루마리를 넣은 작은 검은색 가죽 박스-역주)을 깎아야 했다. 영미 시온주의 운동가 모리스 새뮤얼(1895~1972)은 이렇게 말했다. "우리는 집을 버리고 떠난 수천 명의 아랍인들이 비운 자리를 즉시 채워야 했다. 그래서 몸이 건강하건 아니건, 믿음이 있건 아니면 단순히 설득을 당했건 되도록 많은 수의 유대인이 필요했다."(8)

## 선한 유대인은, 이스라엘의 정책을 지지하는 사람

역사학자 라즈크라코츠킨은 시온으로 돌아간다는 메시아사상이 피난처라는 개념에 우선한다는 것도 보여준다. "돌아가는 것(alya)이 개종을 대체한다." 선한 유대인은 더 이상 토라의 율법을 지키는 사람이 아니라, 이스라엘로 이주하거나 디아스포라에서 이스라엘의 정책을 지지하는 사람을 말한다. 야코브 라브킨은 이 새로운 종교를 '이스라엘리즘(israélisme)'이라고 규정한다. 이스라엘리즘은 이제 종교적 전통과 단절된 세속적 유대인의 마지막 피난처로 떠오른다. 국가적 정체성으로서 유대성을 다시 정의하는 일에는 기도문을 다시 쓰는 작업도 포함된다.

20세기 초 이스라엘 정착민들은 특히 유월절 하가다(유월절 이야기)를 재구성했다. 유월절 이야기는 가장 중요한 의식서로, 정착민들은 이 이야기에서 신을 제거하고 이집트 탈출을 민족 해방 투쟁으로 제시했다. 히브리어로 '기억하라'는 뜻의 '이즈코르(Izkor)'는 망자의 기억을 보존해달라고 신께 드리는 요청이다. 이즈코르는 "이스라엘의 존엄성과 이스라엘 땅을 위해 목숨을 바친" 영웅들을 기억하라고 권하는, 유대 민족을 향한 청원이 된다. 유대교 명절 하누카에 드리는 기도에서 '신의 용맹함을 누가 말하리요'는 '이스라엘의 용맹함을 누가 말하리요?'로 바뀐다.

국경일은 성경의 구절을 사용해 그 의미를 다르게 바꾼다. 예를 들어 독립기념일은 신의 개입은 없고 스스로 구원을 책임져야 할 필요성을 강조한다. 유월절(유대인이 이집트 노예 생활로부터 탈출한 사건을 기념하는 날-역주), 쇼아(홀로코스트) 기념일, 이스라엘을 위해 전사한 군인을 추모하는 날, 독립기념일 등 봄을 기념하는 일련의 행사도 종교적 기념일과 시온주의가 주관하는 국가적 행사가 뒤얽혀 있음을 보여준다. 전체가 한 가지 이야기 속에 통합되어 쇼아를 유배의 정점에 놓고 독립, 즉 이스라엘 국가 건설을 이집트 탈출과 동일시한다. 신성한 언어인 히브리어를 국어로 바꾸는 작업도 마찬가지다. 역사학자이자 철학자 게르숌 숄렘(1897~1982)은 이런 선택으로 현실 전체를 신성한 용어로 생각하고, 정치적 현실에 종말론적 의미를 부여하게 되지는 않을까 우려한다. "그들은 자신들이 히브리어를 세속어로 바꿨고, 거기서 종말론적 가시를 빼냈다고 생각한다. 그러나 사실은 그렇지 않다."(9)

사실 히브리어로 된 여러 표현의 종교적 의미는 이스라엘 정치 현실을 메시아적으로 읽도록 유도한다. 예를 들어 1901년에 설립된 유대국가기금(Keren Kayemeth LeIsrael, KKL)은 유대인이 할당받은 땅의 매입과 운영을 담당한 재정기관으로, 공덕과 선행의 축적을 뜻하는 경구에서 따온 말이다. '유배자들을 재결집한다'는 것은 새로운 맥락에서 '이민'을 가리킨다. '신에 대한 믿음'을 뜻하는 '비타헨'(bitahen)이라는 단어에는 '군사적 안보'라는 의미가 있다.

---

글 · 안 월레스 Anne Waeles
기자

(1) Amnon Raz-Krakotzkin, 『Exil et souveraineté 유배와 주권』, La Fabrique, Paris, 2007.
(2) 유대교의 근간이 되는 문헌은 토라(Torah)인데, 히브리어 어근 'yara'에는 '가르치다'라는 의미가 있다. 토라는 『구약성경』의 첫 다섯 권인 『창세기』, 『출애굽기』, 『레위기』, 『민수기』, 『신명기』로 구성되며, 『모세 오경』이라고도 한다.
(3) Yakov Rabkin, 『Au nom de la Torah. Une histoire de l'opposition religieuse au sionisme 토라의 이름으로. 시온주의에 대한 종교적 반대의 역사』, Les Presses de l'université Laval, Québec, 2004
(4) Shlomo Sand, 'Comment fut inventé le peuple juif 유대민족은 어떻게 창조되었는가', 〈르몽드 디플로마티크〉 프랑스어판 2008년 8월호.
(5) 『탈무드』는 유대인의 율법, 관습, 역사와 관련된 랍비들의 논쟁 전체를 통합한 문헌이다. 『탈무드』는 2권이 있는데, 3~5세기에 쓰인 『팔레스타인 탈무드』와 5세기 말에 완성된 『바빌론 탈무드』가 있다.
(6) Max Nordau(1849~1923), 독일계 유대인 작가이자 테오도르 헤르츨의 최측근이었다. Amnon Raz-Krakotzkin, 『Exil et souveraineté』, op. cit.
(7) Amnon Raz-Krakotzkin, 『Exil et souveraineté』, op. cit.
(8) Maurice Samuel, 『Level Sunlight』, Knopf, New York, 1953, Yakov Rabkin, 『Au nom de la Torah』, op. cit에서 인용.
(9) Amnon Raz-Krakotzkin, 『Exil et souveraineté』, op. cit.

# 이스라엘, 팔레스타인 사람들 쫓아내고 나무 심는다

### 아이다 델퓌슈 Aïda Delpuech

프리랜서 탐사 저널리스트로, 주로 지중해 지역을 중심으로 환경, 에너지, 농업, 사회 문제 등을 다룬 글들을 Mediapart, El País, BBC Future, Forbidden Stories, Inkyfada, Voxeurop 등 다양한 매체에 게재했다.

1948년 나크바(Nakba, 팔레스타인 주민들의 강제이주 '대재앙') 동안 주민이 추방된 아랍 마을들의 폐허를 이스라엘은 어떻게 지울 수 있었을까? 네게브 지역의 베두인들을 어떻게 강제 이주시킬 수 있었을까? 답은 나무를 심는 것이다. 유대민족기금(FNJ)의 임무 중 하나는 바로 이러한 방식의 조림이다. 자발적 조림은 이스라엘의 새로운 지리적 경계를 그리며, 팔레스타인 존재의 흔적을 지우는 역할을 한다. 이 과정에서 중요한 환경적 위험을 감수하게 된다.

2022년 1월 어느 날 아침, 이스라엘 남부 네게브 사막의 바람이 불어오는 가운데, 약 백 명의 베두인들이 모여 분노를 외쳤다. 수십 년간 이스라엘에서 가장 소외된 소수 민족 중 하나인 이들은 자신들의 조상 대대로 내려온 땅을 이스라엘이 폭력적으로 빼앗는 것에 항의해왔다.

이 봉기의 뿌리에는 오늘날 중단된 유대민족기금(FNJ)의 나무 심기 프로젝트가 있었다. 이 기관은 이스라엘 대부분의 숲을 관리하는 민간단체다. 베두인 권리 변호사이자 활동가인 칼릴 알아무르는 이렇게 회상했다.

"어느 날 아침, 그들이 사와(Sawa) 마을에 와서 집들 사이에 나무를 심기 시작했어요. 그곳에 숲을 만들려고 한 거죠. 말도 안 되는 일이었습니다."

당시 현 극우 성향의 이타마르 벤그비르 국가안보부 장관이 이 프로젝트를 지지하며 마을 주변에 나무를 심기 위해 직접 방문하기도 했다. 네게브의 미승인 아랍 마을 지역 협의회(RCUV) 회장인 아티아 알아삼은 이 프로젝트를 두고 "그들은 우리의 몸에 암 덩어리를 주입하려 했다"라고 외쳤다.

이 시위들은 이스라엘 경찰에 의해 폭력적으로 진압되었으며, 이는 팔레스타인 베두인 주민들을 쫓아내고 그들의 땅을 빼앗으려는 이스라엘의 오랜 정책에 맞선 투쟁의 연장선이었다. 이스라엘은 사막화를 막는다는 명목으로 이

**팔레스타인 옛 마을의 지워짐**

- 1949년 국경 내 이스라엘
- 1947년에서 1949년 사이에 파괴된 팔레스타인 마을 및 마을 집단
- 이스라엘에 의해 방치된 팔레스타인 마을 및 마을 집단
- 건축된 구역
- 숲 지역
- 팔레스타인 옛 마을을 가리는 주요 공원 및 숲
- 이스라엘 점령 지역
- 오슬로 협정 II(1995년) A 및 B 구역
- 고속도로
- 주요 도로망

Sources : OpenStreetMap Israel ; www.adalah.org/en ; www.zochrot.org

러한 정책을 정당화하고 있다. 알아무르는 "베두인 가족이 땅에서 쫓겨날 때마다, 그들은 그 땅에 다음 날 바로 나무를 심으러 옵니다"라고 설명했다.

## 이스라엘 최대 인공 숲 야티르, 폐허 도시에 명명된 흑역사

사와에서 몇 *km* 떨어진, 이스라엘에 의해 공식적으로 인정받지 못한 베두인 마을 움 알히란(Umm Al-Hiran) 역시 2003년부터 철거 위협을 받아왔다. 이스라엘 국가 계획 및 건설위원회가 같은 장소에 유대인 정착촌 건설을 승인했기 때문이다. 이 마을의 700명도 채 되지 않는 주민들 주변에는 이스라엘에서 가장 큰 인공 숲인 야티르 숲이 펼쳐져 있다. FNJ의 설명에 따르면, 이 숲은 "폐허가 여전히 남아 있는 레위 도시를 기리기 위해 명명된 것"이다.(1)

1964년에 처음 나무가 심어진 이후, 야티르 숲은 프랑스, 벨기에, 독일, 이탈리아, 남미에서 온 기부금 덕분에 확장되었다. 끝없이 펼쳐진 침엽수림, 피크닉을 즐기기 위한 시설, 하이킹 애호가들을 위한 산책로가 마련되어 있어 네게브 반사막 지대의 입구부터 유럽의 분위기를 자아낸다.

이 소나무 숲의 확장은 주변 베두인 마을들의 운명을 예고하고 있다. 수년 동안 야티르 숲에는 유대인 정통파 공동체가 거주하고 있고, 이들은 베두인들이 추방되기를 기다리며 히란(Hiran) 정착촌을 세워 네게브의 '유대화'를 이어가려 한다. 추방된 베두인 가족들은 현재 FNJ 미국 지부가 후원하는 카라반에서 살고 있다. 알아무르는 "FNJ가 단순히 나무를 심고 사막을 '꽃피우는' 일을 한다고 하지만, 사실 그들은 이스라엘의 정착 정책과 식민화의 중요한 축이다"라고 주장했다.

나무 문제는 이스라엘-팔레스타인 갈등과 자주 연결되지 않지만, 뉴욕 버팔로 대학의 인류학자이자 법학 및 지리학 교수인 이루스 브라버만은 "사실 유대민족기금(FNJ)은 역사상 가장 중요한 시온주의 조직일지도 모른다"라고 말했다.(2)

유대민족기금(FNJ)은 웹사이트에서 "19세기 말 이스라엘 땅에 도착한 첫 유대인 개척자들은 그늘조차 없는 황폐한 풍경을 마주했다"고 설명한다. 1901년에 설립된 이 비영리 단체는 지금까지 약 2억 5천만 그루의 나무를 심었다고 자랑하고 있다. 오늘날 FNJ는 이스라엘의 주요 토지 개발 조직이며, 국가의 가장 큰 산림 관리 기관이기도 하다. FNJ의 초기 목표는 "유대인을 정착시키기 위한" 토지 확보였으며, 그 근거로 구약 성경 『레위기』의 구절(25:23)을 인용했다.

"땅은 영구히 팔리지 않는다. 땅은 내 것이다..."

1948년 이스라엘 국가가 설립되고 나크바(아랍어로 '대재앙') 동안 팔레스타인 주민이 강제 추방된 이후, FNJ는 이미 10만 헥타르의 땅을 소유하고 있었다. 신생 이스라엘 국가는 "버려진" 땅을 점유하고 이를 FNJ와 이스라엘 토지 관리국(ILA)에 관리하도록 맡겼다.

## 이스라엘 숲의 아버지 '요세프 바이츠', 팔레스타인 주민 강제 추방에 앞장서

조경가이자 활동가인 나다브 조페는 "1948년부터 국가적 사업 중 하나가 바로 대규모 나무 심기였다. 가능한 한 빠르게 대량으로 나무를 심어야 했다"라고 설명한다. 그는 '팔레스타인/이스라엘에서의 조림이 시온주의 프로젝트의 무기'로 활용되었다는 연구의 공동 저자다.

FNJ의 임무는 설립 이후 변하지 않았고, 그 규정에 따르면 유대인들을 위해서만 토지를 임대하고 개발하도록 되어 있다. "FNJ는 자신을 유대 민족만의 이익을 대변하는 기관으로 간주하며, 그 결과 토지는 유대인에게만 판매되어야 한다는 입장을 고수한다"고 한다. 이스라엘 인구의 약 25%가 유대인이 아님에도 불구하고 이러한 정책이 유지되고 있다.

역사학자 일란 파페가 말한 바와 같이, FNJ는 진정한 "시온주의 식민화 도구"로 여겨지며, 1932년부터 1966년까지 FNJ를 이끈 요세프 바이츠는 '숲의 아버지'로 불렸지만, 동시에 팔레스타인 주민들의 추방을 주도한 '이주 위원회'의 핵심 인물 중 한 명이었다.(3)

"우리는 정화 작업을 시작했다. 잔해를 치우고, 마을들을 경작과 식민화를 위해 준비했다. 그중 일부는 공원이 될 것이다"라고 요세프 바이츠는 1948년 5월 30일, 이스라엘 국가가 설립된 지 15일 후 자신의 일기에 썼다. 나다브 조페는 "요세프 바이츠를 통해 자연 정비와 식민화의 연관성을 분명히 알 수 있다"고 분석했다.

2022년 FNJ의 공식 예산은 약 5억 달러에 달했으며, 이 기구는 유대인 디아스포라의 지속적인 후원을 받고 있다. 특히 블루 박스를 통해, 1904년부터 전 세계 수백만 유대인 가정에 배포된 이 파란 상자는 FNJ를 위한 기금 모금 도구로 사용되었다. FNJ는 또한 '투 비슈바트(나무의 새해)'라는 명절의 중요성을 강화하여 매년 이스라엘 가정들이 나무를 심도록 독려하고 있다. 조페는 "사람들은 이미 준비된 땅으로 셔틀버스를 타고 이동한 후 묘목을 심고 '내가 이스라엘에 나무를 심었습니다'라는 깃발을 들고 돌아간다"라고 설명했다.

## 팔레스타인 주민의 흔적을 지운 나무 심기

텔아비브와 예루살렘을 연결하는 1번 도로를 따라 펼쳐진 아얄론-캐나다 공원은 1,200헥타르 이상에 걸쳐 있다. 이곳은 자연 수영장과 수많은 하이킹 및 산악 자전거 코스로 매년 30만 명의 방문객이 찾는 인기 휴양지이다.

공원 곳곳에 설치된 정보 표지판은 방문객들이 이곳을 탐방하며 시대를 거슬러 올라가도록 돕는다. 여기에서는 제2성전(기원전 516년~서기 70년) 시기 유적과 로마 시대의 목욕탕과 수로가 발견되었다. FNJ가 국가 전역에서 적용한 공원 조성 모델에 따르면, 실비 프리드먼 인류학자는 "나무 심기는 과거의 존재를 상기시키고, 이 공간에 성경에서 따온 이름을 부여함으로써 창세기의 이야기를 환경에 재기입하는 방법"이라고 분석했다.(4)

그러나 이 표지판들은 1967년 이스라엘이 6일 전쟁 동안 점령한 지역에서, 팔레스타인 분할을 규정한 1948년 유엔 경계 밖에 있는 임와스, 얄루, 베이트 누바 등 팔레스타인 마을의 존재를 언급하지 않고 있다.

이 마을들에서 약 6,000명의 주민이 추방되었고, 그해 대부분의 집이 철거되었다. 5년 후, 1972년 공원이 공식적으로 개장하면서 새로 심은 나무들이 팔레스타인 주민들의 흔적을 완전히 지웠다. 가다 사사는 "모든 것이 팔레스타인 사람들이 결코 존재하지 않았던 것처럼 묘사된다"라고 말하며, 캐나다 맥마스터 대학교에서 팔레스타인의 '녹색 식민주의'에 대한 논문을 썼다. 아얄론-캐나다 공원의 역사는 고립된 사례가 아니다. 이스라엘의 공원, 숲, 자연 보호구역은 1948년 파괴된 약 200개의 팔레스타인 마을들을 포함하고 있다고, 팔레스타인 마을 파괴에 관한 책

을 저술한 이스라엘 연구자 노가 카드만이 주장했다.(5)

## 식물 방벽으로 설계된 숲, 팔레스타인 주민의 귀환을 막아

이 현대사의 흔적을 감추는 것 외에도, 조림은 추방된 팔레스타인 주민의 귀환을 막고 있다. 이스라엘의 존재를 유지하기 위한 식물 방벽처럼 설계된 숲은 식민지화된 지역의 경계를 설정하는 데 이용되고 있다. 브라버만은 "나무를 심는 것은 그 지역에 존재를 심는 것과 같다. 이는 직접적인 폭력적 소유 박탈과 연관되지 않고도 정착할 수 있게 한다"고 설명한다. "즉, 한쪽의 뿌리 뽑힘이 다른 쪽의 뿌리내림을 가능하게 한다"는 것이다. 일부 경우 나무는 주택이나 다른 기반 시설로 대체될 때까지 임시 점령 수단으로도 사용되었다.

이러한 고의적인 망각에 맞서 싸우기 위해, 이스라엘의 NGO인 조크롯(Zochrot)은 20년 넘게 나크바의 역사와 그 결과에 대한 이스라엘 대중의 인식을 개선하는 사명을 수행해오고 있다. 이 단체의 자원봉사자들은 나크바의 생존자나 후손들과 함께 이스라엘 공원에서 안내 투어를 진행하며, 이 지역들에 대한 대안 역사를 전달한다.

에이탄 브론스타인 조크롯 설립자는 "시온주의는 땅과 그 역사를 아는 것을 매우 강조하지만, 팔레스타인의 역사를 이야기하지 않으면 그 역사는 불완전하다"라고 설명했다. 2005년, 조크롯은 FNJ의 공원 안내 표지판 관행을 고발하며 이스라엘 대법원에 소송을 제기했고 승소했다. FNJ는 일부 표지판을 수정해야 했지만, 수정된 지 얼마 지나지 않아 일부 표지판이 의문 속에 사라졌다.

## 예루살렘 소나무를 심는 이유

가다 사사 연구자가 정의한 '녹색 식민지'인 FNJ가 심은 대부분의 숲은 소나무, 특히 예루살렘 소나무(핀스 알레포)로 이루어져 있다. 이 나무 선택은 우연이 아니다. 나다브 조페는 "이 나무는 시온주의 영토 확장의 야망을 실현하기에 이상적인 나무"라며, 건조한 기후에도 강하고, 빠르게 자라며, 연중 식생을 제공한다고 설명했다.

이 소나무는 이스라엘 국가 확장의 중요한 도구가 되었고, 동시에 경관을 변화시키는 역할을 한다. 브라버만은 "소나무는 유대-이스라엘이 그 땅을 통제하고 있음을 나타내는 상징이지만, 올리브 나무는 팔레스타인 주민들의 지역적이고 농업적인 존재를 상징한다"라고 말했다.

1967년 이후, 80만 그루 이상의 팔레스타인 올리브 나무가 이스라엘 당국과 정착민들에 의해 뽑혀나갔다. 최근 들어 올리브 나무는 이스라엘에 의해 점점 더 '수용'되고 있다. 비록 팔레스타인인들의 땅에 대한 애착을 상징하는 나무지만, 2022년 FNJ는 올리브 나무를 '올해의 나무'로 선정하며 "올리브 나무는 이스라엘에서 가장 상징적인 나무 중 하나로, 축복, 건강, 뿌리내림을 상징한다"라고 주장했다. 이제, 올리브 나무조차도 이스라엘의 전유물로 간주하려는 시도로 비친다.

비록 FNJ의 나무 심기 프로젝트가 "친환경적"인 것으로 소개되지만, 소나무 단일재배는 환경 보호 단체들 사이에서 논란을 일으키고 있다. 가다 사사는 "일부 사람들은 이 숲을 '소나무 사막'이라고 부를 정도로, 생태계를 황폐하게 만들었다"고 지적한다. 소나무 잎이 숲 바닥을 덮어 토양을 산성화시키고, 이로 인해 토착 동식물이 자라지 못하게 만든다.

이 정책은 이스라엘의 주요 환경 보호 단체인 자연 보호 협회(SPNI)

로부터도 강한 비판을 받았다. 이 협회에 따르면, "자연 지역에 무분별하게 조성된 조림은 토양 보호와 기후 변화 완화에 기여하지 않으며, 오히려 화재 위험을 증가시킨다"고 한다.

2021년 8월, 예루살렘 인근에서 발생한 화재로 2,000헥타르 이상의 소나무 숲이 파괴되었다. 불길이 사그라진 후, 최근 숲에 묻힌 팔레스타인 마을과 농지의 흔적이 재로 드러났다. 오늘날 올리브밭과 그 농장을 가꾸는 팔레스타인 가족들은 서안지구와 예루살렘에서, 이스라엘 정착민들과 당국의 공격에 가장 취약한 대상이 되었으며, 2023년 10월 7일 이후 이러한 폭력은 더욱 극심해졌다. 2023년 올리브 수확 기간 동안 3,000그루 이상의 올리브 나무가 뽑혀 나갔다고 팔레스타인 당국은 보고했다. 나무 전쟁은 여전히 계속되고 있다.

---

글 · 아이다 델퓌슈 Aïda Delpuech
환경전문기자. 환경 문제, 국제 갈등과 같은 주제에 관심을 가지며 여러 매체에 탐사 기사와 분석을 기고하고 있다.

(1) Ariel Dloomy, 「The 'new Zionism' is turning Negev Bedouin into a myth」, 〈+972 Magazine〉, 26 juin 2015.
(2) 『Planted Flags : Trees, Land, And Law In Israel/Palestine, Cambridge University Press』, 2009.
(3) Ilan Pappé, 『Le nettoyage ethnique de la Palestine 팔레스타인의 민족 청소』, Paris, La Fabrique, 2024.
(4) Sylvie Friedman, 「Planter un arbre en Israël : une forêt rédemptrice et mémorielle 이스라엘에서 나무를 심는 것: 구속과 기억의 숲」, 〈Diasporas et jardins〉, n° 21, Presses universitaires du Mirail, Toulouse, 2013.
(5) 『Erased from Space and Consciousness. Israel and the Depopulated Palestinian Villages of 1948』, Noga Kadman, Indiana University Press, 2015.

# 이스라엘은 팔레스타인의 문화유산을 어떻게 약탈하는가

### 올리비에 피로네 Olivier Pironet

〈르몽드 디플로마티크〉 기자. 주로 팔레스타인·이스라엘 분쟁과 중동, 문화 공간 속 정체성 억압을 다루는 깊이 있는 분석가로 알려져 있다.

전통 음식, 자수, 고고학 등은 시온주의 정치에서 중요한 자리를 차지하는 문화적 전쟁의 일부이다. 이스라엘은 이러한 요소들을 이용하여 자신들의 땅에 대한 배타적 권리를 주장하며, 이를 통해 국가의 서사를 형성해왔다. 이 서사의 역사적 진실 여부는 중요하지 않다. 이 과정에서 팔레스타인인들은 단순히 영토를 지키기 위해 싸우는 것이 아니라, 자신들의 정체성을 지키기 위해 싸우고 있다.

2017년 말, 영국 항공사 버진 애틀랜틱의 항공편에서 제공된 기내식 메뉴 중 하나가 논란을 불러일으켰다. '팔레스타인식 쿠스쿠스 샐러드'로 명명된 이 요리는 근동 지역에서 매우 인기 있는 전통 쿠스쿠스인 마프툴을 참조한 것으로 간단한 설명으로는 "팔레스타인의 맛에서 영감을 받았다"라고 적혀 있었다.

그러나 한 승객이 이 샐러드 이름에 불만을 품고, 항공사와 직원들을 "테러리스트를 지지하는 자들"이라 비난하며 해당 메뉴의 사진을 소셜미디어에 올렸다. 사진 이미지는 친이스라엘 단체들에 의해 확산되었고, 수많은 누리꾼들의 분노를 자아냈다.

일부는 이 샐러드가 사실 '유대인' 또는 '이스라엘식' 요리라고 주장하기도 했다. 압력이 거세지자, 버진 애틀랜틱 항공사는 공식적으로 고객들에게 "불쾌감을 준 것에 대한" 사과를 표명했으며, 이후 메뉴에서 '팔레스타인'과 '팔레스타인식'이라는 단어를 삭제했다.(1)

이 사건은 이스라엘과 팔레스타인 사이의 문화적 정체성 싸움의 단면을 보여주며, 특히 음식, 예술, 전통과 같은 분야에서 자주 발생하는 문화적 차용(appropriation)과 관련된 논란을 상기시킨다.

## 팔레스타인 '후무스' 요리가 이스라엘 미식으로 탈바꿈

2020년 아랍에미레이트와 이스라엘 간의 정상화 협정이 체결된 후, 에미레이트 항공사 플라이두바이는 양국 간 항공 노선을 개설했다. 이 항공사는 버진 애틀랜틱과 같은 '실수'를 범하지 않기 위해 신중을 기했다.

플라이두바이의 웹사이트에 있는 '이스라엘 관광 가이드'에서는 특히 이스라엘 요리로 후무스(병아리 콩 퓨레), 팔라펠(병아리 콩과 잠두로 만든 튀김), 므사바하(후무스의 변형)와 같은 "맛있고 정통적인 미식"을 소개하고 있다.(2) 그러나 이러한 음식들은 팔레스타인과 레반트 지역의 전통 요리로 널리 알려져 있다.(3)

버진 애틀랜틱과 달리, 플라이두바이는 팔레스타인인들과 다른 아랍 국가 출신 사람들이 제기한 비판을 전혀 고려하지 않았다. 이러한 행위는 이스라엘과 팔레스타인 간의 문화 박탈 논란을 심화시켰고, 팔레스타인 측에서는 자신들의 전통 음식이 이스라엘 문화로 탈바꿈하고 있다는 불만을 더욱 고조시켰다.

이 두 사례는 단순한 에피소드가 아니라, 이스라엘이 수십 년간 팔레스타인을 상대로 상징적 차원에서 자신들의 지배를 강화하기 위해 벌여온 문화적, 이념적 전쟁을 보여준다. 이러한 전쟁은 이스라엘-팔레스타인 갈등의 주요 측면 중 하나로 영토적 차원, 식민지적 차원과 나란히 중요한 역할을 하고 있다.

이 상징적 정당성을 둘러싼 문화 패권 싸움은 19세기 말 시온주의자들이 팔레스타인의 '토착민'을 희생시키며 추진되었고, 1948년 5월 이스라엘 건국 이후에도 계속되었다. 정치적 시온주의의 핵심 개념 중 하나는 나탄 비른바움(1864~1937)과 테오도르 헤르츨(1860~1904)이 이론화한 것으로, 모든 현대 유대인들이 히브리인들의 후손이라는 가정을 기반으로 한다.

이에 따라 그들은 팔레스타인(후에 '이스라엘 땅'으로 개명됨)에 대해 조상 대대로 내려온 선조적 권리(先祖的權利)를 가진다고 주장했다. 이는 고대 유대인들이 로마인들에 의해 대규모로 추방되는 바람에 팔레스타인이 원래 주인, 즉 유대인이 비울 수밖에 없었던 땅이라는 주장에 근거한다. 이후 이 땅은 아랍인들에 의해 점령되었으나, 이 '외부인들'은 오랜 세월 동안 그 땅을 방치한 채로 남겨두었다는 것이다.

## 시온주의가 빼앗은 팔레스타인의 집단 기억과 정체성

강제 추방된 한 민족이 하나의 종교, 문화, 그리고 모두 다 함께 돌아가서 지켜야 할 공동의 고향을 가지고 있다는 신화는 '시온주의'라는 식민지 프로젝트를 정당화하기 위해 사용되었으며, 유대인들의 '고향으로의 귀환'을 주장하는 근거가 되었다.

시온주의 지도자들, 특히 다비드 벤구리온(1886~1973)은 유대인들이 '약속의 땅'에 대해 갖는 독점적 권리는 성경에 그 뿌리를 두고 있으며, 팔레스타인에 유대인 국가를 세워야 한다고 주장했다.

팔레스타인 아랍인들에 대해서는(4), 역사학자 쉴로모 산드가 설명하듯, 그들을 '임차인' 또는 '임시 거주자'로 간주해 그들의 땅에서 추방하거나 대체할 권리가 있다고 여겼다.(5)

비록 시온주의가 구축한 이러한 신화들이 이스라엘 및 다른 나라의 역사학자들과 고고학자들에 의해 해체되었지만 여전히 이스라엘 국가의 이념적 기반과 국가적 서사의 핵심을 이루고 있다.(6)

팔레스타인인들을 상대로 한 이 문화 전쟁은 역사, 전통, 예술뿐만 아니라 물질적, 비물질적 유산, 주거 환경, 자연 환경 등 다양한 영역을 포함한다. 즉, 한 민족의 집단 기억과 정체성을 구성하는 모든 요소가 이 전쟁의 대상이 된다.

이 지역에서 고고학이 가지는 정치적 의미는 왜 팔레스타인의 유산이 텔아비브의 표적이 되고 있는지를 더 잘 이해할 수 있게 해준다. 예를 들어, 1967년 6월, 이스라엘이 아랍-이스라엘 전쟁 중 예루살렘 동부, 서안지구, 가자지구를 점령했을 때, 이스라엘은 1957년에 체결한 무력 충돌 시 문화재 보호에 관한 헤이그 협약(1954)을 비준했음에도 불구하고, 팔레스타인의 국립고고학박물관을 장악했다.

## '팔레스타인 국립고고학박물관'이 '록펠러 박물관'으로 개명돼

이 팔레스타인 박물관에는 유명한 사해 문서를 비롯해 수많은 유물과 고대 서적들이 보관되어 있었지만, 박물관은 즉시 록펠러 박물관으로 개명되었고 정부 산하 기관의 감독하에 놓였다. 추정에 따르면, 이스라엘은 1967년부터 1992년까지 팔레스타인 영토에서 약 300만 개의 고고학적 유물을 압수했으며, 1995년부터 매년 약 12만 개의 유물을 추가로

압수한 것으로 추정된다.(7)

이러한 행위는 단순한 문화적 침해를 넘어, 팔레스타인의 역사적 정체성을 말살하고 이 지역에 대한 이스라엘의 고유한 권리를 주장하는 수단으로 활용되고 있다.

서안지구에는 6천 개 이상의 고고학적 유적과 유물이 등록되어 있으며, 그중 약 200곳은 유대인 정착촌에 위치하고 있다. 또한, 수천 개의 유적이 서안지구를 둘러싼 분리 장벽 건설 과정에서 파괴되거나 손상되었다. 이스라엘군은 대부분의 고대 유적과 유물에 대해 팔레스타인인들의 접근을 금지하고 있으며, 해당 지역은 주로 유대인 또는 외국인 방문객들에게만 개방되어 있다.

또한, 팔레스타인 관광 가이드들은 1967년부터 1994년까지 이스라엘에 의해 직업 활동이 금지되었으며, 현재는 제한된 지역에서만 허가를 받고 있다. 이들 허가는 주로 기독교 성지와 건물로 제한되어, 팔레스타인인들이 자신들의 문화와 역사를 외부인들에게 설명할 기회가 거의 없는 실정이다. (8)

가자지구의 문화유산, 즉 350개 이상의 유적지, 건물, 그리고 역사적인 기념물이 기록되어 있는 이 지역은 2023년 10월 7일 이스라엘과 하마스 간의 전쟁이 시작된 이후 엄청난 피해를 입었다.

200곳 이상의 유적이 이스라엘의 폭격으로 심각한 손상을 입거나 파괴되었으며, 이 중에는 7세기에 지어진 알-오마리 모스크와 12세기 성 포르피리 교회뿐만 아니라 가나안, 필리스티아(구약성경에 나오는 블레셋—역주), 이집트, 로마, 오스만 제국 시대의 유적들도 포함된다.(9)

또한, 2024년 1월 12일, 이스라엘 고고학청(IAA) 국장은 X(전 트위터) 계정에 이스라엘 군인들이 훔친 고고학적 유물을 이스라엘 국회의

한 방에서 전시한 사진을 게시했다.(10)

## 팔레스타인 전통의상 '타트리즈', 이스라엘 패션으로 바뀌어

팔레스타인 조상 대대로 내려온 땅과 재산을 차지하려는 이스라엘의 의도는 시온주의자들이 고안한 '비(非)아랍화' 프로젝트에서 기인한다. 이는 1901년 스위스에서 설립된 '유대국가기금(FNJ)'이 유럽에서 팔레스타인으로 이주한 '개척자'들에게 부여한 임무였다.

FNJ는 팔레스타인 땅을 매입하는 한편, 유럽에서 가져온 나무, 특히 침엽수를 심어 농업 정착촌을 확장하고 삼림을 조성하는 것을 지원했다. 이러한 삼림화 프로그램은 이민자들에게 익숙한 서구 환경을 재창조하는 데 기여했으며, '지나치게 동양적'으로 여겨진 자연을 대체하려는 의도가 있었다.

문화적 탈취 전략은 의복 관습에도 영향을 미쳤다. 팔레스타인의 전통적인 수제 의상, 특히 '타트리즈(tatreez)'라 불리는 자수 예술은 수천 년 전 가나안 시대에 레반트 지역에서 시작되었으며, 주로 농촌 가정에서 세대를 거쳐 전승되었다. 팔레스타인의 각 마을은 그 마을 고유의 색상, 기하학적 무늬, 동식물에서 영감을 받은 다양한 디자인 등을 가지고 있다.

그러나 이스라엘은 유대인들의 '약속의 땅'에 대한 '고유한 권리'를 주장하며 이 의복 기술의 기원마저 자신들의 것으로 돌리고 있다. 성경 시대에도 이미 이러한 자수가 사용되었다는 주장을 내세우며, 이스라엘 내에서 타트리즈는 점차 이스라엘 문화의 일부로 자리를 잡았다. 심지어 최근 몇 년 동안 이 자수는 이스라엘의 패션 시장과 국제적인 패션계에서도 유행하게 되었으며, 텔아비브의 젊은 힙스터들이 입는 옷에서도 종종 발견된다.

이스라엘이 탈취해 자신의 것으로 전유한 것은 자수만이 아니다. 팔레스타인의 상징이 된 전통적인 케피예(keffieh) 스카프 역시 패션 산업에서 이스라엘 것으로 변질되었다.

1936~1939년 아랍의 대규모 봉기 이후 팔레스타인의 상징으로 자리잡은 케피예는 2016년 이스라엘 디자이너 도리트 바로르(Dorit Baror)에 의해 여성복으로 재탄생했으며, 그녀의 부티크에서 고가로 판매되었다. 2021년에는 프랑스의 LVMH 그룹이 582유로에 이스라엘 국기 색깔이 들어간 루이뷔통 케피예를 판매해 논란을 일으키기도 했다.

## 자타르와 아쿠브를 위한 저항

버진 애틀랜틱과 플라이두바이 사건에서 보듯, 팔레스타인 음식 역시 이스라엘에 의해 차용되어 긴장감을 불러일으키고 있다. 뉴욕, 파리, 런던 등지에서 후무스, 타불레, 타히니 같은 요리들이 종종 이스라엘 요리로 둔갑 되며 레반트 지역의 기원을 지닌 이 음식들은 텔아비브의 문화적 선전 활동 탓에 그 본래 의미가 퇴색되었다.

자타르(타임이 주재료인 향신료 혼합물)와 아쿠브(카돈의 일종)도 팔레스타인 정체성에 위협을 가하고 있는 사례다. 팔레스타인인들에게 특히 인기 있는 이 야생 식물들은 봄철에 수확되며, 그 미식적 가치와 약리적 효과는 잘 알려져 있다.

그러나 1977년과 2005년부터 이스라엘 당국은 이 식물들이 '멸종 위기'에 처해 있다는 이유로 이들의 수확을 금지하고 있다. 하지만 여러 과

학적 연구들은 이러한 결정에 반대하는 결과를 보여주고 있다.(11)

이제 자타르와 아쿠브는 이스라엘 농업 기업들에 의해 재배되고 있으며, 이들 기업의 주요 고객은 아랍 소비자들이다. 야생 자생 식물인 타임과 아쿠브를 불법으로 채집하는 사람들은 무거운 벌금에 처해질 수 있으며, 벌금을 지불하지 못할 경우 감옥에 갈 수도 있다.

그럼에도, 많은 팔레스타인인은 부모와 조상들이 했던 것처럼 여전히 이 식물들을 채집하고 있다. 팔레스타인 예술가 주마나 만나의 영화 〈Foragers(채집자들)〉(2022)는 다큐멘터리와 픽션의 경계를 넘나들며 이 법의 부조리함과 그로 인한 팔레스타인인들의 고통을 세밀하게 다루었다.

이 영화는 또한 이 자의적이고 차별적인 법에 맞서 싸우는 아랍인 채집자들의 저항을 보여준다. 영화의 한 장면에서는, 이스라엘 자연공원청(INPA) 소속 요원들에 의해 점령된 골란에서 아쿠브가 가득 찬 자루를 들고 있던 '불법' 채집자 사미르가 체포되는 이야기가 조명된다.

이스라엘 법정에서 그는 한 판사 앞에 서게 되는데, 판사는 사미르가 카드론과 자타르를 불법으로 채집한 많은 '전과'를 상기시킨다. 그러나 벌금을 지불하지 않아 감옥에 갈 위기에 처한 사미르는 단호하게 말한다. "2050년에도 나는 내 자식들과 손주들과 함께 또다시 붙잡힐 거예요. (...) 나는 내 조부모들의 길을 따를 겁니다."

이 말은 팔레스타인인들이 100년 넘게 벌이고 있는 문화 전쟁 속에서 매일같이 보여주는 수모드(인내, 끈기) 정신을 요약해준다. 또한 이는 그들이 이스라엘의 지속적인 억압과 탈취에 맞서 자신의 문화와 정체성을 지키기 위한 끊임없는 저항을 상징한다.

글 · 올리비에 피로네 Olivier Pironet
프랑스 언론인. 주로 정치, 사회, 문화 분야에 대한 분석과 기사를 작성해왔다. 특히 이스라엘-팔레스타인 갈등, 중동 문제 및 국제적 현안들에 대한 심층적인 글을 다루며, 문화적 전유와 정체성 문제에 대한 논의에 참여해 왔다.

(1) Michael Bachner, 「버진 애틀랜틱이 쿠스쿠스 설명에서 팔레스타인을 삭제」, 〈The Times of Israel〉, 2018년 2월 13일.
(2) 〈이스라엘 여행 가이드〉, Flydubai.com.
(3) Akram Belkaïd, 「후무스 전쟁」, 〈Manière de voir〉 n° 142, 『Ce que manger veut dire 먹는 것이 의미하는 것』, 2015년 8~9월. 〈마니에르 드 부아르〉 한국어판 9호, 2022년 10~11월.
(4) "20세기 초, 팔레스타인의 인구는 약 75만 명이었으며, 이 중 약 80%는 무슬림, 12%는 기독교인, 8%는 유대인이었다."
(5) Shlomo Sand, 『이스라엘 땅은 어떻게 만들어졌는가. 성지에서 고향으로』, Flammarion, 〈Champs histoire〉, 파리, 2014 (1판: 2012).
(6) "벤 구리온 본인도 팔레스타인인의 다수가 고대 유대인의 후손이며, 그들이 기독교와 이슬람을 받아들였다고 믿었다. 한편 소수는 유대교를 유지했다." Tom Segev, 『어떤 대가를 치르더라도: 다비드 벤 구리온의 생애』, Head of Zeus, 런던, 2019.
(7) Luma Zayad, 「이스라엘-팔레스타인 갈등에서의 체계적인 문화 전유」, 〈DePaul Journal of Art, Technology & Intellectual Property Law〉, 제28권, 2019, DePaul University, 시카고.
(8) 「팔레스타인의 문화유산과 이스라엘의 점령, 이스라엘의 식민지 점령하에서의 팔레스타인의 관광과 고고학」, 2020년 12월 16일 및 2022년 6월 20일, 팔레스타인 자치정부 협상 사무국(NAD).
(9) Clothilde Mraffko, Samuel Forey, 「가자 지구에서 이스라엘 폭격이 유산을 파괴하고 기억을 지운다」, 〈르몽드〉 2024년 2월 14일.
(10) 「이스라엘: 가자에서 훔친 유물을 의회에서 전시한 군대」, 〈Middle East Monitor〉, 2024년 1월 22일.
(11) Rabea Eghbariah, 「자타르와 아쿠브를 위한 투쟁: 이스라엘 자연보호법과 팔레스타인 허브 채집 문화의 범죄화」, Oxford Food Symposium, 2020년 6월.

## '제2의 나크바'에 대한 두려움

　과격한 유대인 혐오증의 부활에 대한 두려움과 1948년 나크바(그해 이스라엘 건국 이후 약 70만 명의 팔레스타인인이 추방당한 사건-역주)의 재현에 대한 두려움이 맞선다. 평화를 이루기 위해 이 두 가지 공포를 이해할 필요가 있지만, 무엇보다 이 전쟁에서 가장 약한 존재이고, 제대로 보호받지 못하는 이들은 팔레스타인인들이라는 사실을 기억해야 한다.
　2023년 10월 7일, 하마스가 이스라엘 영토에 대한 유혈 기습을 시작해 대량 학살을 벌였고, 이스라엘도 유례없는 규모의 반격으로 엄청난 인명 피해를 일으켰다. 이스라엘-팔레스타인 분쟁은 이제 새로운 양상으로 접어들었다. 두 나라의 미래도 바뀌었을지 모른다. 1948년 이스라엘 건국 이래 두 나라의 대립은 다른 어떤 식민지 상황보다도 정치적인 문제로 남았다. 그동안 양국의 분쟁에 관해 증오가 많이 언급됐지만, 사실 이 증오는 두려움에서 시작됐다. 이스라엘이나 팔레스타인 모두 증오보다 두려움이 집단의 기억과 이야기 대부분을 차지한다.
　유대인들의 두려움은 유럽에서 수백 년 동안 지속됐다. 이 두려움의 뿌리는 나치의 유대인 학살로 이어진 박해의 역사에 있다. 나치의 학살 이전에도 유대인 조상들은 반(反)유대주의 폭력을 겪었고, 자신들을 보호해 줄 조국을 건립해야 한다는 민족주의 운동인 시온주의를 탄생시켰다. 1948년 이후, 이스라엘이 강력한 군대와 미국의 빈틈없는 지원에 힘입어 스스로를 국제법도 무시할 수 있을 정도의 군사 강국으로 칭하면서 과거의 두려움은 사라진 듯 보였다. 이스라엘은 강했기에 두려울 게 없었다. 국민을 보호할 수 있고, 주변국들의 적대심도 누를 힘이 충분히 있었다.

## 자신들의 만행에는 침묵하는 이스라엘

전 세계 유대인 대다수에게 이스라엘은 생명보험과도 같은 존재였다. 이스라엘에 정착하지 않은 유대인들에게도 충분히 피난처가 될 수 있기 때문이다. 이 때문에 일부 유대인들은 이스라엘의 식민지화 계획을 너그러이 용인하면서, 1947년 유엔의 팔레스타인 분할안에 포함된 팔레스타인 국가 건설 기회를 방해했다. 그러나 2023년 10월 7일, 수년에 걸쳐 당연하다고 여겨진 것들이 무너졌다. 하마스가 국제적으로 인정된 이스라엘 영토 내부를 처음으로 공격했고, 무적이라는 명성을 지닌 이스라엘 군대가 개입하기도 전에 민간인 수백 명을 학살했기 때문이다. 이제 피난처는 더 이상 존재하지 않았고, 이스라엘인들은 낯설게만 느껴졌던 유대인으로서의 두려움을 다시 마주하게 됐다.

그러나 수많은 이스라엘인은 자신들이 원흉이 된 두려움에는 침묵한다. 팔레스타인인 약 70만 명이 추방당한 뒤 돌아오지 못했던 나크바 이후, 모든 팔레스타인인의 기억에는 두려움이 각인됐다. 1948년, 이제 막 탄생한 이스라엘이 자국 수립과 동시에 자행한 인종 청소는 다양한 방식으로 지속한 만큼 사람들의 기억에서 쉽사리 사라지지 않았다. 예루살렘을 이스라엘의 '영원한 수도'라 공표하며 유대화를 진행한 것처럼, 이스라엘은 1967년 6월 옛 팔레스타인 위임통치령 전체를 정복하고 체계적으로 식민지화를 이끌었고, 팔레스타인인들에게는 얼마 남지 않은 영토마저 빼앗길지도 모른다는 두려움을 심어왔다.

2021년, 서안지구 이스라엘 정착민들의 지지를 받는 이스라엘 극우파가 집권하면서, 팔레스타인 주민들은 이스라엘 식민 민병대의 횡포와 권리 박탈에 시달리며 일상적으로 두려움을 안고 살아가게 됐다. 2023년 10월 7일 이후 가자지구를 주 무대로 하는 이번 전쟁은 팔레스타인인들의 이런 두려움을 공포로 바꿔 놓았다. 사실상 가자지구 내 모든 생명체를 조직적으로 파괴하고 있는 이스라엘의 하마스 소탕 작전은, 일부에 불과

할지라도 거주민들을 그곳에서 내쫓으려는 욕구를 내재하고 있다.

가자지구 주민들을 시나이반도로 강제 이주시키는 방안이 고려됐지만, 이집트는 자국 땅에 그들을 수용하지 않겠다며 반대했다. 이스라엘은 팔레스타인인 수십만 명을 가자지구 내에서 강제 이주시켰다. 만약 이스라엘 극단주의자들이 자신의 공약대로 권력을 마음대로 휘두른다면, 대규모 추방이 이뤄질 것이라는 사실을 짐작할 수 있는 대목이다. 도로로 밀려난 팔레스타인 군중의 모습은 첫 번째 추방의 상처를 되살림과 동시에 혹시 모를 두 번째 추방을 두려워하게 만든다.

"시온주의에 반대하는 이들은 모두 히틀러"

이 두 가지 두려움은 서로 마주한 두 민족의 각기 다른 역사적 경험을 바탕으로 하는 진실을 담고 있다. 그러나 현대적 관점에서 이들의 두려움은 동등하지 않다. 이스라엘 지도자들과 지지자들이 여론을 설득하려 주장하는 것처럼 모든 게 10월 7일에 시작된 건 아니기 때문이다. 이 분쟁에는 점령자와 점령당한 자가 있다는 사실을 기억해야 한다. 피점령국인 팔레스타인은 누구의 보호도 받지 못하고 있지만, 점령국 이스라엘은 추종자들이 무엇이라 말하든, 모든 실존적 위험에서 자국을 보호할 수 있는 무기고를 갖고 있다. 물론, 이스라엘 군대와 정보기관은 하마스의 공격을 예측하지 못했다. 하지만 가자지구를 강타한 불의 폭풍은 이스라엘이 여전히 강력한 힘을 가졌고, 그 힘을 제한 없이 사용할 계획이라는 점을 보여준다. 정식 휴전 협정이 아직 체결되지 않았기 때문이다.

그렇지만 이스라엘 정부는 해결 불가능한 역설적 상황에 처했다. 이스라엘은 자국의 힘에 한계가 없다는 점을 드러내 보여야 한다. 적에게 공포를 심어줄 수 있는 유일한 방법이기 때문이다. 그러나 동시에 자국민들이 계속해서 두려움을 느끼게 해야 한다. 강력한 국가가 돼야 하지만, 목숨을 앗아갈 위험도 있다는 사실을 국민이 다시금 느껴야 한다. 이런 모순된 조건들을 절충할 도구는 나치주의와 집단 학살의 기억이다.

실상 이스라엘 지도자들은 이 기억을 항상 이용해왔다. 가말 압델 나세르부터 야세르 아라파트에 이르기까지 이스라엘의 정책에 적대적이었던 아랍과 팔레스타인 지도자들은 '히틀러' 취급을 당했다. 이스라엘 내부에서도 마찬가지였다. 평화를 위해 양보가 필요하다는 사실을 인식한 지도층은 악명 높은 수식어를 얻었고, 오늘날 정권을 잡은 극우파들에게 암살당한 이츠하크 라빈 전 총리는 자신을 나치 독재자로 꾸민 인형이 거리에서 행진하는 모습을 목격하기도 했다.

## '노란색 별'의 남용이 초래할 자기 파괴

2023년 10월 7일 이후, 이런 현상은 정점에 다다랐다. 이스라엘 정부의 성명 가운데 하마스의 학살을 묘사하며 '포그롬(19세기에서 20세기 초에 제정 러시아에서 일어난 유대인에 대한 조직적인 탄압과 학살을 이르던 말-역주)'이라는 용어나, 유럽 유대인들의 역사에서 가장 비극적인 시기에 대한 언급은 빠지는 법이 없었다. 분열된 사회를 재앙의 공포를 이용해 단결시키려는 것이다. 대표적인 사례는 유엔 주재 이스라엘 대사가 유엔 내부에서 노란색 별을 착용한 것이다. 반유대주의에서 비롯된 학살을 묵인하는 유엔을 비난하려는 행동이었다. 즉, 이스라엘 정책에 무조건적인 지지를 하지 않는 이들은, 모두 나치라고 간주하는 것이다.

대다수의 서방 관료들과 여론 조성자들은, 늘 그렇듯 상황을 진정시키려는 대신 과거에 대한 편향된 시각으로 이 용어를 남발한다. 10월 7일 하마스가 자행한 대학살은 용납할 수 없지만, 그날 이스라엘이 겪은 트라우마를 쇼아(홀로코스트)와 동일시할 수는 없다. 역사는 반복되는 측면이 있지만, 결코 똑같은 조건에서 똑같은 형태로 반복되지는 않는다. 그러나 유럽인들은, 현대 나치주의의 대표적 형태로 부상하는 하마스로 초점을 옮기며 자신들이 저지른 대학살에 대한 책임을 회피하려

한다. 유럽이나 미국 유대교 지도층 중 이스라엘이 이렇게 과거 유대인의 순교를 악용하는 것을 반대하는 이는 없다. 우연일까? 유일하게 비판의 목소리를 낸 인물은, 대니 다얀 예루살렘 쇼아 기념관장이다.

"유엔 주재 이스라엘 대표단이 노란색 별을 단 모습이 매우 유감스러웠다. (…) 홀로코스트 희생자들과 이스라엘 모두를 불명예스럽게 만드는 행위다. 노란색 별은 유대인들의 무력함과 타인에 대한 의존성을 상징한다. 오늘날, 우리에게는 독립된 국가와 강력한 군대가 있다. 우리 운명의 주인은 바로 우리다."

그는 또한, 이런 행위는 기대와 정반대의 결과를 초래할 위험이 있다고 말하고 싶었을지도 모른다. 이런 식의 비교는 너무 황당한 수준에 도달해, 스스로 파괴되는 단계에 이르렀다. 이제는 이스라엘과 서구 지도자들만 이런 표현을 사용하는 게 아니다. 가자지구에 대한 잔인한 포위 공격, 수천 명의 민간인 사망자들, 어떤 장소도 가리지 않는 폭격은 끔찍한 비교를 하게 만든다. 어떤 이들은 가자 주민들이 처한 상황을 설명하며, 폴란드 바르샤바 게토(2차 세계대전 당시 유대인 강제 거주 구역-역주)의 기억을 언급하기도 하는 등, 국제 여론의 눈에 이스라엘은 점점 피해자가 아닌 학살자에 가까워지고 있다.

그러나 이스라엘 지도자들은 자국의 미래까지 위태롭게 할 이런 상황의 심각성을 인지하지 못한 듯 보인다. 지금까지 이스라엘이 내세울 수 있었던 유일한 정당성은 박해받는 민족의 국가, 그 후손의 국가라는 사실이었다. 이스라엘의 오만함은 이런 정당성을 훼손하며, 스스로를 깊은 수렁으로 몰아넣고 있다. 그러니 무장 해제 약속은 평화뿐만 아니라 이스라엘 존속의 조건이기도 하다.

---

글 · 소피 베시 Sophie Bessis
역사학자

# 오렌지 포장지에 감춰진 이스라엘의 탐욕

알랑 포플라르 Allan Popelard
프랑스의 교사이자 저널리스트로 활동하며, 특히 〈르몽드 디플로마티크〉 등
진보매체에 주로 정치, 교육, 사회 등 다양한 주제를 다뤄왔다.

그레고리 르젭스키 Grégory Rzepski
〈르몽드 디플로마티크〉 프랑스어판 기자.
이스라엘, 유럽, 중동의 지정학적 갈등과 반유대주의·인종주의의 역사를 중심으로,
유럽 내 극우 정치와 기억의 정치 등을 주요 주제로 기사를 집필하고 있다.
저서로 『Tous les médias sont-ils de droite ? : Du journalisme par temps d'élection présidentielle』(모든 언론은 우파인가? : 대통령 선거 시기의 저널리즘), 2025년이 있다.

오랫동안 오렌지는 비단 종이에 싸여 팔렸다. 그 종이에 인쇄된 그림들은 소비자들의 상상력을 자극했다. 팔레스타인에서 남아프리카에 이르기까지, 이 종이들은 감귤류의 경제적·사회적·정치적 역사를 기록하기도 했다. 한때는 달콤하고 찬란했지만, 지금은 잊히고 퇴색한 세계를 은유하는 '설탕과 먼지로 이루어진 세계'를 다시 돌아보는 전시가 지금 남프랑스 세트(Sète)에 위치한 국제 소박 예술 박물관(MIAM)에서 열리고 있다. 1961년, 프랑스에서 제작된 남아프리카산 오렌지 광고. 전시에 소개된 과일 포장지와 관련 문서 전체는 〈쉬페르마르셰: 감귤 포장지 & 그 밖의 것들〉 전시의 일환으로, 2026년 3월 8일까지 MIAM(국제 소박 예술 박물관)에서 관람할 수 있다.

### 보존하다

흰색이나 파스텔 색의 얇은 실크 종이는 19세기 말, 오렌지나 레몬을 감싸

는 용도로 등장했다. 감귤류가 대중적인 소비재로 자리잡으면서, 이 얇은 종이는 과일을 운송 중 보호하는 기능뿐만 아니라, 브랜드와 원산지, 크기, 위생 검사를 나타내는 표식의 역할도 수행했다. 고무 스탬프로 찍힌 이 이미지들은 쭈글쭈글한 표면에도 불구하고 선명하게 빛났으며, 세계 곳곳을 떠돌았다.

이 그림들은 때때로 대중문화를 차용하기도 했고, 대부분은 작가가 알려지지 않았다. 드물게 예외도 있었다. 화가 장 르 가크(Jean Le Gac)는 수입업자 친구를 위해 '화가(Le peintre)'라는 브랜드를 디자인했고, 시칠리아의 한 인쇄소에서는 '예술가의 오렌지(oranges d'artistes)' 시리즈를 의뢰하기도 했다. 이후 살균제의 사용과 냉동 트럭의 도입은 이러한 종이들을 쓸모없게 만들었다. 종이가 오염을 유발한다는 비판도 제기되었고, 가격이 지나치게 높다는 지적도 나왔다. 게다가 대형 유통업체는 표준화된 제품을 선호하게 되었다. 이들 유통망은 오렌지 열 개 중 아홉 개를 라벨을 붙이거나 보기 흉한 그물망에 담아 판매한다. 이처럼 종이 포장지는 점점 사라졌지만, 여전히 수집의 대상이 되고 있다.

기존 미술 제도의 경계를 넘어, 일상적이고 대중적인 오브제들을 수집·전시함으로써 '소박한 예술'의 가치를 탐색, 공유하고자 하는 MIAM은 프랑스에서 가장 큰 관련 컬렉션 중 하나를 소장하고 있으며, 수만 점에 이르는 포장지를 보유하고 있다. 그중 다수를 차지하는 것은 화가 파스칼 카송의 것이고, 바르베스에서 비평가 장 세이세르가 모은 것들, 님(Nîmes)의 시장에서 크리스티앙 보니파스와 엘렌 파브르가 주워 모은 것도 있다.

### 보이콧하다

타원형의 형태는 포장에 적합했고, 두꺼운 껍질은 배로 운송하는 동안 과일을 보호했다. 자파 (Jaffa) 오렌지(또는 샤무티)는 18세기 팔레스타인인들에 의해 개발되었다. 19세기 말에는 항구 도시 자파에 400여 개의 오렌지 과수원이 있었다고 전해진다. 1917년 말, 터키군이 팔레스타인 북부로 후퇴하던 시기, 프랑스 외교관은 에드먼드 앨런비 장군의 영국군 부대를 따라가며 이렇게 기록했다. "자파는 멀리서 보면 인상적이다. 퇴각한 군대가 남긴 냄새와 달리, 이 도시에 이르러 오렌지 나무

프랑스에서 제작된 남아프리카산 오렌지 광고 (1961년). 전시에 소개된 과일 포장지와 관련 문서 전체는 〈쉬페르마르셰: 감귤 포장지 & 그 밖의 것들〉 전시의 일환으로, 2026년 3월 8일까지 MIAM(국제 소박 예술 박물관)에서 관람할 수 있다.

정원을 지나게 되면, 그 향기가 전장의 잔해와 유쾌하게 대조된다."(1)

이 오렌지 품종은 원래 아랍-팔레스타인 정체성의 상징이었으나, 두 차례 세계대전을 거치는 동안 팔레스타인 땅에 이주한 시온주의자 유대인 공동체(유슈브)의 선구적인 농업경제이자 시오니즘 프로젝트의 핵심 기둥"으로 변모했다고 역사학자 카트린 니코는 지적했다.(2) 이는 단순한 상징적 점유에 그치지 않고, 토지 자체의 소유로 이어졌다. '유대민족기금'의 주도 아래, 팔레스타인 내 유대인 경작지가 전체 농지에서 차지하는 비율은 1922년 9%에서 1947년 30%로 증가했다.

자파를 비롯해 영국 위임통치령 하의 팔레스타인 전역에서는 감귤류 재배가 혼합농업을 대체했다. 텔아비브 농업 정착촌이 세워졌고, 오렌지는 수출 1위 품목으로 올라섰다. 연간 최대 1,500만 상자에 달하는 오렌

2부_ 반유대주의와 반시오니즘, 그 거대한 혼돈 **167**

지가 파르데스와 같은 협동조합을 통해 주로 영국으로 수출되었다.

1948년, 8만 5천 명의 팔레스타인인이 살던 자파는 이스라엘의 4,000발이 넘는 폭탄으로 폐허가 되었다. 그 결과, 자파에 남은 팔레스타인인은 3,000명에 불과했다.(3) 같은 해 'Jaffa'라는 브랜드를 등록한 신생 이스라엘 국가는, 오렌지 농장과 수자원을 모두 장악했다. 오렌지는 식민화의 상징 중 하나가 되었고, 이후 수십 년에 걸쳐 국제적인 저항의 대상이 되었다. 보이콧·투자철회·제재(BDS) 운동은 이스라엘 기업 아그렉스코의 농산물이 프랑스 세트(Sète) 항구에서 하역되는 것을 막기 위한 항의 운동을 벌였으며, '자파' 브랜드의 유통업체이자 대형 도매상인 메하드린도 그 저항의 대상이 되었다.

## 또 다른 사례, 또 다른 오렌지

1959년, 아파르트헤이트 시기, 아프리카 민족회의(ANC) 의장이자 훗날 노벨평화상을 수상하게 되는 앨버트 루툴리는 서구 소비자들에게 남아프리카공화국산 제품의 불매를 촉구했다. 이 보이콧으로 프리토리아의 백인 정권은 320억에서 400억 달러의 손실을 입었고, 재계 역시 큰 타격을 받았다.(4) 1970년대 중반, 여러 나라에서 '아웃스팬' 브랜드

---

(1) 카트린 니코 인용, 「제2차 세계대전 이전의 '자파 오렌지': 의미로 가득한 '팔레스타인산' 과일」, 『유대인 아카이브』, 제47권, 제1호, 파리, 2014년.
(2) 위와 같음(Ibid.).
(3) 『자파, 오렌지의 메커니즘』, 에얄 시반(Eyal Sivan) 감독의 영화, 2010년.
(4) 클로드 쥘리엥, 「인종주의의 가면들」, 〈르몽드 디플로마티크〉, 1990년 3월.
(5) 「보이콧·투자철회·제재 캠페인: 보이콧은 과연 효과가 있는가?」, www.lacimade.org

의 남아프리카공화국산 오렌지를 겨냥한 불매운동이 벌어졌다.(5)

유럽 시장에서 흔히 볼 수 있었던 이 회사의 오렌지는 노동자들이 극도로 열악한 조건에서 수확한 것이었다. 네덜란드의 슈퍼마켓 체인 알버트 하인은 이 오렌지의 판매를 중단하기로 결정했다. 프랑스에서는 검은 아이의 머리가 선홍빛 오렌지처럼 짜이고 있는 모습의 포스터가 등장했고, 그 결과 1975년에서 1976년 사이 오렌지 판매량이 25% 급감했다.

## 판매하다

세상의 경계, 헤스페리데스의 정원에는 황금 사과가 열리는 나무가 있었다. 헤라클레스는 티탄 아틀라스를 속여 그 열매를 훔쳤고, 그렇게 그의 열한 번째 과업을 완수했다. 식물학자들은 오렌지를 다른 감귤류들과 함께 헤스페리디아라는 과일 분류군에 포함시켰다. 그러나 네덜란드어에서 오렌지는 여전히 '중국 사과'(sinaasappel)로 불린다. 얀 반 에이크는 1434년 작품 「아르놀피니 부부의 초상」에서, 로히어 반 데르 베이던은 1435년 「수태고지」에서 이 오렌지를 원죄의 열매와 연결지어 표현했다.

최근 한 연구에 따르면, 감귤류는 약 800만 년에 걸친 진화 끝에 10종의 품종으로 분화되었다. 이 과일들은 동남아시아에서 처음 재배되기 시작했으며, 최초의 품종들은 기원전 8세기에서 4세기 사이에 지중해 지역에 도달한 것으로 보인다. 이때까지 지중해에서는 시트론이 오랫동안 독보적인 지위를 누리고 있었다.(6) 이후 '대항해 시대'에 접어들며 감귤류는 아메리카 대륙으로 전파되었고, 유럽의 궁정에서는 권력의 상징으로 오렌지 농장이 조성되기 시작했다. 감귤류 소비는 20세기 들어서야 비로소 대중화되었다.

모양이 불량하거나 산도가 지나치게 높아 생과로 먹기 어려운 과일들을 산업에 활용하기 시작하면서, 최초의 탄산음료가 탄생했다. 1950년대 초 알제리 부파리크에서는 '베리구드'가 탄생했고, 1969년에는 독일 남서부 바덴뷔르템베르크의 햇볕 아래에서 '카프리썬'이 만들어졌다. 오렌지는 즐거움과 활력을 상징하는 과일이었으며, 때로는 대중문화의 영웅들처럼 만화책 스타일의 포장지에 등장해 초능력을 상징하기도 했다. 단어와 기호, 문양을 통해 변모한 오렌지는 단순한 상품을 넘어 이야기의 매개체가 되었다. 일련번호가 매겨진 일부 포장지는 마치 연재물처럼 구성되어 소비자들은 로빈슨 크루소의 모험이나 독일의 막스와 모리츠의 이야기를 수집하도록 유도했다. 오스트리아에서는 카이저라는 브랜드가 몰락한 제국의 영광을 상기시키는 기묘한 역사 조각들을 소환하기도 했다.

하지만 가장 자주 묘사되는 것은 서로 경쟁하는 산지(産地)들이다. 형태, 색, 맛의 다양성이 줄어들수록, 재배자들은 각 지역의 고유성과 진정성, 그리고 민속적·역사적·관광적 고정관념을 강조하며 가치를 부여한다. 이는 지리학자 데이비드 하비가 와인 무역을 통해 설명한 바 있는 '독점적 지대(monopoly rent)' 개념과 부합한다. 하비에 따르면, 특정 지역의 고유한 지리적·문화적 특성이 경제적 가치를 창출할 때, 이는 시장 경쟁을 초월한 초과 이윤, 즉 독점적 지대로 작동한다.(7)

얇은 실크 종이는 에로틱한 매혹을 불러일으키기도 한다. 그것은 유혹하며, 벗겨지고, 마침내 금단의 열매에 이르게 한다. 감귤류의 곡선과

---

(6) Albert Wu Guohong 외, 「감귤류의 기원과 진화에 대한 유전체학」, 〈네이처〉, 런던, 2018년 2월 7일.
(7) David Harvey, 『지배의 지리학』, 암스테르담 출판사, 파리, 2018년.

여성의 몸을 겹쳐보는 이러한 상상력은 때때로 더 정치적인 지평으로까지 확대된다. "그러나 언젠가, 분명 언젠가 오렌지빛 날이 올 것이다 / 종려나무와 이파리로 이마를 장식한 날이 / 사람들이 서로를 사랑하게 될 날이 / 가장 높은 가지 위의 새처럼 다가올 날이"(루이 아라공).

### 유통되다

회색, 갈색, 녹빛이 감도는 색조들. 단색의 작은 식탁 위에서 단 한 조각의 레몬만이 유일하게 빛을 발한다. 또 다른 정물화에는 중국산 자기, 바닷가재, 유리 물병, 그리고 뢰머 잔(운두가 높은 와인잔)이 흰 식탁보 위에 놓여 있다. 그 앞 전경에는 다시 반쯤 껍질이 벗겨진 레몬 하나가 놓인다. 이와 같은 모티프는 17세기 네덜란드 황금시대에 유행한 '과시적 정물화'(Pronkstilleven)에서 자주 등장한다. 이 양식은 값비싼 도자기와 금은보화 등을 통해 부와 세속적 성공을 과시하려는 욕망을 드러낸다. 피터르 클라스(Pieter Claesz)와 얀 다비츠 드 헤임(Jan Davidsz de Heem)의 작품에서는, 결코 충족되지 않는 욕망이 물건과 동물, 식물의 형상을 통해 가시화된다.

감귤류는 이 시기 네덜란드 17세기 회화 작품 가운데 절반 가까이에서 모습을 드러낸다. 당시 안트베르펜(앤트워프)은 장거리 무역의 주요 거점 중 하나였다. 하역 인부들이 에스코 강변 선착장에서 지중해산 감귤류를 내리고 있었다. 이 과일은 매우 희귀했으며, 특히 '소빙기(Little Ice Age)'라 불리던 기후기에는 더더욱 그러했다. 1654년에서 1676년 사이, 극심한 한파로 인해 중국의 오렌지와 만다린 농장이 큰 피해를 입었다.(8) 그러나 세계화가 막 시작되던 시기, 정물화에 그려진 레몬은 이미 지구 곳곳의 노동과 시간이 점차 하나의 체계로 묶여가고 있음을 보여주는 상징이었다. 물류 체계의 통합은 시간을 완전히 지워버리고, 공간을 축소시켰다. 연중 내내 북반구의 식탁은 비시즌 수출 시장 덕분에 오렌지로 채워졌다. 오렌지가 인공 환경에서 재배되지 않는 한, 그것은 지구 반대편에서, "겨울처럼 즙이 풍부한" 상태로 운송되어야 한다. 이 과정은 처음부터 순탄했던 것은 아니다.

아르헨티나의 페드로 솔라리의 사례가 그것을 잘 보여준다. 그는 이 무역 방식을 처음 고안한 인물로, 1932년 안트베르펜과 런던으로 향한 그의 첫 화물은 냉장 설비가 부족했던 탓에 40%의 손실을 입을 수밖에 없었다.(9) 오늘날 남아프리카공화국은 세계 3위의 오렌지 수출국으로, 거의 이집트와 맞먹는 수준이며 스페인에 이어 뒤따르고 있다. (10)

오렌지 수출은 언제까지 지속될 수 있을까? '황룡병(黃龍病)'으로 알려진 병이 열대 지역의 감귤 농장을 휩쓸고 있다. 이 지역은 이미 태풍이나 가뭄에 취약한 상황에서, 이제는 심식성 흡즙 해충(피해를 주며 즙을 빨아먹는 곤충)인 심식나방 두 종이 옮기는 박테리아에 직면하고 있다.

국제농업개발협력센터(Cirad) 소속 연구자들은 이렇게 설명한다. "감염된 나무는 이에 반응해 다량의 당을 생성하게 되며, 그 당은 관다발

---

(8) 티모스 브룩, 『페르메이르의 모자 – 세계화의 여명기 17세기』, 파요(Payot), 파리, 2012.
(9) 델핀 메르시에, 마르코 쉬페르비엘, 「신선한 오렌지의 역사 또는 라플라타 유역 지역에서의 '민족적' 네트워크의 역사」, 『지리, 경제, 사회』, 제9권 3호, 아르퀼, 2007.
(10) 「2023년 국가별 오렌지(신선 및 건조) 수출 자료」, 세계은행, https://wits.worldbank.org
(11) Barbara Hufnagel 외, 「우리는 감귤 없는 세상에서 살게 될까?」, 2024년 8월 12일, www.cirad.fr

(물과 영양분을 수송하는 조직)에 과도하게 축적되어 통로를 막아버립니다. 그 결과 열매는 형태가 일그러지고 색이 비정상적으로 변하며, 맛도 쓰고 떨어져 상품성이 사라집니다. 몇 년이 지나면 관다발이 완전히 막히고 나무는 결국 죽게 됩니다."(11)

현재로서는 감귤 농장을 폐쇄하거나, 살충제를 집중적으로 살포하거나, 격리 조치를 취하는 방식 모두 효과가 없다. 브라질과 과들루프에서는 생산량이 붕괴 수준으로 감소했고, 플로리다에서는 지난 20년 동안 오렌지 생산량이 60% 이상 줄어들었다. 국제농업개발협력센터(Cirad)에 따르면, 이로 인해 오렌지 주스 산업은 30억 달러 이상의 손실을 입었으며, 관련 일자리의 절반 가까이를 잃었다.

호주와 지중해 연안 지역은 아직 피해를 피하고 있지만, 심식성 해충(psylles)은 이미 새로운 환경에 적응하고 있어 신규 감염지 발생에 대한 우려가 커지고 있다. 이러한 확산의 원인 중 하나는 감염 지역에서 가져온 접목용 묘목이나 관상식물의 자유로운 이동이다.

---

글 · 알랑 포플라르 Allan Popelard & 그레고리 르젭스키 Grégory Rzepski
교사

\* 국제 소박 예술 박물관(MIAM)은 베르나르 벨뢱과 에르베 디 로자가 공동 설립한 기관으로, 〈쉬페르마르세〉 전시를 2026년 3월 8일까지 개최한다. 이 전시는 감귤류 포장지를 비롯해 소비자의 삶을 따라붙는 다양한 이미지들을 중심으로 구성되어 있으며, 소비와 이미지의 관계, 일상 속 시각문화의 흐름을 예술적 맥락에서 성찰하는 기획이다. 이번 전시는 MIAM과 몽펠리에의 예술센터 La Fenêtre, 그리고 디자이너 듀오 Rovo(세바스탱 데게이유와 가엘 상드레)가 공동 큐레이션을 맡았다. Rovo는 본 프로젝트를 위해 연구 장학금을 받기도 했다. 자세한 정보는 MIAM 공식 웹사이트에서 확인할 수 있다.

# 이슬람 포비아의 위험성

브누아 브레빌 Benoît Bréville

〈르몽드 디플로마티크〉 프랑스어판 발행인. 역사학 박사, 파리 1대학 20세기 사회사연구소 연구원, 몬트리올 퀘백대 교수 역임. 저서에 『Les mondes insurges. Altermanuel d'histoire contemporaine 반 란의 세계, 현대사의 대안 편람』(공저, 2014), 『Manuel d'histoire critique 비평 역사 편람』(2014) 이 있다.

샤를리 엡도와 이페르 카셰 상점에서 테러 사건이 발생한 다음날, 일부 학생들은 희생자들을 추모하기 위한 1분 묵념 시간을 거부하였다. 이들이 내세우는 논거 중 하나는 프랑스 내 표현의 자유에 적용되는 "이중 잣대"였다.

우리는 중동에서 고통 속에 죽어가는 수많은 사람에 대해서는 침묵으로 일관하면서 왜 유독 이 사건에만 예민하게 반응하는 것일까? 〈샤를리 엡도〉는 유대인에 대한 비판에는 소극적이었으면서도 왜 이슬람의 성스러움을 모독하는 데는 아무런 거리낌이 없었던 것일까? 프랑스의 교육부 장관 나자 발로-벨카셈은 이러한 질문들의 중요성을 인식하고, 모든 학교 선생님들이 이에 대한 적절한 답변을 내놓을 수 있도록 지침을 마련할 것을 지시하였다.

신성을 모독하는 불경스러운 풍자화와 범죄로 간주되는 유대인 혐오적 발언은 근본적으로 성질이 다르다. 유대인 혐오적 발언은 인간의 존엄성을 훼손하는 행위이기 때문이다. 그러나 이렇게 설명을 한다고 해도 모든 반론을 잠재울 수는 없다. 사실 유대인 혐오증과 풍자화의 이면에는 더 근본적인 문제가 숨어있다. 알랭 핀켈크라우트, 에릭 제무르, 필립 테송과 같은 지식인들, 그리고 〈르푸앙〉, 〈렉스프레스〉, 〈발뢰르 악튜엘〉, 〈르피가로〉와 같은 일간지들이 이슬람교를 퇴행적인 종교이며 "국가 정체성에 대한 위협"이라고 비판을 해도 이에 대한 처벌은 거의 또는 전혀 일어나지 않는다. "국가 정체성에 대한 위협"이라는 표현은 Atlantis.fr 사이트의 설문조사에서 나온 문구인데, 우리가 이슬람교를 또 다른 별개의 "공동체"로 간주하고 있음이 드러나는 대목이다. 그러나 "흑인, 아랍인, 무슬림, 한마디로 '하층민'들에 대한 비난은 아무런 처벌 없이 허용되는 반면, 유대인들의 경우에는 머리털 하나만 건드려도 혹은 이스라엘에 대해서 말 한마디만 잘못해도 유대인 혐오증이라는 오명을 뒤집어쓰게 된다"고 민족학자인 장-루 암셀은 주장한다.(1)

표현의 자유에 대한 이중 잣대는 여러 가지 양상으로 나타난다. 한쪽에서는, 유대인 학살 사건과 프랑스 사회 내의 뿌리 깊은 유대인 혐오증 때문에 이 문제에 대해서는 언제나 촉각을 곤두세울 필요가 있다고 말한다. 다른 한쪽에서는, 식민지 시대부터 시작된 이슬람 혐오증이 이제는 프랑스인들의 인식 속에 너무나 깊숙이 박혀버린 나머지, 이슬람교에 대한 적대적인 언사들도 모두들 아무렇지 않게 받아들이게 되었다고 설명한다. 음모론을 주장하는 사람들은, 이러한 불균형 현상은 유대인들이 언론과 정부 기관을 부당한 방식으로 장악하고 있다는 증거라고 말한다.

대중의 이슬람에 대한 증오를 증폭시킴으로써, 유대인은 서방 국가들의 아랍 세계 개입을 정당화하고 종국에는 이스라엘과 워싱턴까지 접수하려 한다는 것이다. 알랭 소렐과 티에리 메이상의 사이트에서 시작된 이러한 담론은 최근 들어 큰 힘을 얻으면서, 진보주의가 후퇴하고 난 뒤에 생긴 이론적 정치적 공백의 틈새를 공략하고 있다.

## 무슬림들의 낮은 사회적 지위, 유대인들과는 대조적

내용은 각기 다르지만 사실 이러한 해석들은 모두 동일한 민족문화적 접근법에 기반하고 있다. 바로 사회적 그룹을 유대인, 무슬림, 아랍인 등과 같이 출신이나 종교에 따라 정의하는 것이다. 그러나 이중 잣대 문제의 경우에는 또 다른 차원의 해석, 특히 사회적 차원의 해석도 가능해진다. 유대인들이 프랑스에 정착하기 시작한 것은 아주 오래전, 기원후 초기로 거슬러 올라간다. 그리고 19세기 말부터 1차 세계대전 이전까지의 시기에 유대인들이 대거 프랑스로 몰려왔는데, 중유럽과 동유럽의 나치 세력과 유대인 학살로부터 벗어나기 위함이었다. 1945년 이후에도 북아프리카 식민지 국가들의 해방과 함께 또 한 차례의 유대인 이민 물결이 일었다. 양차대전 사이에 프랑스로 이민 온 유대인들은 대부분 열악한 환경 속에서 생활하면서 노동자, 장인, 소규모 상점 운영으로 생계를 이어갔고, 이웃 프랑스인들로부터 많은 차별을 받았다. 물론 그들 중에는 정치적 망명자들처럼 높은 수준의 문화적 소양을 갖춘 사람들도 더러 있었다. 그렇게 수십 년이 흘러, 프랑스에서 교육을 받은 유대인 자녀 세대 중 일부는 기자, 정치인, 교수 등과 같은 권력 계층에까지 오르게 되었다. 이른바, 여론을 주도하고 제어할 수 있는 자리들이다.

무슬림 이민자들은 2차 대전 이후, 특히 1960년대부터 프랑스에 본격적으로 정착하기 시작하였다. 마그레브 또는 사하라 이남 아프리카 출신이 대부분이었으며 육체노동을 필요로 하는 회사에 고용되어 온 사람들도 있었다. 시기적으로 이들의 자녀 또는 손자들은 실업과 빈곤 문제가 심각한 프랑스 사회 속에서 성장할 수밖에 없었고, 경제 위기의 첫 번째 희생양이 되면서 사회적 신분 상승의 기회는 막혀버렸다. 물론 중산

층이나 그 이상으로까지 올라간 사람들도 있었지만 사회 최상위층까지 도달한 경우는 거의 없다.(2) 언론과 정치인들이 공격을 한다 해도 이슬람계 프랑스인들은 스스로를 보호할 수 있을 만한 방패막이를 가지고 있지 못하기 때문에, 외국인 혐오적 발언들이 판을 칠 수밖에 없는 형국인 것이다. 이러한 상황 속에서 프랑스 사회의 가장 밑바닥을 살고 있는 롬족이 무자비한 공격의 대상이 되고 있는 것도 그리 놀랄 만한 일은 아니다. 장-마리 르펜은 이들을 일컬어 "냄새나고 거슬리는 존재들"이라 지칭하였고, 마뉴엘 발스 총리는 "롬족은 대부분의 경우 프랑스 사회에 편입되기가 힘들"기 때문에 "자신들의 나라로 돌아가는 것이 옳다"고 하였다.

오늘날의 유대인들과 무슬림들의 모습은 양차대전 사이에 프랑스로 대거 이민을 온 러시아인들과 아르메니아인들의 모습과 상당 부분 닮아 있다. 러시아인들은 1905년 혁명과 1917년 혁명 이후에 본격적으로 프랑스로 이민을 오기 시작했는데, 1931년에는 그 수가 7만2,000명에 달했다. 이들 대부분은 자동차 산업에 종사하거나 택시 운전사로 일하는 서민층이었다. 그러나 프랑스로 이민을 온 러시아인들 중에는 귀족이나 부르주아 계급 출신의 엘리트들도 심심치 않게 끼어 있었다. 러시아 출신의 화가, 기자, 편집자, 작가들은 파리 사교계에 무리 없이 흡수되었고, 1920년대에는 파리지앵들 사이에서 "러시아 스타일"이 유행하기도 하였다. 그리고 이들의 성공 덕분에 프랑스 내 러시아인 전체는 '특별한 혜택'을 누리면서 다른 이민자들과는 달리 든든한 보호막을 가질 수 있게 되었다.(3)

아르메니아인들의 경우 1915년에 벌어진 아르메니아인 대학살이 있은 이후에 프랑스로 이민을 왔고 주로 단순노동직에만 종사하였다. 그 수가 많지 않았음에도 불구하고(1931년 1만7,000명) 결과적으로 이들은 모두 프랑스 사회에 동화되지 못하였다. "러시아인들은 프랑스인들과 많은 부분에서 달랐지만, 러시아인들 대부분이 어느 정도의 문화적 소양을 갖추고 있었기 때문에 프랑스인들과의 접촉이 가능했다. 아르메니아인들의 경우 이러한 접촉 자체가 어려웠다."(4) 1930년대와 비시 정부 하에서 이민 정책을 담당했던 조르주 마코의 말이다. 이처럼 사회 내에서의 위치 역시 이민자들과 그 자녀들에 대한 인식에 큰 영향을 미친다. 그러나 30년 전부터 이러한 해석 프레임은 점점 힘을 잃고 있으며, 이제는 이민자들의 문제를 출신에 의거하여 바라보는 문화적 분석이 우세하다.

## 1984년 이후 우파의 이민문제 인식 변화

1977년과 1984년까지의 기간을 기점으로 이민 문제는 일대 전환기를 맞았다. 지난 30년 동안 이민이란 주제가 대중의 입에 빈번하게 오르내리게 된 계기가 된 것이다. 현재 언론은 주거, 고용, 또는 경제 관련 보도에서 외국인들을 아무렇지 않게 언급한다. 1930년대에만 해도 우파는 외국인 노동자들의 프랑스 유입을 반겼다. 아프리카 출신 노동자 5명이 오베르빌리에의 숙소에서 잠든 사이에 화재가 발생하여 연기에 질식해 숨지는 사건이 일어나자 〈르피가로〉는 "이 불쌍한 이민자들의 건강은 누가 챙기나? 낮에는 추운 거리를 청소하고 밤에는 결핵과 이산화탄소와 싸워야 하는 사람들. 불우한 자들의 운명이란! 대책 마련이 시급하다"며 이례적으로 애도를 표하였다.(5)

상황이 달라진 것은 1975년, 경제 위기가 찾아오고 프랑수아 미테랑이 대통령직에 당선되면서부터였다. 그리고 3년도 채 되지 않아 "이민자 출신 노동자들"의 문제는 "아랍인들의 문제", "이민 2세대들의 문제"로,

그리고 "무슬림들의 문제"로까지 비화되었다. 그 이전에는 사회적 차원으로 다뤄지던 사건들이 이제는 민족적 편견에 의거하여 분석되기 시작한 것이다. 1981년 7월, 리옹 외곽의 베니시외 망게트 지역에서 이민자 청년들과 경찰 간에 폭력 사건이 발생하였다.(6) 1976년과 1979년과 마찬가지로 당시 현지 언론들은 이 사건을 '기타 면'으로 분류하여 보도하였다. 그러나 야당 신세가 된 우파는 이 사건을 좌파 정권에 흠집을 내기 위한 수단으로 삼았다. 좌파 정권이 10만여 명의 불법 노동자들을 합법화시킨 직후였다. 사실 이 사건의 근본적인 원인은 임대 주택 전반의 질적 저하와 청년 실업 문제에 있었음에도 불구하고, 우파는 '이민 문제'를 사회 문제로 확대 해석하기를 부추겼다. "마그레브 출신들이 많이 거주하는 구역에서는 상황이 매우 심각하다. 정부는 강제 추방 제도를 폐지하면서 청소년들의 탈선을 오히려 조장하고 있다." 1981년 7월 7일자 〈르피가로〉에 실린 글이다. 그때부터 〈르피가로〉에는 불법 노동자들의 합법화를 규탄하는 글들, 역사학자 제라르 노아리엘이 "국가 안보의 원천"이라고 지칭한 글들이 연이어 게재되었다. 불법 노동자들의 합법화로 인해 "프랑스는 침략과 사고에 무방비로 노출"(1981년 9월 22일자)되었으며, "마그레브 출신이 대부분을 차지하는 불량배 조직"(1982년 7월 5일자)과 "이민자들의 법"(1983년 3월 22일자)이 망게트 지역을 지배하고 있다고 보도하였다.

이 문제는 자동차 업계의 파업을 계기로 종교적 색채를 덧입게 된다. 자동차 업계는 경제 위기의 직격탄을 맞은 분야로, 업계 종사자의 절반 이상이 외국 출신의 노동자로 구성되어 있었다. 파업은 1981년 가을에 처음 시작되어 1983~1984년에 정점을 찍었다. 처음에만 해도 인민 전선의 승리를 가능하게 했던 1936년 총파업을 연상시키는 단순한 노사 갈등에 불과했지만, 시간이 지남에 따라 문화적 충돌로 해석되기에 이르렀다. 노조 측이 공장 내에 예배실을 만들어줄 것을 요구했다는 점을 들어, 정부와 언론은 파업 주동자들이 이란 아야톨라의 지시를 받았다며 비난을 퍼붓기 시작했기 때문이었다. 사실 예배실 마련 문제는 사내 평화 유지에 효과적이라는 이유로 1970년대에 많은 회사들에서 긍정적으로 고려하던 사안이었다.(7) 1983년 1월 11일, 당시 총리였던 피에르 모로아는 파업 노동자들이 "종교적·정치적 집단의 사주를 받아 행동하고 있으며, 이러한 집단의 결성 동기는 현재 프랑스의 사회적 현실과 거리가 멀다"고 일갈하였다. 〈르피가로〉 역시 비슷한 입장을 내놓았는데, "낙관주의자들은 외국인들의 동화 능력을 믿고 있다. 과거에 이탈리아와 포르투갈 식민지 출신 이민자들이 그랬던 것처럼. 그러나 이는 더 이상 유효하지 않다. 새로운 이민자들의 문화적 혈통은 극복하기 어려운 장애물이다." 그러나 포르투갈인들이 언제나 좋은 평가를 받았던 것도 아니었다. 과시적이고 미신적 색채가 강한 포르투갈인들의 종교 행위는 종종 비난의 대상이 되었고, 양차대전 사이에는 "이국적 민족"이라 묘사되며 이탈리아인들보다 새로운 동화되기가 더 힘들다는 평가를 받았다.(8) 그리고 이탈리아인들은 벨기에인들보다 동화되기가 더 힘들다는 얘기를 들었다.

1980년대의 좌파는 우파의 문화 담론을 정반대로 차용하여 마그레브 이민자들의 문제를 '마그레브 문화'로 포장하였다. 이러한 움직임을 주도했던 〈리베라시옹〉은 1982년 9월부터 '마그레브 란'을 개설하여 마그레브 공동체 구성원들의 이목을 끌 만한 예술 행사들을 소개하였다. 그리고 "마그레브의 행진"이라 명명한 "평등을 지지하고 인종 차별을 반대하는 행진"을 적극적으로 지원하고 SOS 인종 차별(SOS Racisme) 설립에 참여함으로써, 대중의 시선을 평등을 위한 투쟁에서 차별 반대 투쟁으로 이동시키고자 하였다. 〈르몽드〉는 "이민 2세대의 자녀들이 음악, 영화, 연극계를 점령하고 있다"(1983년 7월 4일자)고 기뻐하였고, 주간지 〈마리 클레르〉는 "마그레브의 선전"(1984년 4월)을 축하하였다. 그러나 엘리트 문화는 정당성을 확보한 반면 탈산업화로 인한 삶의 질적 저하를 가장 직접적으로 경험한 하위 계층의 생활은 여전히 어려운 상태였다.

그렇게 3년이 지나자, 이민 관련 논쟁에서 사회적 색채는 완전히 떨어져나갔다. 그러나 이러한 변화가 일어나는 동안 이민자들과 그 자녀 세대는 끊임없이 자신의 "공동체"와 자신의 종교를 상기할 수밖에 없었고, 이는 순수 프랑스인들과 이민자들 간의 단절, 이민자 사회 내에서 부모 세대와 자녀 세대 간의 단절을 심화시키는 결과를 낳았다. 그리고 인종, 차별 등 이민과 직접적으로 관련된 주제들은 문화적 차원에서 다루어지기 시작하였다. 걸프전, 9·11 테러, 이스라엘-팔레스타인 분쟁, 외곽 지역 청년들과 경찰 간의 대립, 프랑스 국가를 부르지 않는 알제리 출신 축구선수들 등, 아랍이나 무슬림 출신이 대거 관련된 사건들은 그 분야가 지정학이든 사회이든 심지어 스포츠이든 간에, 이슬람 문제, 이민 문제, 프랑스 내 이민자들의 상황에 관한 논쟁을 필연적으로 불러일으켰다.

## 프랑스 무슬림의 아랍세계 연대감 커져

아랍 또는 무슬림 '공동체'에 대한 소속감은 태생적인 것이 아니다. 위와 같은 일련의 사건들을 거치면서 이민자들은 자신의 출신을 계속해서 되돌아볼 수밖에 없었다. 걸프전(1990~1991)이 그 시발점이었다. 연합군의 폭격기가 바그다드를 향해 날아가고 있을 때, 일부 대학생과 고등학생들은 서방 국가들의 이라크 침공을 반대하며 아랍 세계와의 연대감을 표시하였다. "사담 후세인, 그는 모두에게 배척의 대상이다. 이 도시에 사는 우리도 같은 신세이다. 처음으로 우리는 부끄럽지 않고, 보호받고 있다고 느낀다." 한 고등학생의 말이다.(9) 이와 같은 반응은 비록 소수의 의견이긴 했지만, 이민자 가정 자녀들의 의식에 대한 논쟁을 불러일으켰다. "우리가 무엇을 하든, 무슨 말을 하든, 생 드니의 마그레브 사람들은 프랑스를 야유하는 알제리와 튀니지 현지의 사람들과 언제나 동질감을 느낄 것"이라고 〈르피가로 매거진〉(1991년 1월 25일자)은 썼다. 그리고 이에 대한 반발심으로 이민자 출신의 아이들은 자신의 태생과 종교에 대한 확신을 더하게 되었다. 사회학자인 스테판 보와 올리비에 마스클레에 따르면, 걸프전은 마그레브 국가 출신의 아이들이 극단주의적 의식을 형성하는 데 중요한 역할을 하였다. 다양한 형태의 좌절을 경험하면서 그들/우리, 서방 국가/아랍 국가, 프랑스인/이민자, 부자/가난한 자 등 사회를 연속적인 대결 구도의 형식으로 인식하게 된 것이다.(10)

이러한 상황 속에서, 아랍인과 흑인이 이민 역사에 오점을 남겼다는 의견이 정계 전반으로 확산되었다. 극좌파의 의견도 갈렸는데, 일부는 "식민지 시대 이후" 이민자들의 경우 독특한 특성을 지니고 있으며 그들에 대한 "백인"의 인식도 매우 다르다고 주장하였다. 그러나 "식민지 출신 인구들에 대한 현재의 대우는 식민 정책의 연장선일 뿐"이라고 2005년에 시작된 '프랑스 토착민(Indigenes de la Republique)' 운동에서는 말한다. "식민지 출신의 이민자들은 그들이 아랍인, 흑인, 혹은 무슬림이라는 이유로 차별받고 비난받는다"고 이 운동의 주창자 중 한 명인 사드리 키아리는 설명한다.(11) 그에 따르면, "흑인과 아랍인을 대상으로 하는 폭력 행위, 그리고 식민지 또는 이민자 출신의 자녀에 대한 차별 행위를 경험하면서, 이민자들은 그들만의 독특한 요구 사항들을 마음속으로 갖게 되는데, 극단적 차별, 부모에 대한 존중, 이중 처벌 제도의 폐지, 그리고 무슬림의 경우에는 예배실을 갖고 히잡을 두를 수 있는 권리와 관련된 요구 사항들이 여기에 포함된다. 이러한 요구사항들은 겉으로는 그들의 이웃인 백인들과 같을 수 있지만 본질적으로는 매우 다르다."(12)

"백인들"의 입장과 "소수"의 입장을 대립시키는 이러한 담론은 다음과 같은 전제에 기반한다. 만약 흑인 또는 아랍인이 차별을 받았다면, 그것은 그의 피부색 때문이었을까, 아니면 그가 가난해서였을까? "외모를 기준으로 한 검문"이 청소년들과 경찰 간의 빈번한 충돌의 원인이었다는 사실만 보아도 알 수 있다. 2007년과 2008년, 사회학자 두 명이 파리 지하철의 가르드노르역과 샤틀레레알역에서 순찰 중이던 경찰들의 뒤를 몰래 쫓았다.(13) 총 525회의 검문이 이루어졌고, 이중 "흑인"과 "아랍인"에 대한 검문 횟수는 백인에 비해 6~8배가량 많았다. 그러나 또 다른 변수도 존재했는데, 바로 옷이었다. "젊은 스타일", 특히 "힙합 스타일"의 옷을 입은 사람들은 "정장"이나 "캐주얼" 차림의 사람들에 비해 검문을 당하는 횟수가 11.4배나 높았다.

물론 이러한 변수들은 독립적인 것이 아니라 서로 긴밀하게 연결되어 있다. 우선 "힙합 스타일"을 즐겨 입는 인구의 상당 부분이 이민자 출신의 청소년이다. 그리고 인종 차별 문제는 사회적 불평등 문제와 결합하면서 더욱더 심각해지기 때문에 두 문제는 서로 떼려야 뗄 수 없는 관계에 놓이게 된다. 피부색에 중점을 둘 것인지, 아니면 빈민층 소속 여부에 중점을 둘 것인지에 대한 선택은 정치적인 동시에 전략적인 사안이다. 프랑스 사회의 분열을 정의하는 데 있어서도 영향을 미칠 수 있다. 예를 들어 사회적 불평등 문제를 강조할 경우, 마그레브 국가들과 아프리카 출신의 사람들이 각종 문제를 일으키는 주범이라는 주장에 대한 반박이 될 수 있는 것이다.

---

글·브누아 브레빌 Benoît Bréville
사학자, 파리1대학 20세기 사회사연구소 연구원, 몬트리올 퀘벡대학 교수

(1) 장-루 암셀, 『새로운 형태의 극우-극좌 융합, 인종 차별 문제의 도래』, Lignes, Paris, 2014년
(2) 클로드 아티아스-돈푸 & 프랑소아-샤를르 울프, 『이민자 출신 아이들의 운명, 악순환의 연결고리 끊기』, Stock, Paris, 2009년
(3) 엘렌느 메네갈도, 「이민 연구에 있어서의 쟁점. 양차대전 사이 러시아 이민자들의 예」, 슬라브족 연구를 위한 유럽 센터의 정기간행물 제1호, Poitiers, 2011년
(4) 클레르 무라디앙 & 아무쉬 쿤트의 『프랑스의 아르메니아인들. 혼돈에서 부흥까지』에 인용된 문구, Editions de l'Attribut, 〈망명〉 컬렉션, Toulouse, 2010년
(5) 이반 가스토의 「언론을 장악한 이민 관련 주제들〉에 인용된 문구, 〈콩플뤼앙스 메디테라네」 제24호, Paris, 1997년 12월
(6) 망게트 사건과 자동차 업계의 파업에 관련된 인용 문구는 제라르 노아리엘의 『프랑스 내의 이민, 유대인 혐오증, 인종 차별 문제. 공공연한 이야기, 개인의 수치심(19~20세기)』, Fayard, 〈일반 문학〉 컬렉션, Paris, 2007년
(7) 파트릭 베일, 『프랑스와 프랑스 내 외국인들. 1938부터 현재까지의 이민 정책 변화』, Paris, Gallimard, 〈역사〉 컬렉션, 2004년
(8) 마리-크리스틴 볼로비치-타바르의 「'올바른 융합'의 불확실성과 모순」에 인용된 문구, 〈카이에 드 라 메디테라네〉 제78호, Nice, 2009년
(9) 필립 베르나르, 「마그레브 젊은이들, 자부심과 불안감 사이」, 〈르몽드〉 1991년 1월 17일자
(10) 스테판 보 & 올리비에 마스클레, 「1983년의 '시위대'에서 2005년의 '폭도들'까지. 이민자 출신 청소년들의 두 가지 모습」, Annales. Histoire, Sciences Sociales, Paris, 2006/4
(11) 사드리 키아리, 『빈곤층을 위한 정책을 위해 : 도시 외곽에 거주하는 이민자들, 순수 프랑스인들, 젊은이들』, Textuel, Paris, 2006년
(12) 사드리 키아리, 『프랑스 내 이민자들의 반혁명 운동. 드골에서 사르코지까지』, La Fabrique, Paris, 2009년
(13) 『경찰과 소수 집단 : 파리의 정체성 심문』, Open Society Justice Initiative, New York, 2009년

# 쇼아(Shoah)의 이름으로

### 이드잇 제르탈 Idith Zertal

이스라엘의 역사가. 홀로코스트, 시온주의, 이스라엘의 정체성과 정치를 비판적인 시각에서 연구한다. 주요 저서에 『From Catastrophe to Power: The Holocaust Survivors and the Emergence of Israel』(1998), 『Israel's Holocaust and the Politics of Nationhood』(2005), 『Lords of the Land: The War Over Israel's Settlements in the Occupied Territories, 1967–2007』(공저, 2007) 등이 있다.

"2023년 10월 7일은 홀로코스트 이후 유대 민족 역사상 가장 끔찍한 날이었다." 이는 하마스의 기습공격 며칠 후, 베냐민 네타냐후 이스라엘 총리가 의회 연설에서 한 발언이다. 이스라엘은 국가 창설 이래 지금까지, 단 한 순간도 자신의 정체성을 홀로코스트의 기억으로부터 분리해 본 적이 없다. 오히려 자신을 그 비극의 유일한 상속인으로, 동시에 그 상처를 세계에 증언하고 고발하는 도덕적 주체로 설정해왔다.

이스라엘은 자신을 유대 민족 역사 속에서 하나의 단절적 전환점, 곧 '쇼아 이후의 민족적 재탄생'으로 규정해왔다. 그 과정에서 쇼아(홀로코스트)는 단순한 과거의 비극을 넘어, 국가 정체성의 핵심 요소로 자리매김되었다. 유대인 대학살의 기억은 복원되고, 보존되며, 규범화되어 수십 년에 걸쳐 일종의 시민 종교로, 신생국 이스라엘의 중심 이데올로기로 작동했다. 유대학 연구자 제임스 E. 영(James E. Young)은 "건국 지도자들은 쇼아의 기억이 국가와 직접 연결되지 않는 한 큰 비중을 두지 않았다"고 회고한다.(1) 그러나 시간이 흐르면서, 유대인 말살과 이스라엘 건국 사이의 역사적 근접성—즉 이 재앙이 이스라엘 건국의 결정적 계기였다는 인식—은 시오니스트 이스라엘 사회 내부에서 고대의 '멸망과 부흥' 신화를 다시 소환하는 기반이 되었다. 이처럼 고대 유대사의 '파괴와 구원' 신화는 현대적 맥락 속에서 재구성되었고, '이스라엘성 (israélité)'이라는 집단 정체성과 이스라엘의 전능성에 대한 서사는 유럽 유대인의 절대적 '무력함'을 기점으로, 아랍-이스라엘 갈등을 거치며 점차 강화 · 정당화되었다.

유대인 대학살의 기억은 이 끝없는 분쟁에 정당성을 부여하는 동시에, 그 분쟁을 정치적 역사적 맥락 속에서 해석하게 만들었다. 전쟁 담론은 과거의 홀로코스트를 시온주의, 곧 이스라엘 건국 신화를 강화하는 도구로 삼았다. 이로써 유대인 학살과 중동 분쟁은 복잡하고 모순된 역사적 사건으로서의 성격을 벗어나, 비판이 불가능한 폐쇄적 신화로 전환되었다. 그리고 이 두 신화는 서로를 근거 삼아 상호 의존적으로 지탱되기에 이르렀다.

## 절대 악의 구현

1956년 4월, 가자 지구와 인접한 나할 오즈에서 팔레스타인인에 의해 살해된 키부츠 청년 로이 로트버그의 무덤 앞에서, 당시 이스라엘 참모총장 모셰 다얀이 이렇게 선언했다.

"조국이 없어 학살당한 수백만 유대인들이, 이스라엘 역사의 언덕 너머에서 우리를 지켜보며, 민족의 땅을 되찾아 정착하고 건설하라 외치고 있다." 그는 '끊임없이 칼을 휘둘러야 한다'는 명제를 "우리 세대의 법칙"이라 명명했고, 이 메시지는 이후 이스라엘 사회에서 반복적으로 울려 퍼졌다. 아우슈비츠, 곧 나치의 공포와 절대 악의 상징은 이스라엘의 대외 관계는 물론, 국내 정치 담론 속에서도 끊임없이 소환되고 재생산되었다. 1947년 여름, 비공개 회의에서 다윗 벤구리온은 이미 아랍인을 나치에 비유하며 다음과 같이 말했다. "우리를 막아설 자는 정치적 적수인 영국인이 아니라, 히틀러의 제자들이며 히틀러 자신이다." 1951년 12월, 노동당 내 독일 배상금 논쟁에서도 그는 이 자금을 이스라엘 건설에 활용해야 한다며 다시 한번 그 논리를 들고나왔다.

"우리는 다시 게토로 돌아가길 원하지 않는다. (…) 우리는 아랍 나치들이 와서 우리를 학살하는 것을 원치 않는다." 그때부터 이스라엘의 모든 전쟁은 쇼아(홀로코스트)와 연관된 용어들로 인식되고, 정의되며, 개념화되었다. 1982년 6월, 이스라엘군의 레바논 진입을 앞두고 열린 각료회의에서 메나헴 베긴 총리는 다음과 같이 선언했다. "레바논 진입을 하지 않는다면, 그 대가는 또 다른 트레블링카일 것이다. 우리는 더 이상 새로운 트레블링카가 존재하지 않도록 결정을 내렸다." (트레블링카는 나치 독일이 폴란드에 설치한 유대인 절멸수용소로, 아우슈비츠와 마이단에크, 벨제크와 함께 홀로코스트의 중심지 중 하나다-역주) 트레블링카는 유대인들이 무력하게 학살당한 비극의 상징이었다. 베긴은 한 걸음 더 나아가, 베이루트에 있던 야세르 아라파트를 베를린 지하 벙커에 숨어 있던 아돌프 히틀러에 견주었다. 이에 대해 작가 아모스 오즈는 이렇게 반박했다. "총리님, 히틀러는 죽었습니다. 히틀러는 나바티예에도, 시돈에도, 베이루트에도 숨어 있지 않습니다. 그는 죽었고, 화장되어 재가 되었습니다."

1940년대부터 오늘날까지, 모든 안보 위협을 전면적인 절멸의 위험으로 변환시키는 담론은 이스라엘 정치 엘리트의 연설, 언론의 표현 방식, 그리고 일반 시민들의 일상 대화에서조차 끊임없이 반복되어 왔다. 2000년 10월, 이스라엘이 제2차 인티파다 초기부터 대규모 군사작전을 개시했을 때, 외무장관이던 시몬 페레스는 아라파트에게 이렇게 말했다. "이스라엘은 또 하나의 쇼아(홀로코스트)를 감당할 수 없다." 당시 팔레스타인 측 희생자는 이스라엘 측보다 무려 20배에 달했음에도 불구하고, 이 같은 발언은 공공연히 사용되었다. 2003년, 한 젊은 이스라엘 장교는 영국 언론인의 질문에 대해 다음과 같이 대답했다. "우리가 생존을 위해 싸우지 않는다면, 우리는 다시 가스실로 가게 될 것이다." 이처럼 쇼아는 이스라엘 국가 담론에서 지속적인 위협을 비추는 프리즘이자, 모든 군사행위를 정당화하는 궁극적 은유로 자리 잡았다. 다시 말해, 홀로코스트의 기억은 국가 폭력을 뒷받침하는 이념적 자원으로 끊임없이 동원되고 있는 것이다.

### 그림자 속의 생존자들

이스라엘 내부의 논쟁 역시 홀로코스트의 암시로 가득하다. 1982년, 이집트와의 평화조약에 따라 야밋 정착촌에서 철수하게 된 일부 유대인 정착민들은 분노에 찬 목소리로 외쳤다. "유대인들에게 수치스러운 체제를 강요하고, 질서정연하게 행진하게 하며, 파괴의 노래를 부르게 하고, 도시와 가정을 철거·말살하는 일을 승인하는 자들은, 독일 점령하의 '유대인 평의회(Judenräte, 나치 독일이 점령지 유대인 공동체에 설치한 강제 자치기구로, 유대인 등록, 이송, 게토 행정 등을 수행했다)와 놀라울 만큼 닮아 있다."

그러나 아이러니하게도, 홀로코스트의 가장 생생한 기억을 지닌 이들, 즉 전쟁 이후 이스라엘을 조국으로 선택한 약 30만 명의 생존자들은 오랫동안 사회에서 보이지 않는 존재로 남아 있었다. 이들 중 상당수는 가난과 소외 속에서 살아야 했다. 그러한 상황은 1961년 예루살렘에서 열린 아돌프 아이히만 재판을 계기로 변화하기 시작했다. 젊은 이스라엘 국가는 생존자들의 증언을 통해 처음으로 말할 수 없는 고통과, 그 고통을 견뎌온 존엄의 힘을 마주하게 되었다. 당시 시인이자 언론인이던 나탄 알테르만(Nathan Alterman)은 이렇게 썼다.

"우리는 모두 알고 있었다. 그 끔찍한 세계에서 온 남녀들이 우리 곁에 있다는 것을. 하지만 아이히만 재판을 통해서야 비로소 깨달았다. 우리가 무심히 스쳐 지나쳤던 그 기이하고 익명의 존재들은, 단지 무명의 군중이 아니었다는 것을. 그들은 생명과 자연을 초월하는 강렬한 존재였고, 지워지지 않는 기억의 일부였으며, 우리 민족의 본질과 이미지 그 자체였다."

---

글 · 이드잇 제르탈 Idith Zertal
이스라엘의 역사가. 홀로코스트, 시온주의, 이스라엘의 정체성과 정치를 비판적인 시각에서 연구한다. 주요 저서에 『From Catastrophe to Power: The Holocaust Survivors and the Emergence of Israel』(1998), 『Israel's Holocaust and the Politics of Nationhood』(2005), 『Lords of the Land: The War Over Israel's Settlements in the Occupied Territories, 1967 – 2007』(공저, 2007) 등이 있다.

# 이스라엘 정보부의 냉혹한 시나리오

## 질베르 아슈카르 Gilbert Achcar

레바논 출신의 국제 정치학자, 현재 영국 런던대학교 동양아프리카학부(SOAS) 개발학과 교수. 그는 중동 현대사·국제정치·좌파 정치사상을 중심으로 연구와 저술을 이어왔으며, 제국주의·시온주의·근본주의에 대한 비판적 분석으로 알려져 있다. 주요 저서로는 『아랍·이스라엘의 전쟁과 평화』(The Arabs and the Holocaust, 2010)와 『마르크스주의, 오리엔탈리즘, 그리고 근대성』(Marxism, Orientalism, Cosmopolitanism, 2013) 등이 있다.

하마스가 이스라엘 땅에서 자행한 학살에 대해 이스라엘이 무차별 보복으로 대응하면서 가자지구가 초토화됐다. 수천 명의 사망자와 부상자가 발생했다. 이에 더해, 이제 수많은 팔레스타인인들이 강제 이주를 당할 상황에 처했다.

전쟁은 시작하기가 끝내기보다 쉽다고 한다. 가자지구에서 이스라엘이 벌이는 전쟁이야말로, 이런 통념을 확실히 증명하는 사례가 될 것이다. 2022년 말 베냐민 네타냐후가 집권한 정부는 이스라엘 극우 세력이 장악했다. 이들에게 2023년 10월 7일 하마스가 개시한 '알아크사 홍수' 작전은 요르단강 서안지구와 가자지구를 아우르는, 그러니까 영국 위임통치령(1920~1948) 팔레스타인을 통합하는 '대(大)이스라엘' 계획을 실행할 절호의 기회였다.

### '알란 계획을 반대한 리쿠드'

이스라엘 최대 우파 정당 리쿠드의 1996~1999년 첫 당수를 역임한 네타냐후는, 2005년부터 계속 이 정당을 이끌어왔다. 리쿠드를 탄생시킨 정치적·이데올로기적 긴장은 1~2차 세계 대전 사이에 탄생한 '수정주의 시오니즘'으로 알려진 한 파시스트 분파에서 생겨났다. 이스라엘 건국 이전에 이 분파는 영국 정부가 하심 가문에 양도한 트란스요르단 토후국을 포함해, 요르단 곳곳의 영국 위임통치령 전체를 시온주의 국가 프로젝트에 통합하려 했다. 이후 팔레스타인 위임통치령을 노린 이 분파는 다비드 벤구리온이 이끄는 시온주의 노동당이 요르단강 서안지구와 가자지구를 점령하지 않고 1949년에 전쟁을 중단했다며 비난했다.

벤구리온과 그의 지지자들이 볼 때 전쟁은 중단된 것이 아니라 연기된 것에 불과했다. 요르단강 서안지구와 가자지구는 1967년 결국 이스라엘에 점령됐기 때문이다. 그때부터 리쿠드는 그들의 운명에 대해 시온주의 노동당과 그 지지자들보다 경쟁적인 조건을 끊임없이 제시했다. 1948년에 요르단강 서안지구와 가자지구 주민들은 전쟁을 피해 떠났지만, 1967년에는 이 일을 교훈 삼아 대다수가 자신들의 땅과 거주지를 떠나지 않으려 했다. 1949년에 마침내 이스라엘국가가 건립된 영토에 살던 팔레스타인 거주민의 80%, 즉 영국 위임통치령 팔레스타인 거주민의 78%는 임시 거처를 찾아 도망쳤다. 그리고 새로 들어선 국가가 팔레스타인 거주민의 귀환을 막자, 그들의 임시 거처는 결국 영구적인 거처가 됐다. 이 강탈이 아랍인들이 '나크바(대재앙)'라고 부르는 사태의 핵심이다.

1967년 팔레스타인 탈출의 양상은 과거와는 달랐기 때문에(그럼에도 대부분이 1948년의 난민인 24만 5,000명의 팔레스타인인은 요르단강 우안으로 피신했다), 이스라엘 정부는 인구학적 요인으로 인해 합병을 향한 뜻을 접어야 하는 딜레마에 직면했다. 즉 두 영토의 거주민에게 이스라엘 시민권을 부여해 이곳을 점령한다는 것은 이스라엘국가 유대인의 정체성을 위태롭게 할 수 있었다.

또한 이들을 귀화시키지 않고 합병한다면 아파르트헤이트를 공식화해 민주주의의 성격을 위협할 수 있었다. 이스라엘 사회학자 사미 스무하는 이를 '민족적 민주주의(Ethnic democracy)'라고 표현했다. 이 딜레마를 해결하기 위해 모색한 방안이 '알론 계획'이었다. 1967~1968년 심사숙고 끝에 이 계획을 구상해낸 부총리 이갈 알론의 이름을 딴 알론 계획은 장기적으로 요르단 계곡과 요르단강 서안지구에서 팔레스타인 인구가 적은 지역을 점령하고, 인구 밀집 지역의 통제권을 하심 가문에 반환한다는 방안을 검토했다.

이 계획에 반대한 리쿠드는 알론 계획에서 검토한 유다와 사마리아(성경에서 요르단 서안지구 일부가 속한 곳을 일컫는 지명)에 국한하지 않고, 1967년 점령한 두 영토를 합병하고 이 목적을 달성하고자 완전한 식민지화를 위한 시도를 계속했다. 리쿠드는 1977년 선거에서 승리했고, 이스라엘 국가 건국 후 30년도 안 돼 시온주의 극우파가 정권을 잡았다. 이후 극우파는 거의 46년 내내 정권을 유지했고, 16년 이상 네타냐후가 당을 이끌면서 더욱 극단적인 우파로 기울었다.

1987년 말, 제1차 인티파다라는 이름으로 알려진 팔레스타인 민중 봉기가 일어나면서 리쿠드의 헤게모니와 '대이스라엘'에 대한 전망도 불투명해졌다. 1992년 이츠하크 라빈이 이끄는 노동당이 재집권하면서, 그 어느 때보다 1967년의 알론 계획을 재개하려는 단호한 움직임을 보였다.

1988년 요르단 왕조는 요르단강 서안지구 행정에서 공식적으로 물러났고, 인티파다가 한창이던 때 팔레스타인해방기구(PLO)가 대신 교섭 상대자로 나섰다. 팔레스타인 중앙 지도부는 1967년에 점령된 팔레스타인 영토 전역에서 이스라엘군의 최종적 철수와, 유대인 정착촌 확장을 중단하는 것에서 시작해 궁극적으로는 정착촌 해체를 위한 필수 조건을 잠정 포기하기로 했다. 이렇게 해서 당시 미국 대통령 빌 클린턴의 중재로 1993년 9월, 라빈과 야세르 아라파트가 워싱턴에서 서명한 오슬로 협정이 체결됐다.

1996년 리쿠드는 네타냐후의 지휘 아래 재집권했으나, 3년 뒤 에후드 바라크가 이끄는 노동당에 또다시 패했다. 네타냐후는 물러나야 했고 당대표는 아리엘 샤론으로 교체됐다. 2000년 가을 아리엘 샤론이 예루살렘의 이슬람 성지 알 아크사 사원을 방문하자 이를 계기로 제2차 인티파다가 일어났고, 그는 2001년 리쿠드를 승리로 이끌었다. 2005년 샤론은 가자지구에 건설된 정착촌 몇 곳을 해체하고 이곳에서 이스라엘의 일방적 철수를 단행했다. 인구가 밀집한 이 지역을 통제하는 데 어려움을 겪고 있던 이스라엘 군인들은 이 조치에 만족했다. 샤론은 알론 계획이 그리는 옵션을 극단적이고 일방적으로 추구하면서, 요르단강 서안지구를 가능한 한 넓게 병합하는 데만 관심이 있었다.

### 이스라엘, 나치의 만행을 재현하려는가?

샤론 총리 내각에서 재무장관에 임명된 네타냐후는 그 후 가자지구 철수에 항의하며 사임했다. 그는 리쿠드의 가장 이념화된 기반과 정착민 운동을 살살 자극하면서 안보상의 이유를 들먹였다. 소속 정당과 관계가 껄끄러워진 샤론은 네타냐후에게 당대표 자리를 넘겨주고 2005년 가을에 당을 떠났다. 2009년 총리가 된 네타냐후는 2021년 6월까지 총리를 연임하며 벤구리온의 종전 기록을 갱신했다. 그는 쇼아(홀로코스트) 역사학자인 다니엘 블라트만이 이스라엘의 주요 일간지 〈하레츠〉에서 심지어 '신(新)나치'라고 규정한 두 시온주의 극우 종교정당과 연정을 구성해 2022년 12월 다시 총리에 올랐다.

이타마르 벤그비르가 이끄는 오츠마 예후디트(유대인의 힘) 당은 초민족주의자인 메이르 카하네가 세운 극우정당 카흐의 사상적 후계로 여겨진다. 메이르 카하네는 아랍인을 '이스라엘 땅' 밖으로 즉각 '이동'시켜야 한다고 주장했다. 이는 곧 지중해와 요르단 사이에 있는 영토 전체에서 인종 청소를 하겠다는 뜻이었다. 종교적 시온주의 정당 대표인 베잘렐 스모트리치는 크네세트(이스라엘 의회) 소속 두 아랍 출신 의원에게 다음과 같이 발언함으로써 2021년 10월 헤드라인을 장식했다.

"벤구리온이 일을 끝내지 않고 *1948년*에 당신들을 추방한 것은 실수였다."

이처럼 현 이스라엘 정부는 1967년에 점령한 영토를 합병하고 원주민을 추방해 대이스라엘 계획을 실현하려는 열망에 들뜬 자들이 장악하고 있다. 정상적인 시기라면 이 계획이 성공을 보장할 수 없는 장기적인 절차를 통해서만 실현될 수 있다는 점을 제외하면, 요르단강 서안지구는 정착촌 확장과 원주민 학대를 통해 서서히 합병 수순을 밟고 있다. 이 두 현상은 극우 정부가 들어서고 가자지구의 경제 상황이 마비되면서 눈에 띄게 심해졌다.

클린턴에게 이라크를 침공하라고 촉구했으나 이 계획을 냉정하게 실현할 수 없었던 인물들이 대거 포진해 있던 미국의 조지 W. 부시 행정부처럼, 극우 세력에는 어떤 강력한 정치적 기회가 필요했다. 지난 2023년 10월 18일 조 바이든 미국 대통령이 연대 차원에서 이스라엘을 방문했을 때 한 연설 내용 중 네타냐후가 강조한 것처럼, 2001년 9월 11일 테러와 10월 7일 하마스가 개시한 작전 사이의 유사성은 정치적 기회라는 점에서 관련이 깊다. 극우파 전체는 그들의 팽창주의 구상을 밀어붙이기 위해 즉시 '알아크사 홍수' 작전을 활용했다.

이스라엘 군대는 이 돌발사건에 대비하지 못한 게 분명했다. 2023년 10월 7일 작전에 대응하는 전쟁 계획은 틀림없이 서둘러 수립됐을 것이고, 그 때문에 가자지구 내 지상공격 개시가 지연됐을 것으로 보인다. 하마스 작전과 10월 27일 공격 개시 사이 3주라는 시간은, 지상공격 시 이스라엘 군인의 희생을 최소화하기 위해 도시에 집중폭격을 가하는 데 사용됐다. 그 결과 팔레스타인 민간인이 가장 많이 희생됐고, 그중에서도 단연 아동이 큰 비중을 차지했다.

이스라엘 정부는 2023년 10월 11일에 수립된 전쟁 내각과 더불어 민간인의 운명에 대해서는 크게 고려하지 않는다는 방침을 공유했고, 정부의 이런 의도는 리쿠르의 '온건파' 당원이자 네타냐후의 라이벌인 요아브 갈란트 국방부 장관을 통해 극히 노골적으로 드러났다. 그는 적을 '인간 짐승'이라고 표현하며 10월 9일 가자지구에 대한 완전 포위 명령을 내렸다고 발표했다. 이후 정부 인사와 이스라엘 정계 및 학계의 유력 인사들 쪽에서 비슷한 유형의 발언이 쏟아졌다. 주로 프랑스 및 유럽 출신 변호사 300명으로 구성된 한 단체는 지난해 11월 9일 국제형사재판소(ICC)에 이스라엘을 의도성이 내포된 '가자지구 학살 범죄'로 제소했다.

## 가자지구 민간인에 대한 세 가지 시나리오

이 제소는 현재 진행 중인 이스라엘 내 가자 주민의 대규모 이동으로 촉발된 '인구 이동'과 관련이 깊다. 의도성은 여기서 더 분명해진다. 지난

2023년 10월 7일 이후, 이스라엘 정보부(또 다른 리쿠드 소속 의원인 길라 감리엘이 이끌고 있으며, 모사드의 국외 활동과 샤바크의 국내 활동 조율을 맡고 있다)는 가자지구 관련 계획 구상에 착수했다. 10월 13일 마무리된 이 계획은 2주 뒤, 이스라엘 내 반체제 언론 〈메코미트〉에 "가자지구 민간인에 관한 정책 옵션"이라는 제목으로 공개됐다.

여기에는 세 가지 시나리오가 있다. 첫째, 가자지구 주민은 지구 내에 남아 팔레스타인 당국의 통치를 받는다. 둘째, 그들은 지구 내에 남되 이스라엘이 설치한 임시 지방 당국의 통치를 받는다. 셋째, 그들은 가자를 비우고 시나이반도의 이집트 사막으로 대피한다.

이 문건은 첫 번째와 두 번째 옵션에 상당한 단점이 있고, 둘 다 장기적으로는 충분한 '억제 효과'를 기대하기 힘들다고 본다. 세 번째 옵션은 "이스라엘에 장기적으로 긍정적인 전략적 결과를 가져올" 것이며, '정치적 단계'에서 국제사회의 압력에 맞서 결단력을 보여주고 미국 및 다른 친이스라엘 정부들의 지지를 확보한다면 '실행 가능한 것'으로 판단한다. 이어서 문건은 세 가지 방안 각각을 상세히 설명한다.

정보부에서 우선순위를 두고 있는 세 번째 시나리오는 가자지구 민간인을 전투지역 밖으로 이동시킨 뒤 이들을 이집트의 시나이반도로 이주시키는 것에서 시작한다. 우선, 국경 양쪽에 보안 구역을 유지하고 난민들은 텐트에서 지내게 될 것이다. "그다음 단계에는 가자지구 민간인을 지원하기 위한 인도주의 구역을 만들고 그들이 이주해 정착할 시나이반도 북부지역에 도시를 건설하는 계획이 포함될 것이다."

이어서 문건에는 가자지구 주민을 이주시킬 방법에 대한 설명이 나온다. 가자지구 전체를 점령할 때까지 북부에서 시작될 지상공격 루트를 열기 위해 가자 북부를 집중 공습하는 동시에, 무력 충돌 지역에서 비전투원을 대피시키라고 권고한다. 그러려면 유일하게 이집트 국경초소가 위치한 "라파 쪽으로 민간을 대피시킬 수 있도록 남쪽 루트는 열어두는 것이 중요하다." 문건은 이 옵션이 특히 아프가니스탄, 시리아, 우크라이나 전쟁에서처럼 대규모 인구 이동이 일반화되는 전 세계적 상황의 일부라고 언급했다.

이 정보부 문서가 완성된 10월 13일, 이스라엘군은 가자지구 주민들에게 남쪽으로 대피할 것을 촉구했다. 10월 30일 〈파이낸셜타임스〉는 난민들이 가자에서 시나이반도로 넘어가는 길을 열어주도록 이집트에 압력을 가하기 위해 네타냐후가 유럽 정부들과 접촉했다는 내용을 보도했다. 이 관점은 10월 26~27일에 열린 유럽 정상회담의 일부 참석자들에게 지지를 받았으나, 프랑스, 독일, 영국 정부는 비현실적이라고 판단했을 것이다.

그러나 이스라엘 정보부에 따르면, 이집트는 국제법에 따라 민간인 통과를 허용할 의무가 있다. 이집트는 협력의 대가로 현재의 경제위기를 완화할 재정적 지원을 받게 될 것이다. 그러나 국내총생산(GDP)의 10%에 맞먹는 엄청난 부채를 떠안고 있으면서도, 이집트 대통령 압델 파타 알시시는 이집트 영토로 가자지구 주민이 이동하는 것을 완강히 반대해왔다. 그의 정부는 "이집트를 희생해 팔레스타인이라는 원인을 청산하는 데 반대한다"라고 주장하는 포스터 캠페인까지 조직했다.

이집트가 주민 이주를 거부하는 이유는 물론 이런 명분을 고수해서가 아니다. 이집트 대통령은 10월 18일 독일 총리 올라프 숄츠가 그의 의사를 묻기 위해 카이로를 찾았을 때 그 이유를 공개적으로 표명했다. 알시시 대통령은 가자지구 주민의 시나이반도 이주가 이집트를 "이스라엘에 맞서는 작전 개시의 전초 기지"로 만들어 양국 관계를 위험에 빠뜨릴 것이라고 강조했다. 이집트 정부는 현재 전쟁으로 팔레스타인 문제가 달아오른 만큼, 그것이 얼마나 위험한지 잘 알고 있다. 마찬가지로 10월 7일 이후 요르단강 서안지구에서 이스라엘 정착민에 의한 학대와 이스라엘 군 작전의 강도가 심각해지자, 이에 놀란 요르단 정부는 팔레스타인인들이 요르단강 너머로 이동하는 것을 경계했다.

그럼에도 가자지구 주민 이주를 지지하는 이스라엘인들은 침략군의 압박을 피해 도망치는 주민 대규모 인구가 이집트 국경으로 몰려 이집트 국경수비대도 어쩔 수 없이 통과시킬 것으로 기대할 수 있다. 더욱이 이집트의 거부로 11월 19일 정보부 장관 감리엘은 이스라엘 내 가자지구 재건축을 위한 기금을 모금하는 대신, 가자지구의 팔레스타인인을 받아들이고 전 세계에 '자발적 재정착'을 위해 재정적인 지원을 해달라고 국제사회에 호소할 수 있었다.

## 이스라엘 지지는 왜 무책임한 짓인가?

그러나, 미국 정부는 팔레스타인인을 가자지구 밖으로 이주시키는 것에 단호히 반대해왔다. 미국의 관료들은 이스라엘이 벌인 전쟁을 전폭적으로 지지하는 한편, 팔레스타인 주민을 이집트로 강제 이주시키는 것을 포함해 팔레스타인을 장기 재점령하는 방안에 대해 동맹들에 경고하는 성명을 수차례 발표했다. 10월 15일 미국 〈CBS〉 채널과의 인터뷰에서 미국 대통령은 하마스를 소탕하려면 이스라엘이 가자지구를 침공할 수밖에 없다는 것을 인정하면서도, 가자지구 재점령에는 반대한다고 분명히 밝혔다. 이런 이유로 몇몇 서방국가들과 마찬가지로 미국 정부는 하마스 소탕이라는 이 마지막 목표를 달성할 때까지 휴전 요구를 거부했다.

요약하면, 미국 정부와 그 동맹들은 하마스를 뿌리 뽑기 위해 가자지구의 임시 점령을 승인했으나, 이후 이스라엘 군대가 철수하기를 원한다. 미국 정부가 지지하는 방안은 오슬로 협정으로 시작됐고, 세기 전환기에 일어난 제2차 인티파다 이후 중단됐던 절차를 재개하는 것이다. 〈CBS〉 방송에서 바이든 미 대통령은 "팔레스타인 국가는 존속해야 한다"고 단언했다. 그러기 위해 그는 라말라에 있는 팔레스타인 당국이 가자지구의 권력을 다시 손에 쥐기를 희망한다.

11월 18일 〈워싱턴포스트〉에 실린 한 기사에서, 미국 대통령은 가자지구와 요르단강 서안지구가 '되살아난' 팔레스타인 정부 아래 통합되기를 촉구하는 '두 국가 해법'을 선호한다는 점을 재확인했다. 이 해법은 서구의 대다수 정부들뿐만 아니라 러시아와 중국 및 대부분의 아랍 국가도 환영한다. 이스라엘이 가자지구 내 안보를 '무기한' 책임질 것이라는 네타냐후의 발언을 승인한 일부 이스라엘 야당도 이 해법을 지지한다. 전쟁 내각 참여를 거부한 현 이스라엘 야당 대표 야이르 라피드 역시 같은 입장을 표명했다.

오슬로 협정의 절차를 재개하고 팔레스타인 국가를 수립하는 방안은 이스라엘의 발표와 명백히 모순된다는 점에서 실효성이 없음을 분명히 알 수 있다. 더욱이 오슬로 협정이라는 틀 안에서 수립된 팔레스타인 국가는 이스라엘의 뜻에 복종하는 블랙스테이트(남아프리카공화국 내 흑인 분리 거주지역-역주)에 지나지 않는다. 즉, 이 국가는 1967년에 점령된 영토에서 이스라엘이 완전 철수하고, 정착촌을 해체하며, 난민 귀환을 위한 조치를 취한다는 최소한의 조건과는 거리가 멀었고, 팔레스타인인들은 이 조건이 아니면 어떤 평화적 규칙도 받아들일 수 없었다. 이 조건들은 이스라엘 감옥에 투옥된 팔레스타인 수감자들이 2006년에 작성한 문서에 명시돼 있으며, 팔레스타인해방기구와 하마스를 포함한 거의 모든 팔레스타인 정치조직의 승인을 받았다.

팔레스타인인들이 일찍이 예상했고 이스라엘 정치인들이 공개적으로 발표한 것처럼, 현재 진행 중인 전쟁이 결국 이집트 영토로 들어오는 난민 문제나 적어도 가자지구 남부 난민촌에 있는 '국내 이주민' 문제와 더불어, 실제로 새로운 나크바로 이어질 것이라는 우려가 훨씬 크다. 더욱이 가자지구에 있는 하마스처럼 민간인 사이에 뿌리 내린 조직을 근절하려는 목적 자체가 대규모 학살 없이는 불가능하다는 것이 분명하다.

이 모든 상황으로 봤을 때, 서구 국가들이 앞 다투어 이스라엘에 무조건적인 지지를 표명하는 것이 얼마나 무책임한 일인지 알 수 있다. 이런 행보는 그들의 이익과 안보에 반드시 해를 끼치는 결과로 이어질 것이다. 그러나 가자지구의 실제 최종전은 지상전의 전개와, 이스라엘에 대한 국제사회의 압박에 의해 결정될 것이다.

---

글 · 질베르 아슈카르 Gilbert Achar
런던대학교 SOAS 국제관계 및 개발학 교수

# 검열에 저항하는 팔레스타인 예술가들

올리비에 피로네 Oilivier Pironet

〈르몽드 디플로마티크〉 기자. 주로 팔레스타인·이스라엘 분쟁과 중동, 문화 공간 속 정체성 억압을 다루는 깊이 있는 분석가로 알려져 있다.

팔레스타인 예술가들에게 예술은 이스라엘 점령에 저항하는 투쟁수단이다. 이 예술 투쟁의 목표는 팔레스타인 민족의 집단기억을 보존하고, 추방과 강제이주의 해로운 영향력을 상쇄하는 것이다. 그 세계적 명성에도 불구하고, 팔레스타인 예술가들은 예루살렘에서 파리에 이르기까지 검열에 갇혀있다.

제 2차(2000~2005) 인티파다(Intifada, '봉기'를 뜻하는 아랍어, 팔레스타인의 반이스라엘 투쟁을 지칭-역주)가 한창이던 2002년 봄, 이스라엘군은 팔레스타인의 저항을 억압하기 위해 요르단강 서안 '자치' 지구(전체 영토의 18%)에서 '방어막 작전'을 개시했다. 이스라엘과 팔레스타인 분쟁에 한 획을 그은 이 공격으로 서안지구에서는 수백 명의 사망자와 막대한 물적 피해가 발생했다. 특히 이스라엘군의 메르카바 전차가 휩쓸고 간 팔레스타인 자치정부의 '수도' 라말라에서는 건축물들은 물론 도로에 세워진 민간 차량들까지 파괴됐다. 이스라엘군의 전차는 이렇다 할 이유 없이 1,000대가 넘는 차량들을, 심지어 구급차들까지 짓밟았다.

## 이스라엘 전차에 두 번 짓밟힌 도시

팔레스타인 예술가 베라 타마리(1)는 자신의 집 발코니에서 65톤짜리 강철 괴물(탱크)의 암울한 '발레'를 목격했다. 이스라엘의 침공 직후 타마리는 라말라 외곽의 알비레에 '드라이브 할래?(Masheen?)'라는 조롱 섞인 제목의 설치 미술작품을 선보였다. 마을 길을 따라 설치된 부서진 차량들은 이스라엘군의 잔인성을 드러냈다. 그러나, 이 전시는 얼마 가지 못했다. '전시회' 개막일인 2002년 6월 23일, 이스라엘 전차가 들이닥쳐 작품들을 포격했고, 잔해 위를 여러 차례 오가며 산산조각을 낸 것이다. 심지어 이스라엘 군인들은 전차에서 내려 연기가 자욱한 잔해 위에 소변을 갈기기도 했다. 타마리는 군인들 몰래 이 장면을 촬영했다. 마르셀 뒤샹의 열렬한 추종자인 타마리는 이 순간조차 일종의 비통한 예술적 행위로 승화시켰다.(2)

이스라엘 군인들이 타마리의 작품을 파괴한 방식은 야만의 극치다. 1993년 '평화협정' 체결 후 이스라엘은 1967년 정복한 팔레스타인 영토 일부에서 군대를 '철수'했다. 이전까지 이스라엘은 팔레스타인 민중의 저항운동을 전적으로 규제하는 법을 제정해, 팔레스타인 민중의 일상과 예술을 함께 억압했다. 타마리의 작품을 짓밟은 군인들은 아마도 그때를 떠올렸을 것이다. 이스라엘은 예술의 위력을 잘 알고 있었다. 수십 년 동안 식민지 억압으로 고통받는 민족의 기억을 일깨우며, 마음을 움직이는 예술의 힘을 잘 알고 있었다. 팔레스타인의 예술이 이스라엘의 위협 요소가 될 수 있음을 인지했던 것이다.

## 색상까지 검열 당하는 참여예술

이런 이스라엘의 억압 때문에, 점령 기간 내내 서안지구에 예술가 공식 갤러리는 존재할 수 없었다. 팔레스타인 예술가들은 작품을 전시하려면 이스라엘군의 허가를 받아야 했고, 전시장은 학교, 교회, 시청 등으로 한정됐다. '참여적' 성격이 강한 작품들은 검열 당했다. 게다가 이스라엘 군인들이 전시회장에 난입해 전시를 난장판으로 만들기도 했다. 마치 이스라엘이 팔레스타인의 영토뿐만 아니라 문화 역시 지배한다는 사실을 상기시키려는 듯했다. 이스라엘 당국은 특정 색상의 시각 예술작품을 면밀히 주시했다. 당시 금지대상이었던

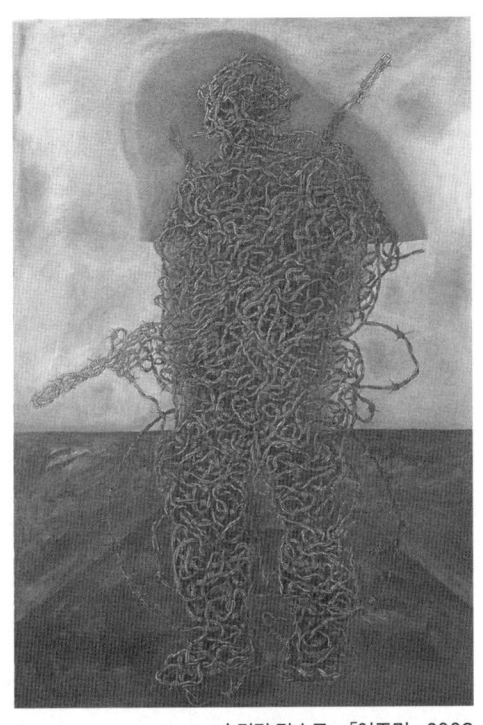

슬리만 만수르 - 「이주민」, 2008

팔레스타인 국기를 구성하는 검은색, 흰색, 녹색, 붉은색뿐만 아니라 팔레스타인의 정체성을 나타내는 다른 상징들도 마찬가지였다. 일부 예술가들은 팔레스타인 국기와 유사한 색 조합을 사용했다는 이유로 이스라엘 당국에 체포되기도 했다.(3)

　1993년 서안지구와 가자지구에 팔레스타인 자치정부(PNA)가 수립되면서 팔레스타인 국기는 PNA의 공식기가 됐다. 이스라엘은 이후에도 팔레스타인 국기 사용을 여전히 규제했다. 이스라엘과 동예루살렘에 거주하는 팔레스타인인뿐만 아니라 평화를 지지하는 이스라엘인도 팔레

스타인 국기를 시위에 동원하지도, 공공장소에 게양하지도, 착용할 수도 없다. 이를 위반할 시 금고형에 처해진다.(4)

미국에서는 최근 샌프란시스코 현대 유대 미술관이 주최한 전시회 '티쿰:우주와 공동체 그리고 우리 자신을 위하여(Tikkun: For the Cosmos, the Community, and Ourselves)' (2022년 2월~2023년 1월)를 계기로 팔레스타인 국기에 대한 논쟁이 벌어졌다. 미국 조형 예술가 토샤 스티마지(Tosha Stimage)는 이 전시회에서 '아무도 우리의 목소리에 귀 기울이지 않는다(No one is listening to us)'라는 제목의 작품을 선보였다. 세 점의 작품 아래, 팔레스타인에서 흔히 피는 꽃들과 유사한 종이꽃이 꽂힌 도자기 화병이 놓여있다. 화병마다 팔레스타인 국기가 붙어 있었다.(5) 스티마지의 작품에 대해, 일부 관람객과 이스라엘 언론은 불편한 심기를 드러냈으나 대다수의 관람객은 높이 평가했다.(6) 2008년 시카고 스퍼투스 유대학 연구소에서 이스라엘인과 팔레스타인인이 생각하는 조국의 개념을 주제로 한 전시회가 열렸었는데, 그때는 정반대 상황이 펼쳐졌다. 연구소 문화 센터는 개막 몇 주 만에 전시회를 종료해야 했다. 지역 유대인 공동체가 팔레스타인 국기와 팔레스타인 주민들의 사진 전시에 강한 분노를 표명했기 때문이었다.

## 팔레스타인 예술을 향한 서구의 차가운 시선

팔레스타인 예술에 대한 논란은 프랑스도 예외가 아니다. 2013년 여름, 죄드폼 국립미술관에서 팔레스타인 사진작가 아흘람 시블리의 전시회 '유령의 집(Foyer fantôme)'이 열렸다. 이 전시회는 극우성향으로 유명한 프랑스 유대인 기관 대표 협의회(CRIF)의 강한 반발을 샀다. 서안

타이시르 바트니지 - 「무제」〈뒤늦은 뉴스〉시리즈, 2016

지구와 가자지구에서 흔히 볼 수 있는 제2차 인티파다 사망자의 사진들로 구성된 시블리의 전시회는 팔레스타인 사회에서 비극적인 죽음이 얼마나 흔한지, 점령당한 민족이 어떤 고통을 받고 있는지 증언했다. CRIF는 이 전시회가 반유대주의와 '테러리즘을 옹호'한다며 전시회 종료를 요구했다. 미술관 앞에서 집회가 열렸고, 전시회를 향한 위협이 쏟아졌다. 심지어 폭탄 테러 경보까지 발령됐다.

1990년대 부르주 미술학교를 거쳐 2006년 프랑스에 정착한 가자지구 출신 조형 예술가 타이시르 바트니지 역시 2002년 파리에서 첫 전시회를 개최하기 전까지 수많은 갤러리에서 문전박대를 당했다. 바트니지는 프랑스와 해외에서 예술성을 인정받았음에도, 프랑스의 일부 문화시설은 그의 작품을 전시하지 않고 있다. "미술계의 일부 주요 기관과 관계자들은 여전히 팔레스타인 작가들을 '기피'하고 있다. 프랑스, 특히 파리

시내에서 팔레스타인 예술가의 작품을 전시하는 것은 팔레스타인 지지 표명으로 간주된다."(7)

## 저항 속에 피어난 팔레스타인 현대예술

1948년 이스라엘의 건국과 함께, 약 80만 명의 팔레스타인인들이 고향에서 추방됐다. 이것이 나크바(Nakba), 팔레스타인 대재난의 시작이다. 이후 팔레스타인 예술은 땅, 뿌리, 정체성을 박탈당한 민족이 당했던 역사적 불의를 상기시키는 강력한 정치적 의미를 담아냈다. 이스라엘이 팔레스타인을 상대로 벌인 전쟁은 처음부터 팔레스타인의 문화 파괴를 시도했다. 이스라엘은 영토 약탈을 넘어 예술, 문학, 문화재를 공격하며 '집단기억 말살' 전략을 펼쳤다. 1948~1949년, 제1차 이스라엘-아랍 전쟁 당시 이스라엘은 팔레스타인 내 530여 개 마을을 파괴 및 약탈했고 수만 점의 책, 필사본, 악보, 그림, 수공예품을 파기 및 압수했다. 박물관, 도서관 등 문화시설들도 예외가 아니었다. 1982년 팔레스타인해방기구(PLO)의 근거지인 베이루트를 침공한 이스라엘군은, 역시 집단기억 말살을 위해 팔레스타인연구센터를 파괴하고 많은 문화예술 자산을 압수했다.

전쟁의 불씨 속에서 피어난 팔레스타인 현대예술은, 시작할 때부터 반이스라엘 애국 투쟁을 함양하는 역할을 했다. 화가 이스마일 샤무트(1930~2006)와 슬리만 만수르(1947~), 그리고 1987년 피살된 삽화가 나지 알알리 등 팔레스타인 예술가들은 이스라엘의 과거 말살 시도와 억압에 맞서는 기억과 저항의 문화를 작품에 녹여냈다. 이들이 창조한 상징들은 팔레스타인 민중 문화유산의 일부가 됐다.

샤무트의 그림 '어디로?(Where to?)'(1953) 속 난민의 모습이나 알 알리가 1969년 창조한 유명 캐릭터 한달라가 대표적인 예다. 1964년 카이로에 수립된 PLO는 민족주의를 장려하기 위해 그래픽 아트와 회화를 적극 활용했다. 1960년대 PLO는 팔레스타인 예술 전담 부서를 창설해 '팔레스타인 문제'에 대한 역내 및 국제사회의 공감을 끌어냈다.(8) PLO가 선호한 매체인 정치 포스터는 1970~1980년대 여론의 연대를 고취하는 역할을 했다.

신문삽화가 나지 알 알리(1937~1987)가 1973년에 만든 한달라(Handala)라는 캐릭터는 팔레스타인의 정체성을 상징하는 존재다. 누더기를 걸치고 뒷짐을 진 채 등을 보이고 있는 그의 모습은 한 국가를 기다리는 국민의 끈기를 상징한다. 그 국가가 탄생하는 날, 한달라도 자신의 얼굴을 드러낼 것이다.

### 세계에서 인정받아도, 식민지 폭력에 갇혀있는 예술

제1차 인티파다(1987~1993) 동안 새로운 예술 세대가 등장했다. 저항적인 성격의 벽화나 그래피티가 이 시기에 번성했다. 하지만 에밀리 자키르, 알라 유니스, 칼레드 후라니, 나빌 아나니, 타이시르 바트니지와 같은 일부 예술가들은 전통적인 회화 영역과 지배적인 서사 체계를 벗어난 색다른 시각 예술의 길을 모색했다. 이들은 팔레스타인 추상 미술의 선구자인 화가 겸 사회운동가 사이마 할라비나 구상적 아카데미즘을 탈피한 슬리만 만수르의 발자취를 따라 보다 개념적이고, 주관적이며, 실험적인 표현 방식을 추구했다. 이들 중 일부는 도자기, 구리, 천, 나무, 점토, 모래, 진흙 등 일상에서 찾은 재료와, 팔레스타인 순수 예술 영역에

토샤 스티마지 - 「아무도 우리 말을 듣지 않는다」, 2022

서 제외됐던 사진 및 비디오 등을 활용했다.

1990년대 후반과 2000년대 초반부터 팔레스타인 예술가들은 세계 각지의 전시회와 비엔날레에 참여해 인지도를 높였으며 국제 현대 미술계의 일원으로 자리매김했다. 이들의 작품은 심미적 가치와 혁신성으로 충분히 인정받았지만 더 많은 주목을 받은 것은 실향, 망명, 향수, 대대로 물려받은 땅의 해체와 같은 주제다. 바트니지는 오늘날의 팔레스타인 예술가들은 "인간적이고 보편적인 차원의 접근법"을 추구하지만, 계속되는 식민지 폭력을 홀로 감당해야 하는 팔레스타인의 "정치 및 사회적 맥락을 무시할 수 없다"(9)라고 지적했다.

2023년 5월, 이스라엘은 가자지구에서 또 한 번 유혈 군사작전을 펼쳤다. 이후 가자지구 해안가 중심부 데이르 알발라에는 독특한 '전시관'이 세워졌다. 가자지구 예술가들은 이스라엘의 미사일에 파괴된 아파트 단지에서, 몇 개 남지 않은 벽을 찾아 팔레스타인 주민들이 겪는 비극을 그려냈다. 자신들만의 방식으로 망각에 맞선 것이다.(10) 부상을 입고

붕대를 감은 채 눈물을 흘리는 어린 소년의 모습을 담은 한 벽화가 눈길을 끈다. 소년의 시선은 마치 관람객들을 증인으로 남기려는 듯 응시한다. 소년 뒤에서 날아오는 전투기와 폭탄은 곧 소년을 산산조각 날려버릴 기세다. 마치 바로 몇 달 후 이스라엘이 이 작은 땅에서 벌이는 대규모 섬멸 작전으로 수천 명의 아동이 겪게 될 운명을 예고하는 듯했다.

---

글 · 올리비에 피로네 Oilivier Pironet
기자

(1) Malu Halasa, 'The creative resistance in palestinian art', 〈The Markaz Review〉, Los Angeles(California), 2021년 5월 14일.
(2) Penny Johnson, 'Ramallah Dada: the reality of the absurd', 〈Jerusalem Quarterly〉, Columbia University(New York), n° 16, 2002년 11월.
(3) Eray Alım, 'The art of resistance in the palestinian struggle against Israel', 〈Turkish Journal of Middle Eastern Studies〉, Sakarya(튀르키예), vol. 7, n° 1, 2020년 6월.
(4) 'Flag restrictions are the latest attempt to silence Palestinians and reduce their visibility', Amnesty International, 2023년 1월 11일.
(5) Rabbi Peretz Wolf-Prusan, 'The deep listening of Tosha Stimage', Contemporary Jewish Museum, 2022년.
(6) 'At a jewish museum, a non-jewish artist's use of the palestinian flag sparks debate', 〈The Times of Israel〉, Jerusalem, 2022년 11월 16일.
(7),(9) Taysir Batniji, 전시회 'Quelques bribes arrachées au vide qui se creuse, 깊어지는 공허에서 건진 단편들' 도록에 실린 인터뷰 'Habiter le temps 시간 속에 살다', 발드마른 현대미술관(MAC VAL), Vitry-sur-Seine, 2021년.
(8) Marion Slitine, 'Les réseaux de l'art contemporain en Palestine 팔레스타인의 현대예술 네트워크', 『Penser la Palestine en réseaux 인터넷을 통한 팔레스타인 문제 고찰』(공저), Diacritiques Éditions - Presses de l'IFPO, Marseille - Beyrouth, 2020년.
(10) 'Gaza graffiti artists bedeck houses destroyed by Israel in war'에 실린 사진들, 〈Reuters〉, 2023년 6월 13일.

# 3부

# 작동하지 않는 메카니즘, 그 이면

하마스의 이스라엘 공격으로 수백 명의 민간인 사상자가 발생했다. 이 사건은 네타냐후(지지자들)가 팔레스타인 지지자들을 '테러 옹호자'로 몰아붙이는 강력한 명분이 되었다. 또한 프랑스에서는 극우정당들—과거 인종주의적 언행 등으로 제도권 진입이 차단되는 '방역선'과 선거에서의 당선을 막기 위해 유력 후보에게 표를 몰아주는 '전략적 투표'의 대상—이 '이스라엘 지지'를 앞세워 과거의 혐오 이력을 세탁하고 주류 정치로 복귀하는 계기가 되고 있다. 이 두 흐름은 결과적으로 서구 세계의 극우 이데올로기 부상과 우경화를 더욱 부추기고 있다.

◀ 조제프 다두네 - 「시간의 성운 8916 7 24」, 2015

# 우리에게 모든 것을 말할 권리가 있는가?

아녜스 칼라마르 Agnès Callamard

프랑스 출신의 인권 전문가·활동가로, 현재 국제앰네스티(Amnesty International) 사무총장을 맡고 있다. 유엔 인권이사회 '임의적·초법적·즉결처형' 특별보고관(UN Special Rapporteur)을 역임하며 국제적으로 이름을 알렸다. 특히 2018년 자말 카슈끄지(Jamal Khashoggi) 암살 사건에 대한 유엔 독립 조사를 주도해, 사우디 정부의 책임을 명확히 지적한 바 있다.

1990년대 초반부터 유럽 각국은 '홀로코스트 부정'을 처벌하는 법률을 잇달아 제정했지만, 이는 집단학살의 재발을 막는 실질적 조치라기보다 정치적 선언에 가까웠다. 사실 이런 경우라면 기존의 '증오 선동 금지법'만으로도 충분했기 때문에, 굳이 별도의 법 제정은 필요치 않았다. 더욱이 이러한 법률은 국제사회가 일반적으로 권고하는 표현의 자유의 제한 기준을 넘어, 특정 역사적 사건을 일종의 '교리'처럼 절대화하고, 그에 대한 발언을 전체 맥락이나 의도와는 무관하게 금지하는 결과를 초래한다.

이 법에 따른 기소는 오히려 역효과를 냈다. 이른바 역사를 부정하고 왜곡하는 '수정주의 역사학자들'에게 발언의 장을 제공하여, 그들의 그릇된 역사 인식이 오히려 선전되는 기회로 작용했다. 나아가 그들은 표현의 자유를 억압당한 피해자인 양, 기존 질서에 맞서는 참신한 인물로 부각되며 유명세를 타기도 했다. 사실, 역사적 사실의 부정을 어디까지 어떻게 규정해야 하는가는 매우 모호한 문제다. 예컨대, 강제수용소 내부에 가스실이 존재했다는 등 국제 재판소가 공식적으로 인정한 사실들조차도 대부분의 홀로코스트 부정 처벌법은 정면으로 다루지 않거나 회피한다.

1990년, 파리 항소법원은 프랑수아 르이되와 자크 이소르니에게 "전쟁 범죄 또는 나치 협력 범죄에 대한 찬양" 혐의로 유죄를 선고했다. 그러나 1998년, 유럽인권재판소(ECHR)는 프랑스 법원이 이들의 표현의 자유를 침해했다고 판결했다. 이는 1984년 7월 13일 자 〈르몽드〉에 글(페탱 원수의 행동을 긍정적으로 묘사)을 기고한 당사자들에 대해 내려진 프랑스 법원의 판결을 정면으로 뒤집는 결정이었다. (1)

표현의 자유와 정보 접근권은 국제적으로 보장된 기본권이자 민주주의의 핵심 토대다. 이 권리는 개인이 지식의 지평을 넓히고 사회에 적극적으로 참여할 수 있는 자원이 될 뿐 아니라, 비밀에 의존해 작동하는 국가 권력의 자의성을 견제하는 중요한 수단이기도 하다. 그럼에도 표현의 자유가 어떻게 행사되어야 하는가에 대한 질문은 늘 제기되어 왔다. 일부는 이 자유에 어떠한 제한도 없어야 한다고 주장하지만, 허용되는 것과 허용되지 않는 것 사이의 경계는 항상 논쟁의 대상이다. 다른 권리보다도 표현의 자유는 맥락에 크게 좌우되며, 그 정의는 상당 부분 각 국가의 자율적 판단에 맡겨져 있다.

국제법에 따르면, 표현의 자유는 절대적인 것이 아니다. "타인의 권리나 명예 보호" 그리고 "국가 안보, 공공 질서, 공중 보건 또는 공공 도덕 보호"를 위해 일정한 제한을 받을 수 있다. 단, 이러한 제한은 "민주사회에서 필요한 것"이어야 하며, "법률에 명시되어야 한다"고 규정되어 있다.(2)

이 문구는 1966년 유엔에서 채택한『시민적 및 정치적 권리에 관한 국제규약』제19조와, 1950년『인권 및 기본적 자유의 보호에 관한 유럽 협약』모두에 명시되어 있다. 명예훼손, 국가 안보, 신성모독과 관련된 법률들은 이러한 원칙에 기초하여 제정되었다. 그러나 이 규정은 상당히 모호하게 되어 있어, 각국이 표현의 자유를 어느 범위까지, 어떤 방식으로 제한할 것인지를 자의적으로 해석하고 결정할 수 있는 여지를 남겨두고 있다.

국제법은 국가에 단 하나의 '적극적인' 의무만을 부과한다. 그것은 바로 증오를 선동하고, 전쟁을 선전하는 행위를 금지하는 것이다(1966년 국제규약 제20조). 문제는 이러한 용어들에 대한 명확한 정의가 제시되어 있지 않다는 점이다. 특히 '전쟁 선전 금지 의무'를 가장 자주 위반해 온 주체는 다름 아닌 국가들 자신이었다. 이는 규정의 모호함을 국가들이 정치적 목적에 따라 자의적으로 해석하거나 사실상 무시해 온 결과였다. 증오 선동 금지와 관련해서는 국가마다 접근 방식이 다르다. 미국에서는 폭력을 부추기거나 인종차별적 욕설을 포함한 발언이라도, 그것이 구체적이고 즉각적인 결과를 초래할 가능성이 입증되지 않는 한 허용된다. 반면, 프랑스나 독일은 국제규약 제20조를 근거로 인종적 증오 선동 금지와 같은 강력한 제한 조치를 선택해왔다.

## 부도덕하거나, 이단적이거나, 모욕적인 것

의견의 차이와 사회적으로 부도덕하거나 이단적, 모욕적이라 여겨지는 모든 것을 제거하려는 시도는 종교적, 사회적, 정치적 역사를 통틀어 늘 존재해왔다. 그러나 표현의 자유와 그 행사 방식에 대한 논의는 2000년대 초 다시금 부상했는데, 두 가지의 계기가 있었다. '정보통신의 혁명'과 '9·11 테러'다.

지구 전역에 거의 모든 정보를, 각국의 문화적·정치적 맥락을 담아 확산시킬 수 있는 능력은, 메시지 자체와 그것을 누가 어떻게 통제할 것인가의 문제를 첨예한 갈등의 쟁점으로 만들었다. 9·11 이후, 여러 나라들이 자국의 반(反)테러법을 강화하는 쪽으로 방향을 잡았다. 예를 들어, 호주, 모로코, 알제리, 튀니지, 태국, 말레이시아, 필리핀, 영국, 미국, 프랑스, 튀르키예, 러시아, 요르단, 이집트 등이 그러하다. 이들 중 일부 국가는 '테러리즘'을 지나치게 광범위하게 정의하고 있으며, 자국 법률에 테러에 대한 찬양이나 선동 행위까지도 처벌 대상으로 포함하고 있다.(3)

그러나 이러한 포괄적 정의는 공공의 자유를 억압하는 결과를 초래할 수 있다. 왜냐하면 이와 같은 범죄 규정은 그 정의가 지나치게 모호하고 광범위하여, 결사의 자유, 표현의 자유, 언론의 자유까지 침해할 소지가 있기 때문이다. 실제로, 폭력이나 테러 행위로 이어질 수 있는 표현이나 행동은 그 가능성만으로도 사전에 형사 처벌의 대상이 된다. 따라서 국가 안보를 명분으로 한 기본권 제한은, 임박한 폭력 사태의 예방이라는 명확하고 구체적인 요건과 밀접하게 연결되어야 한다.

### 예언자 풍자화 사건

한편, 이러한 법적 변화들은 시민적 평화보다는 갈등을 악화시킬 가능성이 충분하다. 2005년 9월, 코펜하겐의 한 신문이 이슬람교 무함마드 예언자의 이미지를 훼손하는 만평을 게재하자, 즉각적인 항의가 일어났고, 중동 전역에서 폭동과 폭력 사태가 발생했다. 이에 대해 서구 언론과 인권 단체들은, 이를 '종교적 암흑주의'(진리나 지식의 탐구보다는 교리와 권위를 앞세워 이성적 사고, 과학적 탐구, 비판적 질문을 억압하거나 배척하는 태도를 의미-역주)에 의해 위협받는 표현의 자유로 간주하며 발 빠르게 방어에 나섰다.

그런데 동시에, 영국 작가 데이비드 어빙(David Irving)이 '홀로코스트 부정' 혐의로 오스트리아에서 체포되어 수감되는 사건이 발생해, 범죄적 발언과 보호받아야 할 발언 사이의 경계를 둘러싼 논쟁이 한층 격화되었다. 표현의 자유를 제한한다고 해서 사회가 극단주의, 인종주의 혹은 혐오 발언들로부터 효과적으로 보호되는 것은 아니다. 오히려 이러한 제한 조치들이 야당과 반대 목소리, 소수자들을 억압하는 도구로 악용되고, 나아가 지배적인 정치·사회·도덕 담론과 이데올로기를 강화하는 수단으로 작동해왔다. 역사적 경험은 이 같은 사실을 이미 보여주었다.

---

글 · 아녜스 칼라마르 Agnès Callamard

(1) 「Lehideux 및 Isorni 소송 사건」, 『1998년 판례집 VII권』, 제92호, (1998년 9월 23일), 제55항.
(2) 유럽인권재판소는 세 가지 기준을 제시했다: 정당한 목적의 추구, 제한의 필요성, 그리고 민주적 권위의 개입.
(3) 프랑스에서는 테러 옹호 행위가 2014년 법률에 따라, 1881년 7월 29일 제정된 언론법의 적용 대상에서 제외되고, 형법상 독립된 범죄로 규정되었다.

# 진실을 말하면, '반(反)유대주의'로 낙인찍는 기술

### 세르주 알리미 Serge Halimi

<르몽드 디플로마티크> 프랑스어판 전 발행인, 현재 편집고문. 파리 8대학 정치학과 교수를 지냈다. 경제와 사회, 언론 등 다양한 분야에 신자유주의가 미치는 영향과 그 폐해를 집중 조명했다. 주요 저서로는 『Les Nouveaux Chiens de garde 새로운 경비견』(1997) 등이 있다.

### 피에르 랭베르 Pierre Rimbert

프랑스의 언론인 · <르몽드 디플로마티크> 프랑스어판 기자. 미디어 감시 · 비평 행동단체 (Acrimed)에서 활동하며, 언론의 상업화, 정치 · 경제 권력과의 유착, 보도 프레임 왜곡 등을 꾸준히 비판해 왔다. 주요 저서로, 프랑스 일간지 <리베라시옹>의 변화를 정치 · 경제 · 언론사적 관점에서 분석한 『Libération, de Sartre à Rothschild』 (2005, 해방, 사르트르에서 로스차일드까지)가 있다.

프랑스 극좌파 '불복하는 프랑스(La France Insoumise, LFI)'에 대한 비판은 민주적 토론에서 얼마든지 가능한 일이다. 예를 들어 정당의 정치적 입장, 전략적 선택은 물론 실수나 격한 감정의 표현까지도 그 대상이 될 수 있다. 그러나 이 정당과 그 창립자에게 타당한 근거도 없이 '반(反)유대주의자'라는 굴레를 씌우고 비방과 허위사실을 무책임하게 퍼뜨리는 것은 상대의 파괴를 의도한 정치적 폭력이라 할 수 있다. 그 정치적 파장은 이미 프랑스 곳곳에서 나타나고 있다.

2024년 7월 7일, 프랑스 좌파 및 생태주의 4개 정당으로 구성된 신민중전선(NFP)은 전체 577석 중 182석을 차지해 대통령 연합(168석)과 국민연합 및 그 우파 동맹(143석)을 앞질렀다. 그러나 두 달 후, 마크롱 대통령은 1차 투표에서 약 5%의 득표율을 얻고 2차 투표 후 47명의 의원을 당선시킨 보수 · 신자유주의 정당인 공화당(LR) 출신의 미셸 바르니에를 총리로 임명했다. 그 결과, 마크롱은 극우파 마린 르펜의 국민연합(RN)의 협조 없이는 원활한 국정 운영이 어려운 상황에 놓이게 되었다. 아이러니하게도 이 국민연합은 그해 7월 7일 총선에서 공화당(LR)을 제외한 주요 정당들이 연합하여 대항했던 세력이다. 이처럼 프랑스에서는 선거를 통해 드러난 국민의 뜻이 실제 정치에 반영되지 않는 현상이 더 이상 낯설지 않다. 미셸 바르니에 역시 선임자들과 마찬가지로, 2005년 54.7%의 유권자가 거부한 유럽연합의 노선을 따라야 한다. 마크롱 대통령의 이러한 '정치적 '도박'(선거 결과와 무관하게 정치 구도를 재편한 것)은 이번 선거에서 돌풍을 일으킨 장뤼크 멜랑숑과 그가 이끄는 '불복하는 프랑스(LFI)'에 씌워진 "반유대주의" 낙인에서 비롯되었다. 이 낙인은 정치권의 다수와 주류 언론이 공모해 만들어낸 거짓 프레임이었으며, 마크롱은 바로 그 프레임에 포섭된 셈이다.

이를 통해 프랑스 정부는 좌파 진영 내에서 가장 큰 의회 그룹인 '불복하는 프랑스(LFI)'를 고립시키고, 극우를 정치무대에 복귀시키는 동시에, 가장 많은 당선자를 배출한 좌파 연합을 배제했다. 2024년 7월 선거는 이전 투표보다 훨씬 높은 투표율(66.7%)을 기록했다. 그러나 '불복하는 프랑스(LFI)'에 대한 거센 공격은 이를 뒷받침할 만한 충분한 증거 없이 이뤄졌고, 이는 정치권과 여론에 큰 혼란을 초래했다.

언론인 필리프 발(Philippe Val)은 2024년 9월 2일 〈유럽 1〉 라디오 방송에서 "멜랑숑 일당이 도대체 뭘 믿고 있는가요?"라고 외쳤다. "우리가 반유대주의자나 그의 동조자들이 정부에 들어오는 것을 마치 소가 기차 지나는 걸 쳐다보듯 그저 멍하니 바라보고만 있을 거라고 생각하나요?" 〈샤를리 엡도〉와 〈프랑스 앵테르〉의 편집장을 지낸 필리프 발은 촉구했다. 이러한 사태를 막기 위해서는 "양식 있는 모든 프랑스인이 이들

르발레 - 「함정」, 2019

을 공화국의 모든 공직에서 몰아내야 한다"라고. 그리고 한술 더 떠 "그들이 떠날 때까지 우리는 그들을 절대 놓아주지 않을 것이다. 지옥을 경험하게 될 것"이라며 위협도 마다하지 않았다.

2024년 7월 5일 자 〈르피가로〉에는 과거 20년 이상 파리 정치연구소의 정치연구센터(CEVIPOF)를 이끌었던 파스칼 페리노 교수 등 몇몇 지식인들이 "신민중전선에 맞서야 한다"고 주장한 내용이 실렸다. 그들은 '신민중전선'을 "지금 프랑스 유대인들, 나아가 프랑스 전체에 가장 큰 위협이 되는 연합체"로 지목했다. 특히 '불복하는 프랑스(LFI)'에 대해서는 "반유대주의적 증오를 선거 전략으로 삼은 정당"이라고 몰아세웠다.

## "장뤼크 멜랑숑이 반유대주의자인가요?"

보수 성향의 〈르피가로〉는 2024년 6월 20일, 프랑스 학술원 회원인 알랭 핑켈크로트의 견해를 게재했다. 그는 멜랑숑을 "현대판 반유대주의 선봉장"이라 지칭했다. 또한 〈프랑스 퀼튀르〉 채널에서 프로그램을 진행하는 알랭 핑켈크로트는 "에이메릭 카롱, 다비드 기로, 다니엘 오보노, 세바스티앙 델로구, 마틸드 파노, 라셸 케케, 토마 포르트, 루이 보야르, 이들은 신민중전선이 공천한 후보로 페탱, 모라스, 심지어 아돌프 히틀러의 망령을 소환하고 있다"고 비난했다.

이에 앞서 2023년 11월 14일, 〈BFM-RMC〉 방송에서 진행자 아폴린 드 말레르브는 좌파 의원 클레망틴 오텡과의 인터뷰를 "멜랑숑이 반유대주의자인가요?"라는 질문으로 시작했다. 2024년 6월 24일 방영한 〈아르테〉「28분」에서도 진행자 벤자민 스포르투슈는 같은 질문을 던졌다. "라파엘 앙토벤에게 드리는 간단한 질문입니다. LFI는 반유대주의 정당인가요?" 이에 〈프랑 튀르〉의 편집위원은 주저 없이 답했다. "LFI는 프랑스에서 가장 대표적인 반유대주의적인 정당입니다."

철학자 베르나르 앙리 레비는 2024년 6월 27일 자 〈르푸앙〉에 기고한 글에서 "'불복하는 프랑스(LFI)'는 반유대주의 정당이며, 이 정당이 바로 신민중전선의 주도권을 쥐고 있다."고 주장했다. 이 시사주간지는 LFI를 비난하는 표지를 여러 차례 실었다. 예를 들어 2023년 11월 2일에는 멜랑숑의 초상화를 배경으로 "이슬람주의와 반유대주의, 어떻게 제방이 무너졌는가"라는 제목을 달았다. 이는 아마도 간판 칼럼니스트인 프란츠-올리비에 지스베르트(Franz-Olivier Giesbert)에게서 영향을 받은 것으로 보인다. 그러나 그의 '관점'에는

마르크 샤갈 -
「기도하는 유대인」, 1914

심각한 의문이 제기된다. 그는 2024년 8월 28일 자 〈르 푸앙〉에 실린 칼럼에서 다음과 같이 주장했다.

"오늘날 '이란의 좌파'는 장뤼크 멜랑숑과 그의 추종자들에 의해 구현됩니다. (…) 히틀러 시절과 마찬가지로, 오늘날 테헤란의 지배하에 있는 국제 반유대주의는 유대인들을 지구상에서 사라지게 하려고 합니다. 그 계획은 누구나 알아차릴 수 있을 정도로 명백합니다. 유대인들이 각기 나라를 떠나 이스라엘로 피신하도록 반유대주의적 행위들을 부추기는 것입니다. 이스라엘에 도착한 그들은 언젠가 모조리 도륙당할 것입니다."

이제 유대인 아이가 폭행을 당해도, 유대인 공회당이 불에 타도, LFI에 적대적인 이들은 그 책임을 LFI에 돌린다. 이런 상황에서 마크롱 지지자인 야당 의원 카롤린은 "반유대주의에 맞서기 위해 LFI를 해산해야 한다"고까지 주장했다(〈X〉, 2024년 8월 8일).

주요 야당을 해산하겠다는 발상이라니, 그 좋은 생각을 왜 진작 하지 못했을까? 이런 과장되고 비현실적인 행태는—멜랑숑은 "과도하다"는 표현이 자주 반복되지만—주류 언론의 암묵적 동의가 없었다면 덜했을 것이다.

주류 언론이란 다른 매체들이 참고하고 뒤따르는 '기준 언론'(médias de référence)으로 불리며, 대표적으로는 프랑스에서 가장 인기 있는 라디오 방송 〈프랑스 앵테르〉와 전국 일간지 〈르몽드〉가 있다. 2023년 10월 7일 이후, 〈르몽드〉는 열 개의 사설을 통해 멜랑숑과 LFI를 반유대주의와 직접적으로 연관 짓고, 그들의 "과도함"과 "폭력에 대한 묵인"을 강도 높게 비판했다. 이는 〈르몽드〉 특유의 '중립적인' 논조를 훨씬 뛰어넘는 것이었다.

## 프랑스 제1야당인 LFI를 매장시키려는 목표

언론은 LFI를 반유대주의로 거세게 몰아붙이면서도, 또 다른 '가장 잔인한 폭력'에 대해서는 침묵으로 일관한다. 특히 프랑스 국회의장을 비롯한 정치지도자들이 서방 무기를 사용한 전쟁 범죄에 무조건적인 지지를 보냈는데도, 프랑스 언론은 이에 묵인 또는 동조하고 있다. 1년 전부터 이들 언론은 LFI의 트윗에 나타난 사소한 실수까지도 과장하고 왜곡하며 다투어 보도했지만, 가자지구에서 벌어지는 이스라엘의 학살 행위에 대해서는 축소 보도하는 경향을 보였다. 이와 관련해 도미니크 드 빌팽 전 총리는 2024년 9월 12일 〈프랑스 앵테르〉에서 레아 살라메의 질문에 이렇게 답했다. "가자지구는 아마 역사상 가장 큰 스캔들일 겁니다. 하지만 이 나라에서는 아무도 그에 대해 말하지 않습니다. 완전히 침묵입니다. 저는 단신이라도 찾기 위해 구글링을 해야 합니다."

〈프랑스 앵테르〉, 〈TF1〉, 또는 〈BFM〉 TV가 어느 날 한 정치인에게 프랑스의 이스라엘 편향에 대해 따져 묻고, 그의 반(反)팔레스타인 트윗을 비난하며, 그 정치인이 속한 정당을 아랍인에 대한 인종차별주의자로 낙인찍는 일이 과연 가능한 일이겠는가. "멜랑숑은 반유대주의자"라는 언론의 독설은 2018년부터 시작되었는데, 아이러니하게도 이는 LFI 지도자인 그가 반유대주의 반대 시위에서 추방된 이후에 더욱 퍼졌다.

2023년 10월 7일, 하마스가 이스라엘에서 저지른 학살 이후, LFI와 공산당(PCF), 그리고 일부 녹색당에 대한 공격은 더욱 심해졌고 그 성격도 변했다. 프랑스 제1야당을 매장시키려는 이들의 목표는, 이스라엘 정부와 그 정책에 대한 국제적 비판 여론 자체를 차단하려는 움직임과 정확히 궤를 같이하고 있다.

## 유럽의회가 적극적으로 홍보한, IHRA의 반(反)유대주의 정의

2016년 이후, 이스라엘을 지지하는 국제적 로비 단체들은 홀로코스트 국제기억동맹(IHRA)이 제정한 '반유대주의' 정의를 더 많은 국가들이 채택하도록 영향력을 행사해왔다. (1) 유럽의회가 적극적으로 홍보해 온 이 정의는 "반유대주의는 유대인에 대한 특정한 인식이며, 이는 유대인에 대한 증오로 표현될 수 있다"는 문구에서 드러나듯, 그 개념이 매우 모호하다. 실제로 이 정의가 제시한 반유대주의 11개 예시 중 7개는 이스라엘에 대한 정당한 비판까지 반유대주의로 간주하고 있다는 비판을 받고 있다. 이 정의의 목적은 팔레스타인 문제에 대한 토론을 억제하고 보이콧·투자 철회·제재(BDS)와 같은 유형의 활동을 금지하거나 무시하기 위한 것이다.

IHRA의 이런 정의를 거부하면, 자연스럽게 반유대주의자로 의심받게 된다. 영국 노동당 대표(2015년~2020년)였던 제러미 코빈은 팔레스타인을 지지한다는 이유로 반유대주의자로 비난을 받았고,(2) 그 이후 노동당은 이 정의를 채택했다. 현재 43개국이 이 정의를 채택했으며, 프랑스는 2019년 마크롱 대통령의 주도하에 이 정의를 채택했다.(3)

그러나 프랑스 국가인권자문위원회는 이 정의의 선택에 "반대한다"는 공식 입장과 함께, "이스라엘에 대한 비판과 반유대주의를 동일시하거나 연결 짓는 것은 프랑스 헌법에 위배된다"고 밝혔다. 그리고 "실체 없는 반유대주의와 싸우는 모든 조작행위를 배제하고, 국가와 그 정책에 대한 정당한 비판을 인종차별로 몰아가지 않는 것이 필요하다"고 결론지었다.(4)

그럼에도 시네와 플랑튀, 프랑수아 뤼팽과 다니엘 메르메, 피에르 부르디외, 주디스 버틀러, 노엄 촘스키, 에드가 모랭, 파스칼 보니파스, 일한 오마르와 라시다 틀라팽, 우고 차베스와 도미니크 드 빌팽, 심지어 샤를 드골에 이르기까지 다양한 인물들이 이 정의를 근거로 반유대주의자로 낙인찍히거나 공격받은 사례가 잇따랐다.

어떻게 이렇게 조잡한 계획과 명백한 거짓말로 정치적 반대자들을 무력화하려는 시도가 성공할 수 있었을까? 지금까지 멜랑숑을 비난한 이들은 그가 실제로 반유대주의자임을 입증할 증거나 진술을 제시한 적이 없다. 멜랑숑은 이러한 혐의로 한 번도 유죄 판결을 받은 적도 없다.

그에 대한 거짓 주장은 의도적이고 조직적인 허위사실에 기반하고 있다. 물론 이념적으로 치우친 일부 인사들은 팔레스타인 지지자들의 유대인 혐오를 믿지만, 대부분은 멜랑숑이 반유대주의자가 아님을 알고 있고, 실제로 이를 인정하기도 한다. LFI에 대한 비난자들은, 비판의 근거가 될 만한 뚜렷한 반유대주의적 요소를 제시하지 못한 채, 주로 숨겨진 의도를 추정하거나, 자신들이 자의적으로 규정한 일부 '독성 어휘'를 기준 삼아 반유대주의를 단정짓는 데 그치고 있다. 이러한 어휘에는 "시온주의", "아파르트헤이트", "엘리트", "시가", "시스템", "은행", "500 가족", "포퓰리즘", "할리우드", "달러" 등이 포함되며, 최근에는 "캠프하다"라는 동사가 그 목록에 추가되었다.

이 동사는 2023년 10월 22일, 멜랑숑은 〈트윗〉에서 프랑스 국회의장인 ""야엘 브라운-피베(Yaël Braun-Pivet)는 가자 지구 학살을 부추기기 위해 텔아비브에서 캠프하고(진을 치고) 있다"고 비난할 때부터 사용되었다. 이 국회의장은 며칠 전 이스라엘에 대한 프랑스 의회의 '무조건적인 지지'를 선언한 뒤, 곧이어 이스라엘의 수도를 찾았던 것이다. 〈트윗〉을 접한 멜랑숑의 반대자들은 동사 'campe'를 나치 수용소와 연관 짓기 시작했다. 그들에게 'campe'는 더 이상 한여름 밤의 야영이나 군사적 주둔을 뜻하는 말이 아니었다. 이러한 예측불허의 해석은 단지 친이스라엘 성향의 인터넷 트롤(인터넷 공간에서 공격적이고 반사회적인 반응을 유발하는 행위)뿐 아니라, 이 해석을 지지하고 모든 이에게 강요하려는 언론 매체들에 의해 주도되었다. 마치 대안적인 진실처럼 말이다.

### 프랑스 언론의 잇단 비방들

〈프랑스 앵테르〉의 정치부장 야엘 구즈는 2023년 10월 23일 "캠프하다'라는 이상한 동사는 '수용소'와 연관된다"라고 주장했다. "폴란드계 유대인 할아버지가 반유대주의를 피해 프랑스로 이주해온 야엘 브라운-피베 국회의장의 가족사를 안다면, 이는 참을 수 없는 일이다." 이로부터 열흘 뒤, 〈르몽드〉는 역사학자이자 사회학자인 피에르 비르나움에게 자문을 구했고, 신문은 다음과 같이 보도했다. "'LFI'의 지도자가 사용한 '캠프하다'라는 용어는 오랜 프랑스 반유대주의 전통에 속한다." 비르나움은 이를 상세히 설명했는데, 1890년에 반유대주의자인 작가 에두아르 드뤼몽이 유대인과 유목민 캠프를 연관 지었다는 것, 1937년에는 거의 알려지지 않은 또 다른 반유대주의자인 모리스 베델이 레옹 블룸 전 총리에 대해 같은 표현을 사용했다는 것, 그리고 1954년에는 왕당과 출판물이 피에르 망데스 프랑스 전 총리에 대해 같은 표현을 썼다는 것이다.

이렇게 80년 전으로 거슬러 올라가는 세 가지의 드문 사례를 들어, 멜랑숑이 '캠프'라는 단어를 사용함으로써 프랑스 사회 주변부에 존재하는 반유대주의 정서에 은밀한 신호를 보냈다고 해석했다. 그에 따르면 누구나 알다시피, 반유대주의자들은 드뤼몽, 베델, 그리고 '아스페 드 라 프랑스'의 출판물에 큰 관심을 갖고 있다는 것이다.

이렇듯, 이제는 의혹, 중상모략, 그리고 악의를 하나로 합치기만 하면 증거가 만들어지는 세상이다. 주간지 〈렉스프레스〉(2024년 8월 28일자)는 "LFI 대표의 유대인 관련 발언 하나하나는 그를 무죄로 보이게 한다.(5) 그러나 그 발언들의 누적은 단순한 우연으로 보기 어렵다"고 지적했다.

그러자 사회학자 제랄드 브로너도 가세했다. "어떤 특정 발언만으로 그게 실제로 반유대주의적이라고 단정할 수는 없다. 그러나 그 발언들이 같은 사람에게서 나왔다는 점에서 그 가능성은 충분히 제기될 수 있다." 정리하자면, 열 가지의 은유나 단어, 이를테면 '캠프하다' 같은 무해한 단어들이 언론의 자의적인 기준에 의해 반유대주의적인 표현으로 낙인찍히면, 그것을 사용한 사람은 자연스럽게 반유대주의자가 되는 것이다.

## 장뤼크 멜랑숑,
## "LFI에 대한 반유대주의 비방은 더 이상 효력 없어"

20년 전, 〈르몽드〉는 사회학자 피에르 부르디외(그리고 몇몇 다른 사람들도)를 반유대주의자로 의심한 바 있다. 그 이유는 단지 그들이 언론을 비판했기 때문이었다. 왜냐하면 과거 반유대주의자들은 언론을 유대인들이 선호하는 직업으로 간주했기 때문이다. 이는 캠프라는 표현을 반유대주의로 해석했던 방식과 다를 바 없다.

멜랑숑은 반유대주의적 발언을 한 적이 없음에도 불구하고, 그가 이끄는 정당은 줄곧 '반유대주의 정당'이라는 비난을 받아왔다. 이처럼 사실과 무관한 낙인이 반복되는 상황에서조차 그는 정치 활동을 이어가고 있으며, 그런 점에서 멜랑숑 비난자들은 오히려 그의 정치적 업적에 경의를 표해야 할지도 모른다. 그의 정당은 연합 세력들과 함께 이 문제를 해결하기 위한 다섯 가지의 정책을 제안하고 있으며,(6) 그는 유대인 라디오인 〈Radio J〉 방송에 출연하여 "프랑스의 가장 작은 마을에서도 모든 유대인은 우리의 도움과 보호를 받을 수 있다는 것을 알아야 한다"라고 선언했다.

멜랑숑은 또한 2015년에 파리 형사 법원에서 자신을 반유대주의자로 비난한 세 명의 우파 인사들을 상대로 승소했다. 8년 후, 파리 사법 법원은 극우 채널 〈C뉴스〉가 "LFI가 반유대주의 정당"이라며 허위 발언을 한 것에 대해 LFI의 반론을 방송하도록 명령하고, 이 극우 채널에 벌금을 부과했다.

"LFI는 더 이상 반유대주의 비난에 의해 억지로 침묵당하지 않는다." 라고 멜랑숑은 자신의 블로그에 썼다. 그러나 그것은 착각이었다. 선거 시작 1년 후, 정치적·언론적 공세는 결국 목표를 달성했다. 2024년 8월 말, 멜랑숑은 자신이 주도하는 LFI가 오랫동안 누적된 비방 캠페인으로 인해 '독성'으로 취급되어 좌파 정부에 참여하지 않을 수 있다는 사실을 스스로 받아들였다. 극우가 주장했던 거짓이 반복되면서, 결국 극우가 바라던 목표가 이루어진 셈이다.

그 과정에서 또 다른 목표도 달성되었다. 팔레스타인에서 학살이 계속되는 가운데, 〈로피니옹〉은 2024년 9월 16일자에서 이렇게 미화하는 어조로 보도했다.

"가자지구에서의 전쟁에도 불구하고 프랑스와 이스라엘 간의 전략적 관계는 그 어느 때보다도 좋은 상태다."

---

글 · 세르주 알리미 Serge Halimi, 피에르 랭베르 Pierre Rimbert

(1) 도미니크 비달과 베르트랑 하일브론, 「이스라엘이 어떻게 반유대주의와의 투쟁을 조작하는가」, 〈OrientXXI〉, 2019년 2월 12일.
(2) 다니엘 핀, 「반유대주의, 치명적인 무기」, 〈르몽드 디플로마티크〉 프랑스어판 2019년 6월.
(3) https://holocaustremembrance.com/resources/working-definition-antisemitism
(4) 국가인권자문위원회, 「인종차별, 반유대주의 및 외국인혐오에 대한 투쟁. 2018년」, 〈La Documentation française〉, 파리, 2019년 7월.
(5) 앙리 말레르, 「언론 비평가에 맞서는 〈르몽드〉: 반민주주의자 및 반유대주의자」, 〈Acrimed〉, 2004년 4월 26일. 또한 〈르몽드 디플로마티크〉 프랑스어판 2004년 5월 참고.
(6) 「새로운 인민전선과 함께, 반유대주의 및 모든 형태의 인종차별에 맞서 싸우자!」, 2024년 6월 23일.

[아카이브]

## "이중 충성심"?
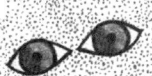

### 실비 브레방 Sylvie Braibant

언론인, 역사학자. 프랑스 국영 해외방송 채널 〈TV5Monde〉에서 편집 책임자를 역임했으며, 아프리카·아시아·중동 등 비서구권 지역의 정치·사회·문화 이슈를 깊이 있게 다뤄왔다. 여성의 인권과 삶을 집중적으로 조명하는 'Terriennes' 사이트를 창설했다. 주요 저서에『Les Dissemblables 다른 사람들』(2022)이 있다.

### 도미니크 비달 Dominique Vidal

언론인·역사가. 〈르몽드 디플로마티크〉 기자와 편집자를 거치며 주로 중동 문제와 국제 정치를 전문적으로 다뤄왔다. 주요 저서로는 『이스라엘-팔레스타인: 거짓과 진실』(Israël-Palestine: Vérités sur un conflit, 2001년 첫 출간, 2017년 개정판 )이 있다.

'이중 충성심'이라는 표현에는 유대계 프랑스인들이 프랑스 국가에 대한 충성심뿐 아니라, 동시에 이스라엘에 대해서도 충성을 보인다는 의혹이나 비판이 담겨 있다. 이는 역사적으로 반유대주의적 담론에서 반복적으로 등장해온 표현으로, 유대인을 '진정한 국민'이 아닌 '타자'로 낙인찍는 데 쓰여왔다. 특히 중동 문제나 이스라엘-팔레스타인 분쟁과 관련하여 프랑스 내 유대인들의 입장을 두고 "어느 편이냐"는 식의 이분법적 시선이 제기될 때 자주 소환되는 용어다. 프랑스에서 유대교를 믿거나, 유대인의 혈통 또는 전통을 따르는 이들의 '공동체' 규모를 정확히 파악하는 것은 불가능하다. 이는 유대교 율법인 토라와 프랑스 공화국의 법이 그러한 인구 조사를 금지하고 있기 때문이다. 기껏해야 50만 명가량이라는 대략적인 추정치만 존재할 뿐이다. 게다가 신앙, 혈통, 문화적 배경이 서로 다른 이들을 하나로 묶어 '공동체'라고 부르는 것이 과연 적절한지에 대해서도 의문이 제기된다.

1942년부터 1944년 사이, 프랑스에 있던 유대인 약 33만 명 가운데

7만 9,500명이 강제수용소로 추방되었고, 그중 단지 2,500명만이 살아남았다. 희생자의 3분의 2는 주로 외국인(폴란드, 루마니아, 러시아 제국, 독일, 오스트리아 출신으로 프랑스 국적을 갖지 못한) 신분이었다. 이처럼 충격적인 집단적 외상은, 해방 이후 살아남은 많은 이들로 하여금 더 이상 '유대인으로 산다는 것'이 무엇을 의미하는지를 알 수 없게 만들었다.

유대인 학살—곧 쇼아(Shoah)—은 단지 신앙만을 짓밟는 사건이 아니라, 유대인이라는 존재 자체를 뒤흔든 참극이었다. ('제물'을 뜻하는 종교적 함의의 'Holocaust'에 비해, 'Shoah'는 히브리어로 '참화', '재앙'을 뜻하며, 나치에 의한 유대인 학살을 가리키는 공식 용어로 프랑스와 이스라엘 등에서 사용된다-역주) 엘리 위젤(Elie Wiesel, 1986년 노벨평화상 수상자)과 같은 이들 가운데 일부는 '아우슈비츠에서 하느님은 어디에 있었는가?'라고 자문했다.(1) (위젤은 대표작 『밤(La Nuit)』에서 이 질문을 던지며, 신앙의 붕괴와 인간 존재에 대한 근본적 회의를 드러냈다-역주)

### 약화된 아슈케나즈, 급진적인 피에누아르

1973년 '유대인 르네상스'를 '창안'하고, 프랑스 유대인 대표위원회(CRIF) 회장을 지낸(1995년~2001년) 앙리 하이덴베르그는 독일 점령 하의 암울했던 프랑스 시절을 이렇게 회고했다. "많은 유대인들은 개인과 가족의 삶이 무너진 혼란의 시기 속에서, 유대인으로서의 정체성마저 흔들릴 수밖에 없었고, 그 재건을 위해 공산주의나 사회주의에 헌신하거나 시온주의 운동에 투신할 수밖에 없었다." 그 후 튀니지, 모로코, 그리고 특히 알제리 출신 유대인들이 프랑스로 대거 이주하면서 프랑스 유대인 사회는 또 한 번의 중대한 전환점을 맞았다. 그동안 다수를 차지하던 중부 및 동유럽계 아슈케나즈(Ashkénazes)의 위상이 약화되었다. "이 변화는 단순히 수적 차원에 그치지 않고 질적인 측면에서도 그러했다"고 테오 클랭 변호사는 설명했다. 실제로 아슈케나즈계 유대인들은 미국과 유럽의 유대인 공동체에서 중심적인 위치를 차지하고 있으며, 학문, 예술, 정치, 경제 등 여러 분야에서 수많은 지식인과 문화계 인물들을 배출해왔다. 아슈케나즈는 탈무드 중심의 율법 전통을 중시하는 유대인 집단으로, 나치 학살의 핵심 표적이 되기도 했다. 대표적인 인물로는 프로이트, 아인슈타인, 카를 마르크스, 한나 아렌트 등이 있다.

북아프리카 출신 프랑스계 유대인들인 피에누아르(pieds-noirs)는 "매주, 심지어 매일매일 기도와 율법 준수 등을 실천하는 보다 전통적이면서도 대중적인 종교 생활"을 고수했다. 이에 대해 유대 자유주의 운동의 지도자인 다니엘 파히 랍비는 "피에누아르는 신앙에 대한 열정과 종교적인 의식은 강했으나 문화적 측면에서는 다소 보수적이었다"고 평가했다. 그는 이어 "북아프리카계 피에누아르의 대거 이주는 프랑스 유대인 공의회(Consistoire, 유대인 자치기관)의 성향을 보다 급진적이고 전통주의적으로 변화시키는 계기가 되었다"고 지적했다.

정치학자이자 언론인인 장이브 카뮈(Jean-Yves Camus)는 이에 덧붙여 다음과 같이 지적했다. "피에누아르는 프랑스와 해소되지 않은 갈등을 안고 있었다. 프랑스는 1940년 7월, 제3공화국 시절 알제리 유대인들에게 시민권을 부여했던 크레미외 법령(1870년 10월 24일 제정)을 폐지했다. 또한 프랑스는 1962년 알제리 민족해방전선(FLN)과의 전쟁에서 물러난 뒤 알제리에서 건너온 유대인들을 온전히 수용하지 않았고, 이들은 사회적 차별과 배제 속에 놓이게 되었다. 이러한 맥락에서 1967년 6일 전쟁에서 이스라엘이 거둔 승리는 피에누아르(pieds-noirs) 유대인들에게 특별한 "복수심"을 경험하게 했다. 아랍 세계에서의 추방과 프랑스 사회에서의 차별이라는 이중의 상처를 겪은 그들은 이스라엘의 승리를 통해, 유대인으로서의 정체성과 존엄이 회복되는 집단적 충족을 느꼈다고 유대인 월간지 『라르슈』 편집장 메이르 웨인트라테르는 설명했다. 그에 따르면, "1967년은 현대 프랑스 유대 정체성이 상징적으로 태동한 해"였다. 그 시기를 회고하며 앙리 하이덴베르그는 "그 무렵 유대인들이 공동체적 자각을 바탕으로 처음 거리로 나섰다"고 말했다. 그러나 사회학자 마르틴 코헨(Martine Cohen)은 이러한 인과관계에 의문을 제기한다. 그녀는 "유대 사회 내부의 '르네상스'는 북아프리카 출신 유대인들이 도착한 지 10년이 지나서야 비로소 나타났으며, 1960년대 말부터 1970년대 초반까지는 오히려 종교적 요소가 축소되었다. 특히 북아프리카계 유대인들의 사회적 통합은 공동체 차원이라기보다 개별적인 방식으로 이루어졌다"고 지적했다.(2)

### '유대성' 회복의 세 가지 축

'유대인으로서의 정체성' 회복은 세 가지 축에 기반을 두고 있다. 종교, 이스라엘에 대한 연대, 그리고 홀로코스트의 기억이 그것이다. 그러나 이 세 축이 모두에게 같은 의미를 지니는 것은 아니다. 어떤 이는 종교에, 어떤 이는 이스라엘에, 또 어떤 이는 기억에 더 깊은 의미를 부여한다. 정통파 랍비인 다니엘 고틀리브(Daniel Gottlieb)는 이렇게 말한 바 있다. "유대인 정체성에 대해 유대인 서른 명에게 물으면, 서른 개의 대답, 아니 그 이상이 있을 것입니다." 한편, 알제리계 출신으로 스트라스부르에 거주하는 15세 소년 요니는 단호하게 말했다. "유대인으로 산다는 건, 무엇보다 종교적 존재로 살아간다는 뜻이에요. 곧, 신앙과 교리에 따라 사는 것이죠."

그는 부모보다 더 신앙심이 깊고, 종교학교에 다니며, 유대인 공회당에도 정기적으로 나가고, 코셔(Kasher: 유대 율법에 따른 식단)를 지킨다. 그는 훗날 자신의 아이들에게도 이런 삶의 방식들을 전하고 싶다고 말했다. 물론 "유대인 여성과 결혼할 것"이라는 전제 아래서다. 그렇다고 그는 자신의 삶을 타인에게 강요할 생각은 없다. 요니는 덧붙인다. "유대교는 관용적이어야 해요. 그래야 더 많은 유대인을 하나로 모을 수 있어요."

파비용-수-부아(Pavillons-sous-Bois)에 위치한 알리앙스 이스라엘리트 위니베르셀(Alliance israélite universelle) 고등학교의 졸업반 학생들 또한 종교 없이는 유대인으로서의 정체성을 상상할 수 없다고 말한다. 이들 중 일부는 전적으로 지지하는 이스라엘로의 이주를 진지하게 고려하고 있다. 그들은 이스라엘이 위협받고 있다고 느끼고 있었다. 동시에 프랑스 내 젊은 무슬림들 사이에서 확산되고 있는 친(親)팔레스타인 정서를, 자신들의 입장과 충돌하는 반대 논리로 받아들이고 있었다. 이처럼 형성된 대립 구도는 점차 이들의 유대인 정체성 속에 내면화되며, 때로는 감정적으로도 깊은 영향을 끼친다. 한 여학생은 이렇게 말했다. "저는 이스라엘 국가와 거의 모성적인 유대감을 느껴요."

"홀로코스트는 미래를 위한 정체성이 될 수 없어"

랍비 다니엘 파르히는 이른바 '이중 충성' 문제를 매우 중요한 사안으로 간주한다. 그는 다음과 같이 고백했다. "이 갈등은 제 안에 존재합니다. 저는 저의 정체성이 통합되어 있다고 믿고 있으며, 프랑스 문화와 유대인으로서의 정체성, 그리고 (무조건적이지는 않지만) 이스라엘에 대한 애착을 자랑스럽게 여깁니다. 하지만 프랑스가 이스라엘에 대해 강경한 입장을 취하게 된다면, 저는 두려움을 느낍니다. 그런 상황에서는 제가 어떻게 행동해야 할지 모르겠습니다…" 다른 유대인들은 이스라엘에 대한 무조건적인 연대를 단순한 감정이 아니라, 역사적·윤리적·정치적 이유를 들어 스스로 이론적으로 정당화하며 받아들인다. 2001년부터 2006년까지 이스라엘 총리를 지낸 아리엘 샤론의 정책과, 그로 인해 이스라엘과 유대인들이 직면하게 된 위험에 대해 논의하던 자리에서, 한 유대인 공동체 대표(익명을 요구함)는 이렇게 털어놓았다. "이곳에 있는 많은 이들 역시 그의 정책이 위험하다고 생각합니다." 놀라운 점은, 이러한 비판적 발언이 프랑스 유대사회의 중심지인 파리 브로카 거리 39번지, 유대통합사회기금 본부에서 나왔다는 사실이다.

그렇다면 왜 이들은 공개적으로 말하지 않는가? 왜 침묵하는가? "인구 구성의 변화로 인해, 이스라엘은 이제 유대인의 중심 국가가 되었습니다. 프랑스에 사는 모든 유대인은 그곳에서 이스라엘에 정당성을 부여합니다. 그래서 우리는 이스라엘 정부가 누구든, 더 이상 공개적으로 비판할 수 없게 된 것입니다."

앙리 하이덴베르그(Henri Hajdenberg) 변호사는 이렇게 지적했다. "프랑스의 유대인 여론은 중동 현실과 직접 맞서는 이스라엘 여론보다 덜 현실적입니다. 팔레스타인 국가 수립 가능성에 대해서도, 아이러니하게 프랑스보다 이스라엘이 더 개방적인 태도를 보입니다. 게다가 프랑스에서는 온건파의 목소리보다 행동주의자들의 목소리가 더 크게 들립니다." 한편, 에스테르 벤바사(Esther Benbassa)와 장클로드 아티아스(Jean-Claude Attias)는 『유대인에게 미래가 있는가?(Les Juifs ont-ils un avenir?)』(라테스, 파리, 2001)를 출간하면서, 이 책이 하나의 논쟁을 촉발하게 될 줄은 예상하지 못했다.

'쇼아의 종교'라는 표현은, 실제로 충격을 줄 수 있는 말이었다. 이에 대해 에스테르 벤바사는 다음과 같이 설명했다. "쇼아나 홀로코스트는 미래를 위한 정체성이 될 수 없습니다." 장클로드 아티아스도 여기에 설명을 덧붙였다. "유대인 집단학살은 유대인과 비유대인 사이에 하나의 장막이 되어버렸습니다. 유대인의 수천 년 역사를 박해의 역사로만 환원할 수는 없습니다." 더욱이, 유대교를 쇼아(홀로코스트)에만 동일시하는 것은 북아프리카 출신으로 그 고통을 직접 겪지 않은 프랑스 유대인 60%를 배제하는 결과를 초래하는 셈이다.

집단학살의 기억을 계승한다는 것—그러나 과연 어떤 기억인가? 이 질문에 대해, 유대인 주류 사회로부터 '불량 사촌들'로 지칭되는 에얄 시반(Eyal Sivan)과 로니 브라우만(Rony Brauman)은 각자의 다큐멘터리 영화로 응답했다. 에얄 시반의 영화 〈이즈코르(Izkor)〉(히브리어로 '그가 기억하리라'라는 뜻)에서는, 철학자 예샤야후 레이보비츠(Yechayahou Leibowitz)가 이스라엘 사회에서 청년 세대에게 주입하는 민족주의와 전쟁 이데올로기를 근본적으로 비판한다.

두 사람은 1999년, 홀로코스트 범죄자인 아돌프 아이히만 재판의 기록 영상을 바탕으로 다큐멘터리 『스페셜리스트(The Specialist)』를 공동 연출하기도 했다. 로니 브라우만은 다음과 같이 말했다. "기억을 포기하는 것은 지적으로도 어리석고, 도덕적으로도 용납할 수 없는 일입니다. 기억은 우리에게 폐와도 같은 것입니다. 그것은 우리를 인간답게 만듭니다." 그러나 그는 다음과 같은 말도 덧붙였다. "쇼아(홀로코스트)의 기억 역시 모든 중대한 사건과 마찬가지로 '인류의 역사 속에 제대로 자리 잡아야 합니다. 그래야만 이념적 조작을 피하고, 과거로부터 인류 모두의 미래를 위한 보편적 교훈을 이끌어낼 수 있습니다."

---

글 · 실비 브레방 Sylvie Braibant, 도미니크 비달 Dominique Vidal

(1) Elie Wiese, 『밤』, 미뉴이 출판사, 파리, 1958년.
(2) 「오늘날 프랑스 유대인들: 신앙 중심 모델에서 공동체 중심 모델로」, 『미그랑-포르마시옹』 제82호, 파리, 1990년 9월.

# 노동당과 제러미 코빈은 '반유대주의자'?

다니엘 핀 Daniel Finn

아일랜드 출신 저널리스트. 〈뉴 레프트 리뷰〉 부편집장. 아일랜드 현대 정치사, 영국과 미국의 좌파 정치, 그리고 중동 지역의 정치 갈등을 비판적으로 분석한다. 저서에 『One Man's Terrorist: A Political History of the IRA』(2019)가 있다.

한동안 영국 정계를 떠들썩하게 했던 반유대주의를 둘러싼 논쟁이 이제 영국 밖으로까지 확산되고 있다. 〈뉴욕타임스〉는 최신 기사에서 영국 노동당의 "뿌리 깊은 반유대주의"와 프랑스 유대인 묘지 훼손 사건을 동일한 맥락에서 다루었다. 이 신문은 지면을 통해, 유대인에 대한 혐오가 "극우파, 극좌파, 유럽의 이슬람 극단주의 그리고 미국의 두 거대 정당 내 다양한 분파 등 비주류 정치 집단들을 하나로 집결시키는 지점"이라고 주장했다.(1) 이 기사는 좌파 세력, 특히 제러미 코빈이 이끄는 영국 노동당을 둘러싼 반유대주의 논란을 언론이 어떤 시각에서 바라보고 있는지를 잘 보여줬다. 2017년 10월, 영국 작가 하워드 제이콥슨은 〈뉴욕타임스〉의 지면을 통해 노동당 연례 총회가 분노와 증오심을 표출하는 장이었다고 설명하면서, 일례로 "홀로코스트가 실제로 있었는가?"라는 의문을 제기하는 안건이 정식으로 논의되고 투표까지 됐다고 말했다. 그러나 이 보도가 결국 거짓으로 밝혀지면서 〈뉴욕타임스〉의 명성과 신뢰도는 추락했다.(2)

2015년 이후부터 이런 행태는 영국 대형 언론사들의 일상이 됐다. 〈가디언〉과 〈BBC〉처럼 영국 내에서 가장 영향력 있는 언론사들조차도 코빈 대표를 깎아내리는 내용이라면 사실 여부도 확인하지 않고 곧바로 기사를 낼 정도였다. 언론이 앞다투어 제출한 코빈 '고발장'은 기정사실

마르탱 뷔로. - 「라 무트(La Meute, '집단')」, 2001

로 굳어져 일부 영국 국민들은 이를 그대로 믿어버리는 지경에 이르렀다. 이러한 현상은 영국에만 국한되지 않았다. 제러미 코빈처럼 팔레스타인 지지를 공개적으로 표명한 좌파 정치인들을 사회적으로 매장하기 위해, 다른 나라들에서도 유사한 방식이 동원되었다. 앞서 언급한 〈뉴욕타임스〉의 기사에서 패트릭 킹슬리 기자는, 영국 노동당이 헝가리 대통령 빅토르 오르반의 소속 정당인 피데스(Fidesz)와 다를 바가 없다고 꼬집었다. 또한, 기자는 "일한 오마르 미국 하원의원이 '미국 정계가 유대계 로비 단체들에 의해 좌지우지되고 있다'고 발언한 것은, 그의 반유대주의적 신념을 드러낸 것"이라고 지적했다. 그러나 실제로 오마르 의원은, 미국 내에서 대중적으로 잘 알려져 있고, 뉴욕타임스에도 상당한 영향력을 미치는 대표적 친이스라엘 로비 단체인 '미국-이스라엘 공공문제위원회(AIPAC)'에 대해 비판적 의견을 제시했을 뿐이다. 게다가 그는 문제의 발언에서 "유대계 로비 단체"라는 표현은 언급하지도 않았다.(3) 논란이 일자 해당 언론사는 온라인 기사에서 이 표현을 삭제했지만 끝내 정정문은 내지 않았다.

## 코빈을 향한 비난의 근거는?

그렇다면 코빈 대표와 그가 이끈 영국 노동당을 향한 비난은 정확히 무엇에 근거한 것일까. 노동당 의원들과 진보 성향 평론가들은 명확한 근거도 없이 '노동당은 반유대주의 문제를 안고 있다'는 주장을 인정하라는 압박에 끊임없이 시달렸다. 반유대주의적 언행은 당연히 큰 문제다. 그러나 이 담론은 수많은 노동당 지지자들 가운데 단 한 사람이 내놓은 의견을 마치 당 전체의 공식 입장인 것처럼 몰아갔다. 그리고 코빈 대표의 주도로 노동당이 "유대인에게 적대적인 정당"이 되었으며 "반유대주의를 제도적으로 표방하게" 되었다고 주장했다. 심지어 일부 영국 언론은, 노동당 지도부를 "유대인 증오로 똘똘 뭉친 집단"으로 묘사하고, 조만간 유대인들을 상대로 "전쟁을 선포할 것"이며, 그 전쟁은 영국을 "실존적 위험"에 빠뜨리게 될 것이라는 황당한 경고까지 내놓았다. (4) 타 언론들은 이런 주장에 직접 동조하지는 않았지만, 그것을 마치 대중의 삶에 실질적인 영향을 미치는 구체적인 인종차별 사례인 양 '노동당에 대한 황당한 논란과 주장들'을 적극적으로 보도하고 확산시켰다.

치밀하게 설계된 이 담론의 토대가 형성된 것은 2016년 봄이었다. 당시 노동당 내 토니 블레어를 지지하던 의원들에 맞서 코빈 측에 힘을 실어주려 만든 대안 언론(Alternative media)이 별다른 활동을 펼치지 못함에 따라 당내 코빈의 입지가 대폭 감소했던 시기였다.(5) 노동당은 새롭게 당 대표가 된 코빈에게 당시 발생한 일련의 사건들에 대한 책임을 묻고자 했다.

가장 큰 논란이 됐던 사건은, 2014년에 나즈 샤 의원이 페이스북에서 반유대주의 글("이스라엘을 미국으로 이주시켜야 한다")을 리트윗한 일이었는데, 이는 사실 코빈이 노동당 대표가 되기 전, 그리고 샤 의원이 의원으로 선출되기 전에 일어난 일이었다. 심지어 존재하지도 않은 일이 논란으로 번지기도 했다. 2016년 초, 영국 노동당의 청년 조직 중 하나인 옥스퍼드 대학교 노동당 클럽 내부에서 일부 학생들이 반유대주의적 내용으로 발언했다는 주장이 제기되었다. 그러나 이는 사실과 달랐다. 이스라엘에 대한 비판적 시각이 반유대주의로 과장·왜곡된 결과였으며, 언론은 이를 '노동당 내부의 반유대주의'로 확대·해석해 대대적으로 보도했다.

영국 언론은 반유대주의 주제를 다루는 데 있어서 사실이든 거짓이든 각 사건이 일어난 맥락과 정황을 일절 고려하지 않고 있다. 그러나 회원 수가 50만 명이 넘는 정당에서 반유대주의적 편견이 단 한 건도 없었다고는 말할 수 없다. 그러나 토니 블레어, 고든 브라운, 에드 밀리밴드가 노동당을 이끌던 시절에도 반유대주의적 의견으로 오해되거나, 어느 정도는 그렇게 받아들여질 수 있는 표현들이 있었음에도 불구하고, 언론이나 야당이 이를 두고 목숨 걸고 논란을 조장하진 않았다. 물론 그때는 소셜 미디어가 등장하기 전이라 지금보다 증거를 입수하기 훨씬 어려웠을 테지만 말이다.

결국 관건은, 현재 노동당 내에 반유대주의적 요소가 존재하느냐 존재하지 않느냐가 아니다. 반유대주의적 사상이 얼마나 퍼져있는지를 정확히 파악하고 이를 해결하기 위해 마련된 대책들이 실제로 효과가 있는

지를 검증하는 것이다. 이 사안을 다룬 심층분석 보고서들의 결론은 모두 동일하다. 실제로 노동당 내에서 반유대주의적인 생각을 지닌 이들은 극소수에 불과하며, 반유대주의를 근절하기 위한 당 차원의 실질적인 노력은 안타깝게도 외부에 거의 알려지지 않았다는 사실이다.

코빈 대표는 노동당을 둘러싼 반유대주의 논란을 잠재우기 위해 2016년 6월 시민법 전문가인 샤미 차크라바티에게 조사보고서를 의뢰했다. 구체적인 질의응답 형식으로 진행된 조사를 통해 그녀는 "노동당 내에는 반유대주의와 이슬람 혐오주의를 비롯한 그 어떤 차별주의도 존재하지 않는다"고 결론지었다.

그러나 이 시민법 전문가는 "드물기는 해도 증오와 무지에서 비롯된 행위의 명백한 신호가 (몇 년 전부터) 나타나고 있다"라고 지적했으며, "노동당과 좌파가 반유대주의 문제를 심각하게 여기지 않아 걱정이라는 유대인들을 상당수 만났다"라면서, 차크라바티는 반유대주의 근절을 위한 구체적인 방안을 다양하게 제시했다.(6)

이 보고서가 발표된 후 한동안은 아무도 반박에 나서지 않았지만, 몇 개월이 지나자 노동당 비판론자들은 또다시 공세에 나섰다. 그들은 이 보고서가 노동당의 이미지 개선을 위한 목적으로 작성된 것이라며 신뢰할 수 없다고 비난했지만, 그에 대한 구체적 근거는 제시하지 못했다. 몇 주 뒤, 노동당의 반유대주의 문제를 조사한 영국 하원의 내무위원회는 보고서를 통해, 노동당 내 일부 인사들이 반유대주의적 발언을 한 것은 사실이나, 노동당이 다른 정당보다 더 두드러지게 반유대주적이라는 점을 입증할 만한 어떠한 신빙성 있는 증거도 없다고 밝혔다. 아울러 논란이 된 일부 사건들도 노동당과 무관하다고 강조했다.(7) 한편, 이러한 조사 결과는, 해당 위원회 위원들 가운데 제러미 코빈을 지지하는 친노동당 인사가 단 한 명도 없었다는 점에서 객관성이 인정된다.

## 마녀 사냥에 지원군을 얻은 기자들

2018년 이전까지만 해도 언론은, 최소한 유대인에 대한 반감이 실제로 드러난 사건에 대해서만 코빈을 비판했다. 그러나 2018년 이후에는 그런 최소한의 기준마저 사라졌다. 2018년 6월, 노동당의 중앙집행위원회(NEC)는 언론과 코빈 반대론자들을 의식해 국제홀로코스트추모위원회(IHRA)가 규정한 반유대주의에 관한 모호한 정의를 채택할 것을 코빈에게 촉구했다. 아울러 NEC는 이스라엘에 대한 정당한 비판까지 반유대주의로 간주될 수 있다는 우려를 고려해, 팔레스타인인들의 권리를 옹호하는 노동당 의원들의 입장을 반영한 수정안을 함께 제출했다. 그러나 그와 같은 수정안이 영국에 거주하는 유대인들에게 위협이 될 수도 있다는 생각은 터무니없는 것이지만, 코빈의 강력한 반대론자이자 노동당 내 우파에 속하는 마거릿 호지는 그 수정안을 빌미로 코빈을 압박했다. 그녀는 노동당의 대표가 "반유대주의에 사로잡힌 비열한 인간"이자 "인종차별주의자"라며 영국 하원 회의에서 고함을 내질렀는데, 회의 도중에 그렇게 큰 소리가 난 것은 상당히 드문 일이었다. 이 같은 억지가 반복되자 금기도 서서히 깨지기 시작했다. 이제 정치인과 기자들은 아무 근거 없이 코빈에게 '반유대주의자'의 누명을 씌울 수 있게 되었다.

각종 논란으로 시끄러웠던 여름이 지나고 노동당 중앙집행위원회는 결국 IHRA의 문구를 토씨 하나 고치지 않고 그대로 수용했다. 그로부터 며칠 뒤, 한 극우파 남성이 미국 피츠버그에 위치한 유대교 공회당에서 총기를 난사해 11명이 숨지는 사건이 발생했다. 〈가디언〉은 코빈이 희생자들에게 애도를 표했다는 내용을 보도하면서, 코빈에 대해 "당을 반유대주의로 물들게 했다는 비난을 받는 노동당 대표"라는 부연 설명을 굳이 덧붙였다.(8) 마치 코빈이 테러범과 한 편인 것처럼 말이다.

역사학자인 제프리 앨더먼(Geoffrey Alderman)은 최근 이런 막무가내식의 마녀사냥에 제동을 걸었다. 그는 열렬한 이스라엘 지지자로서 팔레스타인 문제에 있어서는 코빈과 정반대 입장임에도 불구하고, "코빈이 반유대주의적이라는 주장은 근거가 없는 것"이며, 오히려 여러 요소를 종합해 보면, 그동안 코빈이 얼마나 적극적으로 유대인 공동체를 지지해 왔는지를 알 수 있다"고 주장했다.(9) 다만, 앨더먼은 "유대인들이 민감하게 여기는 사안들에 대해 코빈이 종종 경솔하게 행동한 적은 있다"고 지적했다.

그러나 앨더먼이 묘사한 코빈의 모습은 대규모 언론들이 그려낸 것처럼, 유대인에 대한 증오로 가득 찬 괴물의 모습과는 거리가 멀었다. 코빈이 노동당 대표로서 비난받을 만한 몇 가지 실수를 저지른 것은 사실이지만, 언론이 이를 지나치게 과장하고 왜곡, 확산시켰다. 그 결과, 반유대주의 정의와 같은 핵심 쟁점들에 대해 진지하게 토론할 수 있는 가능성 자체가 사라지고 말았다.

## 벽화를 둘러싼 반유대주의 스캔들

런던의 한 벽화를 놓고 불거진 논란이 그 대표적 사례다. 2012년에 그려진 이 벽화는, "프리메이슨 소속의 은행가들이 '신세계 질서'를 구축했다"는 음모론에서 영감을 받아 제작됐다. 벽화가 공개되자마자, 당시 언론은 작가가 은행가들을 묘사한 방식이 반유대주의적 표현에 해당하는지를 놓고 격론을 벌인 것이다. 몇 건의 고소가 이어지자 당시 해당 구역의 시장이었던 러트퍼 라만은 예술가의 기획 의도와 신념이 불분명하다는 이유를 들어 런던 경찰에 벽화를 철거를 요청했다. 아울러 그는 "의도적이든 아니든 이 은행가들의 모습은 유대인이 금융기관과 정계를 장악하고 있다고 주장하는 반유대주의적 선전물을 연상시킨다."(10)고 덧붙였다.

그러나 코빈이 관련되지 않았다면 이 사건이 그렇게까지 크게 부각되지는 않았을 것이다. 벽화를 그린 예술가가 페이스북에 작품 사진과 함께 자신의 작품이 철거되어 속상하다는 글을 올리자, 코빈은 벽화 내용에 대한 언급은 전혀 없이 "시장이 왜 그런 조치를 취했는지 의문"이라는 댓글을 남겼다. 그로부터 6년 뒤, 이 댓글은 여러 주 동안 각종 매체를 통해 반복적으로 인용됐다. 언론은 마치 이 댓글을 코빈의 반유대주의적 사상을 증명하는 결정적인 증거라도 되는 듯이 보도했다.

코빈은 이 작품이 여러 가지 상징들을 담고 있고, 따라서 다양한 해석이 가능하다는 사실을 놓쳤다. 코빈은 자신의 과거 댓글을 두고 논란이 일자 당시에 작품을 좀 더 자세히 살펴보지 못했던 점에 대해 즉각 사과했다. 이 일화는 반유대주의적인 담론이 때로는 예술이나 상징물을 통해 표현될 수 있음을 대중에게 환기시키는 좋은 기회가 될 수도 있었다.

그러나 기대했던 이성적인 비판은 찾아보기 어려웠고, 대신 욕설과 비난의 홍수에 상황이 묻혀 버렸다. 언론은, 대중이 해당 벽화를 마치 만화 형식으로 표현된 나치 선전물로 오인하도록 만들었으며, 코빈만이 벽화에 숨은 반유대주의적 의도를 알아채지 못했다는 식으로 보도했다. 한마디로, 코빈이 예술가를 지지하기 위해 남긴 페이스북 댓글은 언론에 의해 마치 히틀러식 경례를 연상시키는 현대적 행위로 비춰졌다. 노동당은 자신에게 쏟아지는 공격의 화살을 막기 위해 최선을 다했다. 물론 이해는 가지만, 근거도 없는 인종차별주의 비난에 일일이 대응하는 과정에서 역공의 동력은 점차 떨어졌다. 일각에서는 노동당이 환경문제를 비롯한 다양한 정책 과제 해결을 위해 기울인 노력을 대외적으로 적극 홍보한 결과, 댓글 논란이 일정 부분 진정될 수 있었다고 평가한다. 그러나 이는 사실이 아니다. 코빈의 반대파가, 단숨에 여론을 들끓게 만들어 코빈을 무너뜨릴 수 있는 무기를 쉽게 포기할 리 없었다. 2019년 2월, 노동당 내 우파에 속해 있던 하원의원 일부가 탈당한 일이 있었다. 평소에도 코빈에게 적대적이었던 이 의원들은 코빈의 모든 결정에 반대해왔고, 다음 총선에 노동당 후보로 나설 수 없는 형편이었다. 결국 그들은 탈당의 명분을 얻고 자신들의 출세 야심을 감추기 위해, 결국 대표가 반유대주의적이라는 기삿거리를 언론의 입맛에 맞게 제공하였고, 탈당 이유로는 "노동당 대표에게 관용이 없다"는 다소 황당한 입장을 밝혔다.

노동당은 당 안팎의 이런 공격들로 어떤 타격을 받았을까? 코빈 대표는 살아남았고, 여론조사에서도 큰 폭의 하락은 없었다. 그러나 반대파에 맞서는 과정에서 상당한 에너지가 소모되었을 뿐 아니라, 그 논란과 대응의 여파로 노동당 지지자들은 이제 이스라엘에 대해 일반적인 수준의 비판조차 할 수가 없게 됐다. 노동당을 향한 비난의 시작은 아이러니하게도 반유대주의가 실제로 재등장한 시기와 일치한다. 그러나 최근 반유대주의의 재등장은 좌파 정당이 아니라 우파 정당을 통해서 나타나고 있다.

비밀 단체 일루미나티(Illuminati, 18세기 독일에서 탄생한 계몽주의 성향의 비밀결사로, 이후 음모론의 상징이 되었으며, 오늘날에는 '세계를 조종하는 숨은 권력'으로 묘사되고 종종 유대인 금융 음모론과 결합된다―역주)와 투자자 조지 소로스를 둘러싼 음모론은 더 이상 온라인 '트롤'(온라인에서 선동하거나 괴롭히는 사람들)만의 전유물이 아니다. 도널드 트럼프 전 미국 대통령을 비롯한 다수의 우파 인사들이 이 음모론을 적극적으로 확산시키고 있다. 이 같은 담론들이야말로 미국 유대교 회당 총격 사건이 일어나게 된 진짜 배경이었다. 그리고 이제는 영국에서도 비슷한 상황이 벌어졌다. 있지도 않은 좌파의 반유대주의를 경계하라는 내용을 역사책에 실으려 하고 있다. 정작 실제로 존재하는 더 위협적인 괴물은 그와는 정 반대편에 있는데도 말이다.

---

글·다니엘 핀 Daniel Finn

(1) Patrick Kingsley, 'Antisemitism is back, from the left, right and islamist extremes. Why?', 〈뉴욕타임스〉, 2019년 4월 4일.
(2) Howard Jacobson, 'The phony peace between the Labour Party and Jews', 〈뉴욕타임스〉, 2017년 10월 6일.
(3) Nathan Thrall, 'How the battle over Israel and antisemitism is fracturing American politics', 〈뉴욕타임스〉, 2019년 3월 28일.
(4) 〈가디언〉 2016년 3월 18일 & 2018년 9월 9일, 〈데일리 미러〉 2018년 9월 2일, 〈쥬이시 크로니클〉 2018년 8월 22일 & 〈가디언〉 2018년 7월 26일.
(5) Paul Mason, 'En campagne avec les troupes de Jeremy Corbyn 제러미 코빈이 남긴 영국 진보정치의 과제', 〈르몽드 디플로마티크〉 프랑스어 2017년 5월·한국어판 2017년 6월.
(6) 'The Shami Chakrabarti Inquiry', 런던, 2016년 6월 30일, https://labour.org.uk
(7) '영국의 반유대주의', 영국 하원-내무위원회, 런던, 2016년 10월 16일.
(8) Harriet Sherwood, '피츠버그 총격사건: 유대인 조직들, 공격에 공포감 나타내', 〈가디언〉, 2018년 10월 28일.
(9) Geoffrey Alderman, 'Horrors! Corbyn's a PM in waiting – accept it', 〈쥬이시 텔레그라프〉, 런던, 2019년 4월 18일.
(10) Marcus Dysch, 'Mayor: Tower Hamlets mural to be removed', 〈쥬이시 크로니클〉, 2012년 10월 4일.

## 불안한 영국 유대인 사회

 2023년 10월 7일부터, 알리스(Alyth) 유대인 보육시설은 안전 조치를 강화했다. 이는 영국 내 다수의 유대인 시설들이 취한 조치와 마찬가지였다. 영국의 유대인들은 이례적인 공포감에 휩싸였다. 유럽에서 유대인 공동체의 역사는 오랜 박해와 차별의 역사이기도 하다. 1290년, 잉글랜드 국왕 에드워드 1세는 유대인들을 추방했다. 이후 1649년 왕정이 폐지되고 호국경(Lord Protector)이 된 올리버 크롬웰은, 7년 뒤인 1656년에 유대인들의 잉글랜드 재정착을 허용했다. 영국에 정착한 초기 유대인들은 가난한 지역인 런던 이스트엔드(East End)에 자리를 잡았다. 형편이 나은 이들은 북쪽의 햄스테드(Hampstead), 골더스 그린(Golders Green), 핀츨리(Finchley) 등의 마을로 이주했다. 오스트리아 빈과 체코 프라하, 러시아 제국, 독일 나치 정권 등에서의 추방과 박해 속에서도 유대인 인구는 계속 유입되었고, 프랑스에 이어 유럽 내 두 번째로 큰 유대인 공동체가 영국에 형성되었다. 2021년 기준, 영국에는 28만 7천 명의 유대인이 거주하고 있었다.
 2023년 가을, 이 공동체를 지켜주던 보호막이 깨졌다. 특히 팔레스타인 지지 시위에 반유대주의적 팻말이 등장하면서부터다. 공동체를 구성하는 단체들이 사태를 진정시키려 애썼지만, 일부 영국 정치인들은 오히려 불을 지폈다. 당시 내무부 장관이던 수엘라 브레이버먼은, 2023년 10월 21일 10만 명 이상이 참여한 친팔레스타인 시위를 "증오 행진"으로 규정했다.
 그로부터 한 달 뒤인 11월 26일, 비정부기구인 '반유대주의 반대 운동'(Campaign Against Antisemitism. CAA) 주최로 "반(反)유대주의에 맞서는 행진"이 런던 중심부에서 열렸다. 이 행사에도 약 10만 명이 참석한 가운데, 이스라엘 국가가 울려 퍼졌다. CAA의 대표 기디언

팔터는 연설에서 이 집회를 "영국 유대인의 진정한 모습—관용과 품위의 상징"이라고 역설했다. 그는 이어 강조했다. "10월 7일의 학살을 반기고, 테러리즘을 지지하며, 법을 무시한 사람들이 영국의 거리를 행진할 때, 이 집회는 그들과는 전혀 다른 가치를 보여준다."

하지만 유대인 공동체 모두가 이처럼 단일한 시각을 공유하는 것은 아니었다. 에밀리 힐튼은 이 대규모 시위에 불참했

무제 - 「미예치슬라브 베르만」, 1965

다. 그녀는 이렇게 말했다. "나는 이제 이런 시위에 나가지 않는다. 팔레스타인 깃발과 '이스라엘은 아파르트헤이트 국가다'라는 구호가 울려 퍼지는 군중 속에서 유대인으로서 느끼는 불안과 소외감은 너무 크다. 이스라엘 정부는 분명히 비판받아 마땅하다. 하지만 이곳에서는 이스라엘 비판이 종종 유대인 혐오로 쉽게 넘어가곤 한다. 나 같은 진보 유대인에게는 숨 쉴 틈이 없다." "보수 정치인들이 자신의 정치적 이익을 위해 우리를 이용하고 있다." 그녀는 2018년에 설립된 단체 Na'amod의 공동 창립자다. 이 단체는 자신들의 활동 목적에 대해 "이

스라엘의 팔레스타인 점령과 아파르트헤이트 체제에 대해 반대하도록 운동을 벌이는 것"이라고 정의한다. 그녀는 이어 이렇게 덧붙였다. "우파는 상황을 악화시키고 공포를 부추기며, 이스라엘 정부에 대한 절대적인 지지만이 유대인의 삶과 평화를 보장할 수 있다고 주장한다. 하지만 그런 배타적이고 맹목적인 지지는 국제사회에서 이스라엘의 고립을 자초할 뿐 아니라, 이스라엘 안팎에서 유대인의 안전이 오히려 더 위협받는 결과를 초래하고 있다."

영국 런던대학교 소속 버크벡 대학의 역사학자이자 반유대주의 연구소 소장인 데이비드 펠드먼 교수는 이렇게 분석했다. "보수적이고 권위주의적인 유대인 단체들은 '반유대주의'라는 개념을 지나치게 넓게 해석하여 이스라엘에 대한 비판 자체를 금기시하고 억누르고 있다. 즉, 유대인의 이익을 보호한다는 명분 아래 국가에 대한 정당한 비판까지도 반유대주의로 몰아가는 이들은 결과적으로 표현의 자유를 침해하고 있다."

---

글 · 트리스탕 드 부르봉-파름 Tristan de Bourbon-Parme
언론인 · 국제특파원. 주로 국제정치 · 외교 · 중동 및 아프리카 문제를 취재해 다양한 프랑스 및 국제 매체에 기고해왔다. 일부 글에서는 그가 왕족 가문인 부르봉-파름 가(Bourbon-Parme) 출신이라는 개인적 배경도 알려져 있다. 저서로 보리스 존슨의 유럽관과 브렉시트 배경을 분석한 『Boris Johnson : un Européen contrarié 보리스 존슨: 좌절한 유럽주의자』(2021)가 있다.

## "피고 켄 로치, 엎드리시오"

이스라엘 국가를 비판했다는 이유로 반유대주의자로 몰린 영국 영화감독 켄 로치는, 2021년 2월 18일 〈뉴 레프트 리뷰(New Left Review)〉 블로그에 실린 글을 통해 그리스 전 재무장관 야니스 바루파키스로부터 다음과 같은 성원을 받았다고 밝혔다.

"이제 우리는 이런 지경에 이르렀다. 켄 로치가 이스라엘의 아파르트헤이트 정책을 보호하려는 세력에 의해 주도된 중상 캠페인의 표적이 된 것이다. 이들의 메시지는 양심에 따라 행동하려는 이들에게 간단명료하다. '당신이 반유대주의자로 낙인찍힐 각오가 되어 있지 않다면, 팔레스타인 땅에서 벌어지고 있는 반인륜적 범죄와 인권 침해에 대해 침묵하라.'"

그들은 우리 모두에게 경고한다. "우리가 켄 로치에게 이런 일을 할 수 있다면, 당신에게는 무엇을 못 하겠는가?" 켄 로치는 오랫동안 억

압, 인종차별, 차별의 희생자들을 위해 싸워온 인물이다. 그런 그조차 이렇게 공격받는다면, 더 말해 무엇할까. (…) 아이러니하게도, 성차별이나 반유대주의, 인종차별 등 모든 차별적 사고에서 벗어나기 위해 스스로를 가장 엄격하게 성찰하고, 편견 없이 살기 위해 노력해온 사람들일수록, 이러한 혐의로 공격당할 때 가장 큰 충격을 받는다. 우리는 반유대주의가 얼마나 교묘하고 강력하게 사람을 물들일 수 있는지 잘 안다.

예컨대, 유대인들이 자본주의자라는 이유로, 또는 정반대로 좌파 혁명가라는 이유로 동시에 경멸받아왔다는 사실만 봐도 그렇다.

이렇듯 우리는 '전략적 반유대주의 혐의', 즉 반체제 인사들의 입을 막고 사회적으로 배제시키기 위한 도구로 동원되는 반유대주의 혐의에 본능적으로 고통을 느낀다. 그렇기 때문에 제러미 코빈, 버니 샌더스, 브라이언 이노, 로저 워터스, 그리고 이제 켄 로치까지—내 친구들을 겨냥한 이처럼 파괴적인 중상 캠페인이 그렇게 빠르고도 성공적으로 퍼져나가는 것이다.

---

글 · 야니스 바루파키스 Yanis Varoufakis
그리스의 경제학자 · 정치인. 2015년 1월부터 7월까지 그리스 재무장관을 지냈다. 급진좌파연합(SYRIZA) 정부에서 유럽연합(EU)과의 긴축 협상에 나서 국제적 주목을 받았다. 2018년 버니 샌더스와 함께 좌파 글로벌 네트워크인 Progressive International을 설립했고, 유럽과 미국의 이스라엘에 대한 무조건적 지지를 강하게 비판해 왔다. 주요 저서로는 재무장관 시절 EU 협상 뒷이야기를 기록한 『성인이 된다는 것의 어려움』(Adults in the Room, 2017)이 있다.

## 유대인 이중간첩, 당연히 유죄?

1963년, 존 르 카레(John le Carré)-본명 데이비드 존 무어 콘웰(David John Moore Cornwell)-는 세 번째 소설 『추운 나라에서 온 스파이(The Spy Who Came in from the Cold)』로 일약 명성을 얻었다. 1965년 영화로까지 제작된 이 베스트셀러의 이념적 배경은 지금도 많은 의문을 낳는다.

르 카레는 실제로 영국 첩보기관(MI6)의 요원으로 근무한 경력이 있으며, 그가 말한 "서커스"란 서방과 공산권 간의 정보전쟁을 의미했다. 그는 이 음지의 세계를 인간성이 무가치해지는 영역으로 뛰어나게 묘사했다. "『추운 나라에서 온 스파이』는 독자가 마치 자신에게 상관없는 일에 발을 들인 듯한 느낌을 처음으로 안겨준 소설이었다.

이 책은 냉전 시기 런던과 동베를린 사이에서 벌어지는 스파이전과 반스파이 활동에 대해 모든 것을 드러내는 듯하다." 이 소설은 조작, 더 나아가 이중 조작과 복수를 중심축으로 삼는다. 알렉 리머스는 모든 것을 잃은 전직 영국 스파이로, 도덕적 육체적으로 파멸한 척 연기한 뒤 동독 정보부에 포섭된다. 그의 목적은 냉혈한 한스-디터 문트를 끌어내리는 것이다. 등장인물 중 하나의 설명에 따르면, 문트는 "히틀러 유겐트(Hitlerjugend. 히틀러 청소년단) 출신"이다. 이처럼 르 카레는 공산주의 체제의 동독조차 나치의 반유대주의 유산을 이어받았다는 이념적 배경을 아이러니하게 설정했다.

문트의 부하 중 한 명인 피들러는 유대인이다. 그는 자신의 상관이 이중간첩일 것이라고 확신하고, 리머스의 폭로를 바탕으로 이를 입증하려 한다. 그러나 르 카레의 진짜 재능은 여기에 있다. 이야기는 그렇게 단순하지 않다. 피들러와 문트 중 누가 진짜 배신자인가? 그림자들의 무도회가 끝날 무렵, 고발자였던 피들러가 오히려 피고로 전락한다. 이 냉소적이고 비윤리적인 음모는 런던에서 기획되었으며, 성공을 거둔다.

"문트는 런던의 요원이야." "우리는 지금 역겨운 작전의 최종 장면을 보고 있는 거야. 이 작전은 문트를 구하기 위한 거였지. 자기 팀원 중 한 명에게서, 진실을 눈치채기 시작한 작은 유대인 한 명(피들러)에게서 말이야. 그들은 우리에게 그 유대인을 죽이게 만들었어." 이 음모는 동독 지휘부의 반유대주의 없이는 성립될 수 없었을 것이다. 죄책감에 시달리는 리머스는, 이 어두운 사건이 이후 자신들 내부에 또 다른 피들러들을 색출하는 데 자신이 이용될 것임을 직감한다.

르 카레는 자신이 친유대주의자이며 이스라엘 국가에 우호적 감정을 갖고 있음을 줄곧 밝혀왔다.(1) 하지만 이 작품에 등장하는 리즈 골드라는 여성에 대한 묘사는 그를 곤혹스럽게 만든다. 리즈는 이상주의적이고 순진한 젊은 여성으로, 리머스와 동독 간의 연결고리 역할을 한다. 소설에서 그녀는 이렇게 묘사된다. "그녀의 얼굴 구조는 뚜렷하지만 약간 육중한 윤곽으로, 그녀의 몸과도 잘 어울렸다. 스물두세 살 정도로 보였으며, 약간 유대인형 얼굴이었다." 물론, 그녀는 공산주의자이기도 했다.

---

글 · 아크람 벨카이드 Akram Belkaïd
〈르몽드 디플로마티크〉 프랑스어판 편집장. 중동전문 기자.

(1) "Not quite conventional", 〈Jewish World Review〉, 1998년 1월 1일자 인터뷰. 프랑스어 번역본은 「John le Carré et sa proximité affective avec les Juifs et Israël」(〈타임스 오브 이스라엘〉 프랑스어판, 2021년 4월 11일).

# 독일에서 이스라엘 정책을 비판할 수 있는가?

### 소니아 콤브 Sonia Combe

프랑스 역사학자, 아카이브(문서) 전문가. 주로 20세기 유럽사 · 독일 현대사 · 기억과 망각의 정치를 연구해 왔다. 특히 동독의 기록 보존 · 접근 문제와 기억의 재구성을 다룬 전문 연구자로 꼽힌다. 주요 저서에 『Une société sous surveillance: les intellectuels et la Stasi 감시 사회: 동독 지식인과 비밀경찰 슈타지』(1999) 등이 있다.

## 반(反)유대주의 퇴치의 용도

2023년 1월, 프랑스 만화 『엘리즈와 새로운 추종자들』(델쿠르, 파리, 2021)의 독일 출판이 취소되었다. 이유는, 가수 도미니크 그랑주를 주인공으로 하는 이 작품의 후기에 등장하는 '이스라엘 아파르트헤이트'라는 표현 때문이었다. 오늘날 독일에서는 이스라엘에 대한 문제 제기가 거의 금기시되고 있다. 그런 내용을 담기만 해도 곧바로 검열 대상이 되기에, 출판 취소 같은 사건은 이제 더 이상 새롭지도 않다.

같은 해 2월 2일, 베를린 근처 포츠담에서 '타자의 고통을 이해하다. 홀로코스트, 나크바(Nakba), 그리고 독일 문화의 기억'이라는 주제로 아인슈타인 포럼이 개최됐다.(1) 이 행사에는 독일 작가 샬롯 비에데만, 이스라엘의 대학교수이자 정치학자 바쉬르 바쉬르, 그리고 역사학자 아모스 골베그가 초청되어 간담회를 가졌다.

이 행사는 원래 독일 좌파당(Die Linke)의 연합재단인 로사 룩셈부르크의 주관하에 텔아비브의 독일 문화원에서 2022년 11월 9일 개최될 예정이었다. 그런데 이스라엘의 외교부, 론 프로소르 주독일 이스라엘 대사, 예루살렘의 야드 바셈 기념관, 독일 이스라엘 연합 등이 집단적으로 행사 취소를 압박했고 결국 텔아비브의 독일 문화원은 회담을 취소할 수밖에 없었다.

이들은 1938년 11월 9일이 바로 나치 독일 전역에서 '수정의 밤(Kristallnacht, 나치당 돌격대와 무장친위대가 주도하여 유대교 회당 수백 곳과 유대인 상점, 주택 등을 방화·파괴한 사건-역주)'으로 불리는 유대인 포그롬 사건이 일어난 날이기 때문에 포럼 예정일 자체가 다분히 선동적이라고 주장했다. 이스라엘 일간지 『하레츠』는 2022년 11월 8일자 보도에서, 이스라엘 외교부 장관이 "홀로코스트와 나크바를 연결해 이스라엘의 명예를 훼손하려는 시도는 너무도 추잡해 경악할 지경"이라며 강하게 반발했다고 전했다. 이에 행사 주최 측은 행사 일정을 11월 13일로 연기했지만, 논란은 가라앉지 않았다. 이스라엘 정부가 직접 회담 취소를 요구한 데 이어, 설상가상으로 극우 학생 조직 임티르추(Im Tirtzu)까지 나서서 위협적인 공세를 펼쳤다. 결국 독일 문화원은 행사를 취소했다. 이 간담회에 초청받지 못한 독일 작가 비에데만은 독일 당국이 이스라엘의 경고를 신속하게 수용하는 태도에 놀랐다. 그녀는 이번 사건이, 우경화된 정치 상황 속에서 독일이 이스라엘의 외교적 요구나 압력에 얼마나 순응하는지를 이스라엘이 시험해 보는 것처럼 보였다고 말했다. 그리고 이 사건이 독일의 민주주의 가치 수호에 대한 시험이었다면, 독일은 분명 낙제했을 것이라고 덧붙였다.(2)

## 침해 받는 '정책 비판의 권리'

총선에서 우익 종교 세력의 지지를 받아 승리한 네타냐후 총리와 극우 정당 리쿠드당은, 선거 직후 예정돼 있던 홀로코스트와 나크바를 함께 조명하는 '아인슈타인 포럼'에 강하게 반발했다. 그러나 이러한 반응은, 선거 이후 불거질 수 있는 내부 비판을 잠재우고 관심을 외부로 돌리려는 정치적 계산으로도 읽혔다. 독일 언론은 이스라엘 선거 결과보다 이 포럼을 더욱 적극적으로 다루면서 논란에 불을 지폈다. 아인슈타인 포럼의 회장 수잔 나인만 역시, 텔아비브 행사 취소 이후 일정이 연기된 것에 깊은 우려를 표명했다. 이 철학자는 독일에서 이스라엘 정책을 비판하는 즉시 비난의 표적이 되는 위험을 감수하면서도 표현의 자유를 철칙으로 고수하고자 했다. 독일에서 벌어지는 여러 사건을 볼 때, 이스라엘 정책에 대한 비판의 권리가 심각하게 침해당하고 있음이 명백하다.

첫 번째 사건은 2018년 4월 26일로 거슬러 올라간다. 반유대주의가 다시 고개를 들던 그 시기에, 독일 연방의회는 공식 성명을 통해, "이스라엘의 존재는 독일 국가이성의 일부"라고 천명했다. 이는 이스라엘의 존립과 안보를 보장하는 것이 독일 외교의 핵심 원칙임을 선언한 것이었다. 이로써 독일 의회는 반유대주의 퇴치와 이스라엘 보호가 불가분의 관계에 있다고 인정한 것이었다. 그로부터 1년 뒤인 2019년 5월 17일, 독일연방의회는 투표를 통해 이스라엘을 상대로 한 불매(Boycott), 투자 철회(Divestment), 제재(Saction)를 주장하는, 이른바 'BDS운동'을 반유대적이라 규정하는 결의안을 채택했다. 'BDS운동'은 이스라엘의 팔레스타인 인권침해에 맞서 국제법 준수를 촉구하고자, 이스라엘 상품뿐만 아니라 대학 결연, 문화, 스포츠 교류 등을 보이콧 할 것을 호소하는 국제 시민운동이다. 그러나 독일연방의회는 이 운동이 이스라엘 시민 전체, 심지어 유대교인 전체를 낙인찍는 것과 다름없다고 주장했다. 게다가 독일 의회는 이 운동을 지원하는 기관과 문화 행사에 대한 모든 보조금 지급을 즉각 중단했다. 그러나 결의안의 내용보다 더 우려스러운 것은, 이를 지지하는 정치 세력이 극우적 성향을 띠고 있다는 점이다. 이들은 결의안을 명분 삼아 표현의 자유를 침해했던 과거의 반민주적 행태를 반복하려 하고 있으며, 이는 독일의 이데올로기 지형을 근본적으로 뒤흔들 수 있다는 비판을 불러왔다. 사실 독일연방협회의 투표는 바로 反이민을 내세우는 극우 정당 독일을 위한 대안(AfD)이 제안했다. 이 정당은 이스라엘 정부를 옹호하는 데 선두에 나서고 있지만 명백한 반유대주의 범죄행각에 대해서는 묵인한다. 베를린 반유대주의 연구소의 수잔 나이만 소장은 2023년 2월 2일, AfD당이 도널드 트럼프의 전 고문이었던 스티브 배먼의 전략을 모방하고 있다고 지적했다. 즉 이스라엘 정권에 대한 지지를 앞세워 비난은 피하고 과거의 어두운 이력은 세탁하면서 극우 세력을 확장한다는 것이다. 이러한 전략은 이미 과거에도 다른 나라에서 그 실효성이 입증된 방식으로, 브라질의 자이르 보우소나루 전 대통령, 헝가리의 빅토르 오르반 총리가 대표적 예다.

### '도큐멘타 15' 전시 스캔들

독일 극우파의 저의를 밝히기 위해 아인슈타인 포럼 회장, 베를린 반유대주의 연구소장, 역사학자 스테파니 쉴러 슈프링오름, 에밀리 디쉐 베커 기자는 2022년 6월 베를린에서 '기억의 왜곡, 홀로코스트와 새로운 권리'라는 주제로 콘퍼런스를 주최했다. 이 자리를 통해 독일뿐만 아니라 전 세계적으로 우파 정치인들은 홀로코스트 역사를 악용·왜곡하여 국수주의, 외국인 혐오, 심지어 인종차별 정책을 추진하고 있음을 확인했다. 그런데 이런 정책이 오히려 유대인을 위협하기 시작했다. 일례로 미국의 경우 공화당은 의회에서 이스라엘 지지자들처럼 행세하면서

반유대주의 음모론을 퍼트리고 있다.(3)

물론 론 프로소르 주독일 이스라엘 대사는 이런 주장에 동의하지 않았다. 그는 오히려 좌파가 위험을 초래하고 있다고 지적하면서 2022년 여름 카셀 도큐멘타 15에서 일어난 '스캔들'을 단적인 예로 들었다. 사건의 전말은 다음과 같다.

이 현대미술 전시회는 5년마다 개최되는데 2022년 행사를 위해 인도네시아 현대미술그룹 루앙그룹파를 총감독으로 선임했다. 서구와는 다른 시선을 가지고 있는 글로벌 사우스(Global South)의 예술 작품들을 선보이기 위해서였다. 그런데 전시가 개최되자 도큐멘타 15는 반유대주의 작품을 전시했다는 맹렬한 비난을 받았다. 특히 인도네시아 작가 그룹 타링 파디의 작품 '인민의 정의'가 논란의 대상이 됐다. 길이 20m의 이 벽화에는 1965년에서 1966년 사이 인도네시아에서 민간인 수백만 명을 학살했던 인도네시아 독재자 수하르토 대통령과 그를 지원했던 서구의 정보기관 수장들의 풍자 그림이 그려져 있었는데, 그중에는 이스라엘 정보기관 '모사드'의 공식 마크로 장식하고 유대교의 상징인 '다윗의 별'을 가슴에 자랑하듯 달고 있는 돼지 캐리커처도 있었다. 이 벽화는 전시 개최 이틀 만에 검은 천으로 덮이더니 결국 철거됐다.(4)

프랑크 발터 슈타인마이어 독일 대통령이 전시 개최 날 비판적인 의견을 표명했고, 주의 부족을 넘어 반유대주의 논란이 불거지자, 독일 유대인 중앙 위원회의 요청대로 도큐멘타 사무총장이 사임했다. 한편 AfD는 2019년 BDS운동을 반대하는 투표를 거부했던 클라우디아 로스(녹색당) 문화부 장관의 사임을 요구했다. 당시 올라프 숄츠 독일 총리는 도큐멘타 방문일정을 취소했고 감사위원회가 전격적으로 조사에 나섰다. 2023년 2월 제출된 위원회의 판결 보고서에서 전문가들은, 향후 전시회

준비 단계에서부터 독일 연방 정부가 보다 적극적으로 감독에 나설 것을 권고했다. 이번 사건이 일으킨 분노의 태풍을 감안하면, 이 결론은 너무 빈약했다. 감사위원회는 1,500명의 작가가 참여한 이 초대형 전시회 출품작 가운데 단 4점에서만 반유대주의적 경향이 있다고 지적했을 뿐이다. 이에 대해 작가 막스 크졸렉은, 7세기 전부터 독일 비텐베르크 교회에 새겨져 있는 '유대인 돼지 조각'—유대인 아이들이 돼지의 젖을 빠는 모습과 랍비가 돼지의 항문을 들여다보는 형상—보다 이들 4점의 작품이 더 문제가 있느냐며 의문을 제기했다.(5)

## 무엇에 대한 '민감도'인가?

정치인들과 언론은 독일과 인도네시아 사이에 존재하는 홀로코스트(쇼아)에 대한 역사 인식의 차이를 인정하고, 이를 통해 시야를 넓히는 계기를 만들기보다는, 글로벌 사우스 출신 작가들이 독일 사회의 '민감도'를 과소평가했다며 책임을 전가하는 데 집중했다.(6) 그런데 도대체 무엇에 대한 민감도인가? 반유대주의에 대한? 아니면 이스라엘에 대한? 오스트리아 호에네스 유대인 박물관장 하노 로위는, 이번 논쟁이 이스라엘 정책에 대한 비난과 반유대주의를 동일시하는 경향을 분명히 보여줬다고 평가했다. 이것이 문제의 핵심이다.

도큐멘타 15의 기획진에 어느 정도 편향적 태도가 있었다고 인정할지라도, 2019년 6월 베를린 유대인 박물관 관장직을 사임한 피터 샤페르에게까지 그런 비난을 적용한다는 것은 무리일 것이다. 유대인 연구 학자 피터 샤페르는 박물관 홍보부가 'BDS 운동'을 지지하는 것으로 해석될 수 있는 트윗을 게시하도록 방치했다는 이유로, 극우 성향의 AfD

당의 감시 대상이 되었고, 결국 정치적 압박 속에 사임했다. 샤페르가 사임하게 된 결정적인 계기는 '웰컴 투 예루살렘' 전시였다. 예루살렘 '성지'에 공존하는 3개 종교를 다룬 이 전시는 네타냐후 이스라엘 총리 측근들의 분노를 샀다. 네타냐후 총리는 직접 나서서 전시가 '이슬람-팔레스타인의 관점'에 지나치게 기울었다고 비난했다.(7) 독일의 유대인 중앙 연구소도 샤페르의 사임을 압박하는 데 가세했고, 그의 후임으로 '유대인 출신' 역사학자가 관장으로 임명되자 이를 반겼다. 2019년 8월 27일 독일 일간지 〈디 벨트〉 기사 제목은 「이스라엘은 유대인 박물관 관련 결정에 관여해야 한다」였다.

위 사례에서 드러나듯, 독일 내 기념관의 전시회들은 강도 높은 감시와 통제를 받아왔다. 나치가 유대인 말살을 위한 '최종 해결'을 결정한 1942년 반제 회담(Wannseekonferenz)의 장소였던 저택에서 열린 전시회조차 강한 비판에 직면했다. 이 기념관을 2020년까지 운영한 법학자 한스 크리스찬 재슈는, 전시 마지막에 두 장의 사진을 교육적 의도로 배치했으나, 그 의도는 외면당했고 비난을 피할 수 없었다. 첫 번째 사진은 1943년 반제 호수 앞에 설치한 푯말을 찍은 것으로 '유대인 금지'라고 적혀 있었다. 두 번째 사진은 2016년 프랑크푸르트 근처 공공 수영장에 붙어있던 안내판을 찍은 것인데 '남성 난민 금지'라는 문구가 있었다. 보수언론 〈프랑크푸르터 알게마이네 차이퉁〉은 이 두 사진을 나란히 배치한 방식이, 나치 정권의 반유대주의 정책을 오늘날의 차별 사례와 비교하도록 유도함으로써 그 본래의 악의성을 상대화하고 은폐할 수 있다고 비판했다. 그런데 이 기관들의 수장이 교체되면서 노선도 변했다. 재슈의 사임 후 예루살렘 야드바셈 홀로코스트 연구 국제 학교 교장이었던 역사학자 데보라 하르트만이 후임으로 임명됐다. 그리고 독일에서 유대인의 생활 지원을 위해 설립된 베를린 유대인 센터장이 은퇴하자 예루살렘 레오 백 연구소의 소장직을 역임했던 젊은 역사학자 안자 지게스문드가 신임 센터장이 됐다. 베를린에서 거주 중인 이스라엘 기자 요시 바르탈은 이 기관들이 과연 이스라엘 정부의 감시에도 불구하고 독립성을 유지할 수 있을지 의심했다.(8)

'반유대주의'라는 비난은 마치 다모클레스(권력에 있는 자들이 직면한 위험을 상징)의 칼처럼, 유대인 출신에게조차 위협으로 작용한다(9). 이러한 현실은 다음과 같은 사례들에서 드러난다. '기억의 왜곡' 콘퍼런스가 개최됐던 베를린의 세계 문화의 집이 반유대주의의 '싱크탱크'라는 비난을 받았고, 독일 유대인 중앙위원회 회장은 독일 연방의회 문화·언론위원회에서 아인슈타인 포럼과 반유대주의 연구소를 대표적인 반유대적 기관으로 지목하며 비방했다. 또한, 독일 현대미술제인 도큐멘타 15는 반유대주의 행사로 낙인찍혔고, 주독일 이스라엘 대사의 압박으로 텔아비브 독일문화원에서 예정된 회담은 취소되었지만, 포츠담에서의 관련 행사는 연기 후 진행되었다. 주독일 이스라엘 대사는 "이 회담이 홀로코스트의 역사를 가장 무례한 방식으로 정당화하려는 의도에서 개최됐음을 깨닫기 위해 아인슈타인의 머리까지 빌릴 필요는 없다"라며 분노했다.(10) 이스라엘의 오픈 유니버시티(개방대학)에서 교수로 재직 중인 정치학자 드니스 샤르비트는 이스라엘 대학생들 사이에서도 홀로코스트(쇼아)와 나크바(팔레스타인 강제추방의 비극)에 관한 논쟁이 여전히 계속되고 있다고 증언했다. 하지만 정작 이스라엘 내부에서는, '이스라엘의 존립과 보호'를 국가적 책무로 여기는 독일보다도 반유대주의와 관련된 비판적인 담론을 펼치기가 훨씬 더 어렵다.

2017년 AfD당이 독일연방의회에 입성하기 시작한 시점부터 인종차별과 반유대주의에 대한 발언이 거리낌 없이 공개되기 시작했고, 그에 따라 실제로 인종차별과 반유대주의가 확산되고 있다. 이러한 상황에서 독일은 과거의 대량학살을 정치적 도구로 악용할 수 있는 분위기를 조성하고 있다. 타인의 고통을 이해하는 길이 막혀있는 독일에서, 이스라엘 오픈 유니버시티의 샤르비트 교수가 말한 것처럼 "(여전히) 일부 국민만을 위해 민주화된 국가"의 정책을 비판하는 길도 막혀있다.

---

글 · 소니아 콤브 Sonia Combe

(1) 나크바(Nakba)는 아랍어로 '재난', '재앙'이라는 뜻으로 1948년 이스라엘 정부의 독립으로 인해 팔레스타인인들의 그들의 모국 땅에서 추방된 사건을 말한다.
(2) 〈Die Tageszeitung 디 타게스차이퉁〉, Berlin, 2022년 11월 11일.
(3) Moustafa Bayoumi, 'Republicans have a seriouso antisemitism problem. It isn't Ilhan Omar', 〈가디언〉, 런던, 2023년 2월 3일.
(4) Marine Vazzoler, 'Jugée antisémite, une oeuvre de Taring Padi retirée de Documenta 도큐멘타에서 반유대주의로 평가받은 라일 파디의 작품 철거' 〈Le Quotidien de l'ar 르 코티디앙 드 라르〉, Paris, 2022년 6월 23일.
(5) 〈Der Freitag 데어 프라이타크〉, Berlin, 2023년 1월 26일.
(6) 〈Die Zeit Online 디 차이트 온라인〉, 2022년 6월 25일, www.zeit.de
(7) 〈Der Tagesspiegel 데어 타게스슈피겔〉, Berlin, 2019년 6월 15일.
(8) 〈Frankfurter Rundschau 프랑크푸르터 룬트샤우〉, 2019년 6월 24일.
(9) 〈Die Welt 디 벨트〉, 2022년 6월 26일.
(10) 2023년 2월 6일 트윗.

# 동독은 과연 반유대적이었을까?

### 소니아 콤브 Sonia Combe

프랑스 역사학자, 아카이브(문서) 전문가. 주로 20세기 유럽사·독일 현대사·기억과 망각의 정치를 연구해 왔다. 특히 동독의 기록 보존·접근 문제와 기억의 재구성을 다룬 전문 연구자로 꼽힌다. 주요 저서에 『Une société sous surveillance: les intellectuels et la Stasi 감시 사회: 동독 지식인과 비밀경찰 슈타지』(1999) 등이 있다.

## 서독 지식인들을 사로잡은 논문

냉전의 종식과 함께 시작된 역사 다시 쓰기 작업은 오늘날에도 계속되고 있다. 최근 독일에서는 반유대주의 확산 책임을, 1990년에 사라진 공산주의 독일민주공화국(GDR), 즉 동독에 돌리려는 강력한 지적 흐름이 나타나고 있다. 그러나 서독이 옛 나치들에 대해 오랫동안 관대한 처우를 내렸다는 사실을 생각하면, 이는 실로 지나친 억측이다.

독일 사회에서 인종차별과 외국인 혐오에 대한 논쟁이 일고 있는 가운데, 반(反)유대주의는 특별한 위치를 점하고 있다. 그 대표적 사례가 2019년 10월 9일, 독일 동부 작센안할트주 할레(Halle)에서 발생한 유대교 회당 피격 사건이다. 범인은 회당 진입에 실패하자, 회당 앞과 인근 케밥 가게에서 무차별 범행을 저질러 2명을 살해했다. 이 사건의 가해자에 대한 재판이 열린 2020년 7월, 반유대주의의 메아리는 다시 한 번 독일 사회에 울려 퍼졌다. 할레는 구 독일민주공화국(GDR)의 영토에 위치해 있다. 이 공산주의 독일은 1949년에 탄생해 1990년 독일 통일과 함께 사라졌다. 할레 피격사건의 가해자는 베를린 장벽이 무너진 이후 태어났지만, 이 사건은 최근 주목받고 있는 한 논문의 주장에 힘을 실어

앙리에트 그라네르 - 「두 얼굴」, 2019

주는 계기가 되었다. 서독 출신(1)의 교육학자 미하 브룸리크 교수의 지적처럼, 오늘날 독일에서 유대인들이 공격받거나 반유대주의 범죄가 발생하면, 사람들은 그 원인을 과거 공산주의 국가였던, 지금은 사라지고 없는 '동독' 탓으로 돌리는 경향이 있다. 브룸리크 교수는 「동독은 얼마나 갈색이었나?」('갈색'은 나치를 상징-역주)라는 제목의 논문에서 다음과 같은 몇 가지 주장을 펼쳤다. 브룸리크 교수는 "동독이 표면적으로는 반파시즘 국가를 자처했지만, 실상은 나치 독일(제3제국)과 유사한 '권위주의적 위계 구조'에 기반한 국가였다"고 비판한다. 그에 따르면, 동독은 나치 과거를 정면으로 마주하고 청산하려는 '과거와의 대결'을 회피했으며, 오히려 나치 출신 인사들을 협박해 충성을 약속받고 체제에 복귀시켰을 가능성이 크다. 또한 동독은 대량학살 피해자들과 이스라엘에 대한 보상을 회피했을 뿐만 아니라, 자국 내 유대인들의 지지를 이용해 의심스러운 반시온주의 정책을 추진하기까지 했다.

### 반유대주의 = 동독 = 독재정권이라는 주장

브룸리크 교수는 "사회민주당 지도자 아우구스트 베벨이 '반유대주의는 어리석은 자들의 사회주의'라고 말한 바 있다. 반유대주의는 바로 동독이라는 독재정권이 내세운 사회주의의 형태였다. 지금 그것을 완성하려는 것이 아니냐?"라고 결론지었다.(2) 이는 상당히 과격한 표현이며, 동독의 이념적 정당성과 역사적 정체성에 대한 직접적이고 근본적인 비판으로 읽힌다. 전쟁 후 서독으로 귀환한 독일계 유대인 부모에게서 태어난 브룸리크는 학계와 언론계에서 저명한 권위를 지닌 인물로서 자신의 목소리를 곧잘 내왔다. 미국의 역사학자 제프리 허프도 동독에서 "20세기 두 번째 반유대주의 독재"의 낌새가 보인다며 비슷한 주장을 했다. 허프에 의하면, 동독은 1967년부터 서독 극좌세력의 도움을 받아 이스라엘을 파괴하려 했다.(3)

그렇다면 동독은 어떤 방법으로 이스라엘을 파괴하려 했을까? 동독은 이스라엘을 약화시키고 국제적으로 고립시키기 위해 다양한 방식의 적대 정책을 추진했다. 팔레스타인 해방기구(PLO) 및 여러 아랍 국가들과 동맹을 맺고, 이들에게 무기와 군사 훈련을 제공하며 간접적인 지원을 아끼지 않았다. 동독은 공식적으로는 이스라엘의 생존권을 인정하는 듯한 입장을 취했지만, 시온주의를 제국주의와 인종주의로 규정하며 반시온주의 노선을 강하게 밀어붙였다. 이러한 정치적 입장은 반유대주의와 사실상 같은 구조를 이루며, 지금도 정치적 프로파간다의 소재로 이용되고 있다. 스탈린의 소련이 반유대주의적 편집증에 빠져 1949년부터 1953년 사이 500명 이상의 유대인을 동독에서 떠나도록 압박한 시기를 제외하면, 반유대주의는 동독의 공식적인 악행 목록에 오르지 않았다. 대신 독일 내 민족주의자들은 19세기 말부터 20세기 말까지 '유대인화된 좌파' 또는 '유대인 볼셰비키'의 위협에 맞서 싸웠다는 신화를 반복해왔다.(5) 공산주의에 대한 증오 역시, 반유대주의와 마찬가지로, 마르크스주의를 '유대인의 창조물'로 간주한 나치 이데올로기의 핵심을 구성하고 있었다.

브룸리크의 주장에 응수한 이는 베를린 장벽이 무너지기 10년 전 동베를린의 판코우 지역에서 태어난 수필가 샤를로트 미셸비츠였다.(6) 그녀의 글은 베를린 병원의 소아과 의사로 일하다 2017년 104세로 사망한 잉게보르크 라포포트에 관한 것이었다. 유대인이자 공산주의자로 나치 독일 시절 미국으로 망명했던 라포포트는 나치 지배가 끝나자 동독으로 돌아가 의사로 일하다가 세상을 떠났다.

독일 통일 후 외국인 혐오와 반유대주의적 행위가 증가하는 것을 목격한 라포포트는 허프나 브룸리크의 설명과는 상반되는 설명을 내놓았다. 그는 "동독은 나치 경력을 가진 인물들이 고위직에 올랐던 독일연방공화국(FRG, 서독)과 통일된 것 아니냐"며, 유대인에게 진짜 위험했던 시기는 동독 시절이 아니라 오히려 통일 이후라고 주장한다. 그러나 동독의 반유대주의를 주장하는 이들의 생각은 다르다. 동독을 갈색(나치 돌격대의 제복 색깔)으로 그리는 데 힘을 쏟은 (서독 출신) 역사학자 하리 바이블은 자신이 처음으로, 유일하게, 접근할 수 있었던 아카이브에서 반유대주의적 증거를 방증하는 수많은 자료를 확인했다고 주장한다. 그의 주장에 따르면, 슈타지(동독의 비밀 정치경찰)는 7,000여 건의 인종차별적 범죄와 반유대주의 범죄를 기록했다고 한다. 그 같은 범죄에는 전국에 걸쳐 자행된 유대인 공동묘지 모독 145건과 "포그롬 스타일의 조직적 공격" 200여 건, 그리고 "400여 개 도시에서 발생한 린치 10건" 등이 포함된다.

축구 경기장 주변의 훌리건 폭력과 나치 표지판은 이미 알려진 사실이지만, 역사학자 바이블이 밝혀낸 반유대주의 범죄의 규모는 구 동독 지역의 시민들을 놀라게 했다. 동독 당국이 정권 반대자들보다 네오나치 단속에 미온적이었던 것은 사실이나, 그럼에도 이 역사학자가 제시한 수치는 의문의 여지가 있다. '과거와의 대결'을 선포하고도, 반공주의에 골몰해 나치전범자들과 네오나치에게는 너그러운 편이었던, 전 독일연방공화국(서독)에서는 이와 유사한 연구가 전혀 없었다.

최근 연구에 의하면, 서독의 국내 정보기관이었던 연방통일특수과제청(BvS)과 해외 정보기관인 연방정보원(BND)은 좌파를 감시하고 적군파를 추적하는 데 대부분의 시간을 할애했다.(7) 그러나 이제는 경찰과 군 내부 일부가 극우파의 오랜 온상이었음이 드러나고 있다. 최근 사례로는 베를린 경찰노총의 수장이 네오나치 조직에서 암약한 것으로 밝혀졌다.(8) 바이블이 인용한 '독점적' 아카이브 자료와 달리, 공개적으로 접근 가능한 자료를 바탕으로 진행된 1991년 미셀비츠의 조사에서는, 반유대주의적 편견을 가진 응답자의 비율이 서독인은 16%임에 반해, 동독인은 6%에 그쳤다. 또한 1994년, '유대인 학살에 지나치게 큰 의미가 부여되고 있다'는 인식 조사에서 서독인의 40%가 이에 동의한 반면, 동독인은 응답 비율은 22%에 불과했다.

그럼에도 불구하고, 대다수 역사학자들은 동독이 나치 과거의 흔적을 외면해 왔다고 지적했다. 독일 예나대학교에서 근현대사를 가르치는 저명한 역사학자 노르베르트 프레이는 동독의 반파시즘 문화정책이 판에 박힌 공허한 수사에 지나지 않았다고 주장했다.(9) 이는 분명 위에서 언급한 여론조사 결과와는 배치된다. 아직 이면에 뭔가 확인되지 않은 것이 있다! 프레이는 브룸리크와 마찬가지로 파시스트 경향의 근원에 있는 그 유명한 '권위적 위계구조'를 문제 삼았다. 한편, 서독의 범죄학자 크리스티안 파이퍼는 이 오래된 주제에 관해 이색적이면서도 도발적인 차원의 해석을 제시했다. 그는 1999년 동독의 보육원에서 모든 원생들을 동시에 변기에 앉게 한 관행을 사례로 들며, 이와 같은 극단적인 통제 방식에서 권위주의적 위계질서의 기원을 찾을 수 있다고 주장했다. 그러나 과거의 그 같은 충격적인 관행이 폭로된 후에도, 동독 시민들은 자본주의 체제의 민간기업 구조에서 또 다른 '권위적 위계구조'를 보게 됐다. 서독 사회에서 흔히 '배은망덕하다'고 조롱받던 동독 출신 시민들(Ossies)조차 곧 알아차린 것처럼, 동독에서는 국가 원수를 비판하는 것은 매우 위험했지만, 상사에게 반대한다고 해서 직장에서 쫓겨날 위험은 거의 없었다. 그런데 오늘날 그 반대의 현상이 빚어지고 있다.

### 면죄부, 신화, 그리고 공산주의자 사냥

'동독의 탈(脫)나치화는 신속하게 이루어졌는가?' 동독의 경우, 소련 점령 하에서 비교적 빠른 시기에 나치 협력자들이 숙청되었거나 서방 점령 지역으로 도피해 갔다. 이 때문에 동독에는 탈나치화 대상으로 남은 인원이 상대적으로 적었고, 보다 신속한 처리가 가능했다. 반면, 서독은 자국 내 나치 인물들뿐만 아니라 동쪽에서 도망온 협력자들까지 흡수했기 때문에, 탈나치화는 구조적으로 복잡하고 지연될 수밖에 없었다. 동독은 옛 나치들을 복권시켰는가? 동독이 그렇게 했다는 데 의심의 여지는 없지만, 적어도 서독보다는 그 사례가 적었다. 동독은 옛 나치들의 과거 행적을 바탕으로 그들을 협박했을까? 그랬을 수 있다. 협박은 모든 정보기관에서 사용하는 방법이다. 그러나 반면, 서독의 정보기관들은 적어도 1970년대까지는 나치당 출신 인사들을 협박 수단으로 활용하기 어려웠다. 그들 상당수가 이미 서독 체제 내에서 정치·행정적으로 복권되어 있었기 때문이다.

독일 연방정보원은 라인하르트 겔렌 전 독일 국방군 장군에 의해 설립됐다. 이 기관이 세워질 수 있었던 배경에는, 미국이 나치 조직을 소련 공산주의에 맞설 수 있는 막강한 세력으로 간주했던 냉전 초기의 시각이 자리 잡고 있었다.(10) 이로써 서독의 관료 사회 전체가 나치로 오염됐다. 독일 내무부의 역사연구 그룹에 따르면, "1961년 7월 고위 관리 가운데 전(前) 나치 당원 비율을 보면 서독이 67%에 달한 반면, 동독은 10% 이하에 불과했다. (11) 전(前) 나치당원이자 과격한 반공산주의자로 널리 알려진 한스 글롭케는, 전후 아무런 제약 없이 고위 관료직에 오른 대표적인 인물이다. 그는 법률 전문가이자 나치 독일의 관료로서 1930년대 중반 '뉘른베르크 반유대주의법'을 포함한 인종차별·반유대주의 입법 작업에 깊이 관여했다. 그러나 전쟁 후에는 서독 초대 총리 콘라트 아데나워의 비서실장을 맡아 권력 핵심부에 진입했다. 그의 경력은 서독의 '불완전한 탈나치화' 논란을 상징적으로 보여주며, 나치 체제에서의 전범 경력이 서독 체제에서는 오히려 정치적 자산으로 전환된 대표적 사례였다.

반면, 동독의 국가원수였던 에리히 호네커(1976~1989년 역임)가 사라질 때까지 동독 정부의 수뇌부에서 전직 나치를 찾기는 어려웠다. 1952년 이스라엘이 독일 제품을 구입하는 대가로, 서독의 아데나워 정권이 홀로코스트에 대한 보상으로 재정적 원조를 제공하는 협상을 진행할 당시, 동독은 공산주의자인 발터 울브리히트(독일 사회주의통일당 중앙위원회 제1서기)와 빌헬름 피크(동독 초대 대통령)가 이끌고 있었다. 그다지 호감 가는 인물들은 아니었지만, 두 사람은 모두 전쟁 기간 동안 소련에서 망명 생활을 했다. 그 무렵 1949~1964년 동독 초대 총리를 지낸 전 독립사회민주당 당수 오토 그로테볼 같은 이들이 나치 수용소에서 풀려나왔다.

동독 공산당 정치국에서 영향력을 가진 알베르트 노르덴은 유대 성직자 랍비의 아들이었다. 그러나 그와 같은 인물들조차 "왜 우리가 반유대주의 범죄에 대해 죄책감을 느껴야 하는가?"라는 의문을 품었다. 당시 소련은 1957년 동독의 경제수장 게르하르트 질러를 자살에 이르게 할 정도로, 철도장비 및 공구, 기계 수리 등의 명목으로 동독의 목을 조르고 있었다. 동독은 국경 밖 유대인들에 대한 보상은 거부하면서, 대신 자국 영토 내 '파시즘의 희생자들'(유대인들과 집시들)과 반파시스트 활동가들에게는 연금을 비롯해 상당한 혜택을 제공했다.

동독이 자신들의 정당성을 주장하는 기반으로 삼은 반파시스트 숭배는 거리와 광장 곳곳에 레지스탕스의 이름을 붙인 프랑스의 추모 정책을 연상시켰다. 그러나 이런 반파시스트 동독식 담론은 프랑스의 공식 서사와 마찬가지로, 나치 협력자들에게 면죄부를 주는 효과를 낳았다. 프랑스 역사학자들 역시 '저항한 프랑스'라는 신화를 만드는 데 일조했다. 하지만 어느 쪽에나 누락된 페이지가 있다. 동독은 1939년 독일-소련 불가침 조약 체결과 나치 탄압을 피해 모스크바로 피신한 독일 공산주의자들이 모스크바의 루비안카 감옥에서 총살당해 사라진 사건에 대해 침묵했다. 한편, 서독 역사학자들 대부분은 1944년 6월 6일 노르망디 상륙작전에 대해 여전히 '침략'이라는 단어를 쓰면서, 집단학살에 관여한 독일군을 면책하고 외교단은 "몰랐다"는 변명으로 일관했다.

이 두 가지 신화는 1995~2004년 열린 '절멸 전쟁: 1941년~1944년 독일군 범죄'라는 제목의 순회전시와 2010년 외교 기록보관소에서 발견한 사료를 바탕으로 독립 역사학자위원회가 발표한 보고서(12)로 인해 잠시 훼손됐을 뿐 여전히 건재하다. 한편, 역사학자 자울 프리드랜더는 자신의 회고록에서, 뮌헨의 현대사연구소 소장 마르틴 브로샤트로부터, "당신은 유대인 학살과 직접적 연관이 있는 유대인이므로 유대인 학살에 대해 말할 자격이 없다"라는 말을 들었다면서, 나중에 브로샤트가 전 나치당원이었다는 사실을 알게 됐다고 썼다. 이는 역사 신화를 유지하고 불편한 진실을 배제하는 구조'가 정치·사회 담론뿐 아니라 학계 내부에서도 작동하고 있음을 보여주는 대목이다. 역사 연구를 통해 드러난 것은, 1949년 민주주의 국가로 출범했지만, 실상은 나치 시절의 인적·제도적 잔재가 그대로 유지된 서독 건국의 어두운 이면, 치안판사와 변호사의 90%가 나치 독일 출신이었고(13) 이들이 서로의 과거를 문제 삼지 않았다는 사실, 공직사회 전반에서 벌어진 공산주의자 사냥(14), 그리고 정보기관의 인적 구성과 운영 행태의 면면이 드러났다. 그러자 서독은 마치 훌륭한 대응이라도 되는 듯, 동독의 범죄 기록을 과도하게 부각시켰다.

사라진 나라 동독이 영화, 연극, 문학작품 등을 통해 나치즘에 대한 기록을 남기는 데 기여했다는 사실, 복음주의 교회의 목회자들이 수행한 기억 작업은 서독에서 여전히 주목받지 못했다. 동독에서는 아우슈비츠가 금기시된 적이 없다. 남편 알렉산더 미체를리히와 함께 『Die unmögliche Trauer 애도의 불가능』(1967)이라는 책을 펴낸 정신분석학자 마르가레트 미체를리히는 동독 작가 크리스타 볼프의 소설 『Kindheitsmuster 유년시절의 체험양식』(1976)을 독일어로 된 최고의 애도 작품으로 보지 않았던가? 프랑스에서처럼 동독에서도 예술은 역사학보다 앞서면서 공식 담론의 공백을 메우고 있었다.

동독 붕괴 30년이 지난 지금, 냉전의 승자들은 동독이 남긴 마지막 이념적 유산인 반파시즘과 사회주의적 국제주의와 마주하고 있다. 철학자 위르겐 하버마스는 2011년 한 토론에서, 서독의 반공주의가 나치 이데올로기의 연장선에 있었으며, 역설적으로 나치 이데올로기에서 완전히 벗어나기 위해서도 반공주의를 취할 수밖에 없었다고 지적했다. 그러나 그의 발언에 귀 기울이는 이는 거의 없었다.

---

글 · 소니아 콤브 Sonia Combe

(1) 동독에 대해 논평하는 학자들이 대부분 서독 출신이므로, 저자가 서독 출신인지 아닌지를 명확히 밝히는 것은 중요하다.
(2) Micha Brumlik, 「Ostdeutscher Antisemitismus: Wie braun war die DDR?

동독의 반유대주의: 독일민주공화국은 얼마나 '갈색'이었는가?」, 〈Blätter für Deutsche und Internationale Politik, Berlin〉, 2020년 1월; 'In der DDR wurde die NS-Zeit verdrängt 동독에서는 나치 시절의 과거가 억눌리거나 외면되었다', 〈Die Zeit〉, Hambourg, 2020.3.4.
(3) Jeffrey Herf, 『Undeclared Wars with Israel: East Germany and the West German Far Left, 1967-1989』, Cambridge University Press, 2016.
(4) Dominique Vidal, 『Antisionisme=antisémitisme? Réponse à Emmanuel Macron 반시온주의=반유대주의? 에마뉘엘 마크롱에 대한 답변』, 〈Libertalia〉, Montreuil, 2018.
(5) Paul Hanebrink, 'Quand la haine du communisme alimentait l'antisémitisme 공산주의에 대한 증오가 반유대주의를 부추길 때', 〈르몽드 디플로마티크〉, 프랑스어판 2019년 12월.
(6) Charlotte Misselwitz, 'Als ob wir nichts zu lernen hätten von den linken Juden der DDR 마치 우리가 동독의 유대인 좌파로부터 배울 것이 아무것도 없는 것처럼', 〈Deutschland Archiv〉, 2020.4.30. www.bpb.de
(7), (10) 컬렉션 〈Unabhängige Historikerkommission zur BND-Geschichte 독일 연방정보국(BND) 역사 조사 독립위원회〉 참조, Links-Verlag, 2016-2018.
(8) Gareth Joswig, 'Mitgliedsnummer 11 단체의 회원번호 11', 〈Die Tageszeitung〉, 2020년 7월 20일; Massimo Perinelli, Christopher Pollmann, 'Le non-procès de la violence néonazie '네오나치' 폭력을 조장하는 독일 경찰의 무능', 〈르몽드 디플로마티크〉, 프랑스어판 2019년 7월호, 한국어판 2019년 8월호.
(9) 〈Deutschlandfunk〉, 2020.2.9.
(11) Frank Bösch, Andreas Wirsching (dir.), 『Hüter des Ordnung. Die Innenministerien in Bonn und Ost-Berlin nach dem Nationalsozialismus 질서의 파수꾼들 - 나치 이후 본과 동베를린의 내무부』, Wallstein, Göttingen, 2018.
(12) Eckart Conze et al., 『Das Amt und die Vergangenheit: Deutsche Diplomaten im Dritten Reich und in der Bundesrepublik 외무부와 과거: 제3제국과 독일 연방공화국의 외교관들』, Pantheon, Munich, 2012.
(13) Klaus Bästlein, 『Der Fall Globke: Propaganda und Justiz in Ost und West 글로브케 사건: 동서독의 선전과 사법』, Metropol, Berlin, 2018.
(14) Dominik Rigoll, 『Staatsschutz in Westdeutschland: Von der Entnazifizierung zur Extremistenabwehr 서독의 국가보안: 비나치화에서 극단주의 대응까지』, Wallstein, 2013.
(15) 〈Frankfurter Rundschau〉, 2011.7.1.

# "그들을 보면 우리가 보인다"

실비 로랑 Sylvie Laurent

프랑스의 역사학자 · 미국 연구자로 파리 정치대학 강사. 미국 현대사와 사회정책, 특히 인종 문제 · 불평등 · 시민권 운동을 중심으로 연구해왔다. 주요 저서로는 미국 백인 하층민의 역사와 정치 · 문화적 재현을 분석한 『백인 하층민』(Poor White Trash, 2011년) 등이 있다.

## 미국계 흑인의 눈에 비친 팔레스타인인들

흑백의 한 동영상 속에서 갈색 피부의 사람들이 플래카드를 들고 서 있다. 레게머리, 스카프, 카피예(아랍 전통 두건) 등 다양한 모습이지만, 메시지는 하나다. "우리를 향한 살인을 멈춰라", "우리의 존엄성을 돌려 달라." 2014년 8월, 퍼거슨(미주리주)에서 흑인 청년이 백인 경찰관의 총격으로 사망한 사건에 대한 무죄 평결에 분노하는 흑인들의 모습과 팔레스타인 점령지의 사진이 함께 전시되어 있다. 팔레스타인인들은 'Black Lives Matter'(흑인의 생명도 소중하다는 뜻의 흑인 민권운동 단체)를 지지하고, 미국의 흑인들은 팔레스타인에 대한 압제를 인종차별이라 주장한다. 이들에게는 공동의 적이 있다. 퍼거슨 경찰서에 최루가스와 진압용 무기를 납품하는 '콤바인드 시스템즈'라는 미국기업이다. 이 기업은 가자지구와 요르단강 서안지구를 점령한 이스라엘군에도 무기를 공급하고 있다. 2015년 제작된 이 영상은, SNS를 통해 일반인은 물론 미국에서 영향력을 가진 흑인 인사들에게도 널리 퍼졌다. 흑인 혁명가이자 『자유는 끝없는 투쟁: 퍼거슨, 팔레스타인 그리고 운동의 토대』의 저자인 엔젤라 데이비스,(1) 철학자 코넬 웨스트, 영화감독 겸 배우인 대니 글로버(1987년 넬슨 만델라를 연기했음), 가수 로린 힐, 작가 엘리스 워커 등도 이 영상을 보고 목소리를 높였다. 이 영상을 만든 누라 에라카타는 대학교수이자 변호사로, 앞서 언급된 인물들이 사회적 파급력을 지닌 반체제 운동가임을 잘 알고 있었다.

한편, 미국의 흑인 투쟁가들과 팔레스타인인들의 연대를 담은 영화 〈그들을 보면 우리가 보인다〉(2)는 수많은 박해와 압제를 겪어온 두 공동체의 파란만장하고 오랜 역사를 그리고 있다.

1967년, 6일 전쟁에서 승리한 이스라엘은 요르단강 서안지구와 가자지구를 점령했다. 이 전쟁 이후 미국의 '시민권 운동'(1950년대부터 1960년대에 걸쳐 미국 내에서 벌어진, 특히 아프리카계 미국인들의 인종차별 철폐와 평등권 확보를 위한 사회적·정치적 운동)은 그동안 고수해온 비폭력과 기독교적 태도를 버리고, 보다 적극적인 주장을 펼치게 됐다. 1960년대 미국에서 등장한 '블랙파워'(Black Power)'는 제3세계 국제주의와 1930~40년대 흑인 반식민주의 운동의 명맥을 잇는 흑인해방운동이었다. 공산주의자였던 폴 로브슨부터 민족주의자였던 마커스 가비와 맬컴 엑스에 이르기까지 다양한 사상과 배경을 가진 이들이 이 운동에 참여했다. 특히 맬컴 엑스는 1957년에 예루살렘, 1964년에 가자지구를 방문해, 초국경적이고 범세계적인 해방투쟁의 큰 지표를 남겼다. 또한, 1964년 9월 출간한 『시온주의 논리』에서는 이스라엘의 팔레스타인 점거에 대해 '식민지배의 위장'이라고 비판했다. 특히 이스라엘은 미국의 전략적 금융 지원, 즉 '달러리즘(dollarisme)'을 기반으로 자신들이 저지른 폭력을 마치 호의적인 행위인 것처럼 포장했다는 점이다.(3) 학생비폭력조정위원회(SNCC)와 흑표범단(Black Panthers)은 당시 이스라엘과 미국을 저격했던 대표적인 조직들이다. 흑인해방을 외치는 청년투사들은 노예로 박해받은 역사가 있는 이스라엘에 본능적으로 느꼈던 동질감을 거두었다. 흑인들은 무려 17세기부터 성서중『출애굽기』를 가장 좋아했고, 이스라엘 건국은 '하늘의 도우심'이라 믿어왔었다. 1948년, 미국의 흑인 소설가 제임스 볼드윈은 "가장 경건한 흑인은 유대인처럼 생각하는 이들, 즉 이집트 탈출을 인도할 모세를 기다리는 사람들"이라고 기록했다.(4) 볼드윈은 1961년 팔레스타인을 방문해 흑인들이 조국이자 '돌아갈 집', 자신의 뿌리와 역사를 품은 땅을 찾는 민족에게 깊은 동질감을 느낀다고 표현했다. 자유의 땅을 향한 유대인의 간절한 마음을 그만큼 잘 이해한 사람도 없었을 것이다.

하지만 볼드윈은 침탈과 강제 이주의 의미 또한 잘 알고 있었다. 1967년 팔레스타인 점령을 기점으로 미국의 흑인 운동가들이 시온주의자에게 품었던 호감은 급격히 시들었다. 한때 히브리 민족과 같은 입장이라고 믿었던 흑인 운동가들은, 아랍인들에게 더 강한 동질감을 느끼게 되었다. 아이러니하게도 마틴 루터 킹은 이스라엘 건국을 반겼지만, 그의 멘토인 인도 독립운동가 마하트마 간디와 가나 독립운동가 콰메 은쿠루마는 반식민지 투쟁의 일환으로 시온주의를 공개적으로 비판했다. 그리고 마틴 루터 킹의 후손격인 학생비폭력조정위원회(SNCC)는 1967년에 팔레스타인과 연대를 맺었다.

## "우리는 반시온주의자지만 반유대주의자는 아니다"

새로운 흑인운동가 세대가 주장하는 반제국주의는 무엇보다 '민족성'을 강조하는 제3세계주의로, 이들은 갈색인종(피부색이 갈색인 인종. 말레이인이 이에 해당)과 연합하고 있었다. 이 세대는 스스로를 내부적 식민주의의 포로라고 생각하고 있으며, 특히 민족주의 성향이 강한 이들은 미국에서 '2국가 해법'을 주장하기도 했다. 역사학자 알렉스 루빈은 이 현상을 "아프로-아랍(Afro-Arab)의 정치적 상상력"(아프리카계와 아랍계의 해방투쟁을 연결해 상상하고 연대한다는 정치적 · 문화적 상상력)이라고 불렀다.(5) 이 같은 상상력에 입각해 흑표범단은 서둘러 팔레스타인해방기구(PLO)와 접촉했다. PLO는 팔레스타인 문제를 반식민주의, 반인종주의, 반자본주의 투쟁과 엮기에 시의적절하다고 생각했다. 그렇게 함으로써 팔레스타인 투쟁이 오랜 식민지와 영토 분쟁의 세계사 속 한 축으로 자리매김하고, 국제적 쟁점으로까지 확대될 것이라 믿었다.

SNCC와 흑표범단은 대변인을 통해 "우리는 반시온주의자이지만 반유대주의자는 아니다"라는 입장을 명확히 밝혔다. H. 랩 브라운 SNCC 회장은 1967년에 "우리는 이스라엘 지도자들에게 이 땅에 대한 권한이 없다고 생각할 뿐, 반유대주의자는 아니다"라고 선언했다.(6) 1970년 흑표범단은 휴이 뉴튼의 지시에 따라, 일부 조직원의 지엽적인 발언들을 부인하고 유대인을 옹호하는 대신 백인 우월주의를 적시하는 '혁명적' 국제주의를 옹호했다.

뉴튼은 군국주의와 이스라엘-미국의 "반동적 민족주의"에 억압받는 민족들에게 자결권을 부여해야 한다고 수차례 주장했다.(7) 오늘날 흑인과 미국계 유대인의 동맹은 위태로운 관계에 있지만, 시민권 운동(1954~1968) 시기에는 견고했다. 1909년 미국흑인지위향상협회(NAACP) 창설에서부터, 20세기 미국 유대교를 대표하는 신학자이자 랍비인 아브라함 요수아 헤셸이 마틴 루터 킹과 함께 '셀마-몽고메리 행진'(1965년 3월, 흑인 참정권 등을 요구)에 함께 하기까지, 진보적 유대인 엘리트들은 흑인해방운동에 중대한 역할을 했다.(8)

이 동맹관계에 균열이 전혀 없던 것은 아니다. 주로 고학력의 유대인이 흑인을 통제하려 한다는 비판도 있었지만, 동맹 균열을 가져온 결정적인 계기는 팔레스타인 문제였다. 1967년, 미국계 흑인 수필가 해롤드 크루즈는 그의 저서 『흑인 지식인의 위기』에서 미국계 유대인의 이중성을 지적했다. "두 민족은 '똑같이' 억압받고 고통받았다. 그중 힘을 지닌 유대인들은 '우리'라는 입장에서 '우리'의 해방을 위해 그 영향력을 행사해 왔다. 그러나 이렇게 압제자에 저항하던 정신이 이스라엘의 팔레스타인 점령 앞에서는 도대체 어디로 사라진 것일까?"(9) 크루즈는 신보수주의 잡지 〈코멘터리〉가 던진, "유대인 지식인들은 시온주의에 대해 어떤 입장을 취하는가?"라는 질문에 답하려면, 정의를 원하는 흑인들이 흑인과 미국계 유대인 간 동맹이 여전히 정당한지 신중하게 따져봐야 한다고 말했다. 〈코멘터리〉에 의하면, 노만 포드호레츠 등 일부 미국계 유대인 지식인들의 입장이 1960년대 말부터 점차 변화하기 시작했다. 국내적으로는 흑인에 대한 모든 지원을 철회하고, 국제적으로는 이스라엘을 무조건 지지하는 방향으로 말이다.

1975년, UN 총회가 결의안 3379호를 채택해 시온주의가 "인종주의 및 인종차별의 한 형태"라고 비판하자, 미국에 큰 파장이 일었다.(10) 당시 다니엘 패트릭 모이니한 미국 UN대사도 이에 크게 분노했다. 10년 전, 대학교수이자 존슨 대통령의 측근이었던 그는 미국계 흑인을 위한 사회정책 보고서를 작성해, 구조적인 사회적 소외 문제를 규명한 업적으로 잘 알려진 인물이다. 그러나 이제는 이스라엘의 '인종주의'를 비판하는 자에게 야유를 보내는 신보수주의자가 됐다.

팔레스타인 문제가 미국 흑인 사회에 일으킨 반향을 이해하려면, 시민권 운동 이후 전개된 미국 사회의 변화를 고려해야 한다. 미국 사회에서 팔레스타인을 지지한다는 것은, 반체제적 권리를 주장하는 것과 같앉다. 그것은 한때 흑인, 멕시코, 인디언의 영토와 권력을 빼앗고 이제는 중동까지 지배하려는 강력한 미국의 권위에 도전하는 셈이었다. 남아공의 흑인차별 정책(아파르트헤이트)은 대학가에 격렬한 사회운동을 일으켰다. 흑인 빈곤 지역의 게토화를 반대한 운동가들도 대학생들의 시위를 부추기는 데 한몫했다. 미국과 이스라엘은 식민주의와 자본주의 지배의 상징인 남아공 정권을 지지하며 무기를 공급했다. "이스라엘 아파르트헤이트"란 말도 자주 등장했다.(11) 팔레스타인은 이 때문에 디아스포라의 일원이 됐다. 남아공 운동가들은 남아공 대학에 대한 미국의 지원을 모조리 철회시키라고 정부에 요구했다.

1979년, 시민권 운동가 출신의 앤드류 영은 PLO 지도자들을 만났다는 이유로 미국 UN대사직에서 파면됐다. 당시 지미 카터 미국 대통령은 결국 이 사건으로 미국계 흑인 대표들로부터 원망을 샀다. 제임스 볼드윈은 1979년 9월 29일 주간지 〈더 네이션〉에 이렇게 기고했다. "이스라엘이 건국된 이유는 유대인의 안녕을 위해서가 아니라 서구의 이권을 위해서다. 팔레스타인은 "원활한 통치를 위해 분할된" 영국식 식민정책의 희생자이자, 30년간 유럽이 기독교인으로서 가졌던 죄책감의 희생자다." 그러나 앤드류 영에 대한 파면 조치는 지정학적 사안이기보다는 미국의 국내 문제에 가까웠기 때문에, 많은 흑인들은 미국계 유대인들이 파면 조치에 결정적인 역할을 했을 것이라고 추측했다. 이 때문에 반유대주의 정서는 더욱 거세게 일었다.

1990년대, 미국계 흑인 급진주의자들의 활동이 뜸해지면서 흑인-팔레스타인 동맹도 정체기를 맞이했다. 흑인 지도자들의 온건한 태도, 흑표범당 급진 혁명가들의 분열, 1993년 오슬로 협정(미국 클린턴 대통령의 중재로 이스라엘 라빈 총리와 팔레스타인 해방기구 아라파트 의장이 체결한 중동평화협정. 팔레스타인 임시자치정부 출범의 계기가 됨-역주) 이후 불어온 중동의 평화 물결이 미국흑인해방운동의 핵심요소인 제국주의에 대한 비판을 잠재웠다.

2015~2016년이 돼서야 흑인-팔레스타인 동맹이 다시 불붙기 시작했다. 경찰이 비무장 상태의 흑인 청소년들을 공격하고 퍼거슨 지역의 흑인 폭동을 강제 진압한 것이 도화선이었다. SNCC의 뒤를 이어 Black Lives Matter도 인종차별적 세계 지배구조에 반대의 목소리를 높이기 시작했다. 잠잠했던 동맹에 다시 불을 붙이는 데는 SNS의 역할이 컸다. '블랙스 포 팔레스타인(B4P)'이라는 이름의 페이스북 그룹도 등장했다. 반인종주의 조직인 '드림 디펜더스'는 2017년에 흑인 예술가들과 점령지를 방문했고, 이스라엘 보이콧 논란이 끊이지 않는 미국 대학가에서 토론회를 주최했다.(12)

몇몇 운동가와 대학생들을 중심으로, 흑인과 팔레스타인 간의 동맹을 지지하는 새로운 단체들이 생겨나기 시작했다. 시카고 출신의 흑인 래퍼 빅 멘사(Vic Mensa)는 2018년 〈타임〉지를 통해 "팔레스타인이 내게 가르쳐준 미국 인종주의"라는 제목의 글을 게재해, 2017년 점령지를 방문하며 느꼈던 복잡한 심정을 솔직하게 털어놓았다. (13) 그는 이스라엘 군인이 팔레스타인 소년을 심문하는 장면을 목격했을 때, 마치 거울 속에서 자신의 모습을 보는 것 같다고 말했다. "처음엔 내가 용의자가 아니라는 사실에 안도했지만, 곧 깨달았다. 이곳에서 차별과 억압의 표적이 되는 또 다른 '흑인'은 다름 아닌 팔레스타인 사람들이라는 것을."

글 · 실비 로랑 Sylvie Laurent
(1) Angela Davis, 『Freedom is a Constant Struggle: Ferguson, Palestine, and the Foundations of a Movement』, Haymarket Books, Chicago, 2016년.
(2) 「When I see them, I see us」, Black Palestinian Solidarity, www.blackpalestiniansolidarity.com
(3) Malcolm X, 「Zionist logic」, 〈The Egyptian Gazette〉, Le Caire, 1964년 9월 17일.
(4) James Baldwin, 「The Harlem Ghetto」, 〈V COMMENTARY〉 165호, 169호 (1948)
(5) Alex Lubin, 『Geographies of Liberation: The Making of an Afro-Arab Political Imaginary』, The University of North Carolina Press, coll. 『The John Hope Franklin Series in African American History and Culture』, Chapel Hill, 2014년.
(6) Douglas Robinson, 「New Carmichael Trip」, 〈The New York Times〉, 1967년 8월 19일 보도 인용.
(7) Huey P. Newton, 'On the Middle East', 『To Die For the People』, Random House, New York, 1972년.
(8) Murray Friedman, 「What Went Wrong? The Creation and Collapse of the Black-Jewish Alliance」, 〈The Free Press〉, New York, 1995년.
(9) Harold Cruse, 「The Crisis of the Negro Intellectual: A Historical Analysis of the Failure of Black Leadership」, 〈Morrow〉, New York, 1967년.
(10) 결의안은 "인종 간 우월함에 차이가 있다는 어떤 독트린도 과학적으로 거짓이며, 도덕적으로 비난 받아야 하고, 사회적으로 불공정하며 위험하다"라고 규정했다. 72개국 찬성, 35개국 반대(32개국 기권)로 채택된 이 협약은 이스라엘의 요구에 따라, 1991년 12월 16일에 채택된 결의안 46/86에 의해 폐지되었다.
(11) Lire Alain Gresh, 「Regards sud-africains sur la Palestine」, 〈르몽드 디플로마티크〉 프랑스어판 2009년 8월.
(12) Alain Gresh, 「Lobby israélien, le documentaire interdit 왜? 알자지라 다큐멘터리는 방영 금지됐나」, 〈르몽드 디플로마티크〉 프랑스어판·한국어판, 2018년 9월.
(13) 「Vic Mensa: What Palestine taught me about American racism」, 〈Time〉, New York, 2018년 1월 12일.

## 대통령이 그런 말을 해선 안 된다

"어떻게 이런 인물이 미국 대통령이 될 수 있었단 말인가?" 〈뉴욕포스트〉는 2007년 1월 15일자 사설에서 격분을 감추지 못했다. "한때는 실패한 대통령이더니, 이제는 좌파 독재자들의 친구가 되어, 미국의 정당한 이익이라면 무조건 공격하는 자가 되었다." 도대체 지미 카터 전 미국 대통령이 무슨 잘못을 했기에 이런 대접을 받아야 했을까?

카터는 『팔레스타인: 아파르트헤이트가 아닌 평화(Palestine: Peace Not Apartheid)』(2007)라는 책을 썼다. 그 책에서 그는 이스라엘이 팔레스타인 국가의 존재를 인정하고 협상에 나서지 않는다면, 이 지역의 상황은 남아프리카 공화국의 아파르트헤이트 체제와 유사해질 위험이 있다고 경고했다. "두 민족이 같은 땅을 점유하고 있지만, 서로 철저히 분리되어 있으며, 이스라엘은 지배적 위치에서 팔레스타인인들의 기본권을 억압적이고 폭력적으로 박탈하고 있다."

이러한 비교는 미국 유대인 사회의 일부에서 격렬한 반발을 불러일으켰다. 예컨대, 반명예훼손연맹(ADL)은 여러 신문에 카터가 반유대주의자라는 주장을 담은 전면 광고를 실었다. 이에 대해 카터는 해명해야 했다. "아랍 세계와 유럽 전역에는 미국 정부가 팔레스타인인들의 고통을 외면하고 있다는 인식이 광범위하게 퍼져 있다. 하지만 이 인식은 미국 내에서는 거의 공유되지 않는다. 나는 말하고 싶다. 팔레스타인인들이 자신들의 땅에서 평화롭게 살 권리를 옹호하는 일이 곧 이스라엘에 반대하는 일은 아니다."(1)

그럼에도 이 책은 출간 수개월 후에도 높은 판매량을 기록하고 있었다. 정치 분석가 헨리 지그먼(Henry Siegman)은, 이 책이 내용 면에서는 기존 연구에서 크게 벗어나지 않았지만, 출간 당시의 과도한 반응은 미국 정치권 전반—민주당이든 공화당이든—이 이스라엘-팔

레스타인 분쟁에 대해 얼마나 무지한지를 드러냈다고 평가했다.(2)

카터의 비판은 이스라엘뿐 아니라 미국의 대중동 정책에도 날을 세웠다. 비슷한 시기, 팔레스타인계 미국인 역사학자 라시드 칼리디(Rashid Khalidi)의 저서 『철창: 팔레스타인 투쟁의 역사(The Iron Cage: The Story of the Palestinian Struggle for Statehood)』(2006)도 같은 문제를 다루고 있었다. 그 역시 공격을 피할 수 없었다. 2003년, 컬럼비아대학에서 에드워드 사이드가 석좌 교수 및 중동연구소장으로 임명된 뒤, 칼리디는 조직적인 비난의 표적이 되었다. 그는 또 다른 저서에서 미국의 대중동 외교를 제국주의적 관계로 규정하고, 이스라엘과 워싱턴이 팔레스타인 국가의 형성을 의도적으로 방해하고 있다고 분석했다.(3) 2004년, 〈뉴욕포스트〉는 칼리드를 반유대주의자라고 비난했으며, '에드워드 사이드 석좌 교수'가 아랍 정부의 자금으로 연구소를 운영한다는 의혹까지 제기했다.

---

글 · 마리아노 아기레 Mariano Aguirre
스페인 출신의 국제정치학자. 현재 헤이그의 클링엔다엘 국제관계연구소(Clingendael Institute) 선임연구원. 그는 무력분쟁, 국제 개입, 다자주의, 글로벌 거버넌스 문제를 연구해왔다. 저서로는 『신냉전 2.0: 새로운 국제정세를 이해하기 위한 열쇠(Guerra Fría 2.0: Claves para entender la nueva política internacional)』(이카리아 출판사, 바르셀로나, 2023)가 있다.

(1) Amy Goodman과 James Carter의 인터뷰, 「Democracy Now!」, 2006년 11월 30일 방송.
(2) Henry Siegman, 「허리케인 카터(Hurricane Carter)」, 〈The Nation〉, 뉴욕, 2007년 1월 22일.
(3) Rashid Khalidi, 『제국의 부활-서구의 발자취와 중동에서 미국이 걷는 위험한 길(Resurrecting Empire: Western Footprints and America's Perilous Path in the Middle East)』, Beacon Press, 보스턴, 2004년.

## 마나과의 '유대인 없는 반유대주의'?

1983년, 니카라과의 수도 마나과를 방문한 파나마의 랍비 헤셸 클레프피슈(Heszel Klepfisz, 1910~2004)는, 미국 정부가 니카라과 산디니스타 정권(1979년부터 1990년까지 집권한 좌파 혁명 정부. 미국 레이건 행정부는 반군 '콘트라'를 지원해 니카라과 내전을 격화시켰고, 결국 산디니스타는 선거에서 정권을 상실했다—역주)에 대해 제기한 반유대주의 혐의를 강하게 반박했다. 당시 로널드 레이건 미국 행정부는, 미국 내 유대인 단체들의 지원을 받아 산디니스타들이 니카라과 내 유대인 공동체를 조직적으로 탄압하고 있다는 주장을 퍼뜨리는 데 일조했다.

클레프피슈 랍비는 니카라과 고위 당국자들 및 마나과의 유대인들과 직접 대화를 나눈 후, 라틴아메리카 유대인 의회에 다음과 같이 보고했다. "오늘날 니카라과에서 반유대주의가 존재한다고 말하는 것은 사실이 아니며, 몰수 조치의 대상이 된 것은 소모사 정권(산디니스타가 붕괴시킨 독재정권)과 상업적 관계를 맺었던 유대인들의 기업과 재산에 한정되었다."

반면, 반명예훼손연맹(ADL)의 랍비 모턴 로젠탈은 산디니스타 정권이 "유대인이 없는 반유대주의"의 가능성을 보여주었다고 주장하며, 유대인 소유 재산의 몰수를 그 근거로 들었다. 그러나 그는 1979년 몰수 조치가 유대인만이 아니라 소모사 일가와 그와 연계된 모든 인물에게 적용된 것이었다는 점은 언급하지 않았다.

어쨌든 니카라과 인권상설위원회(비산디니스타 계열)와 마나과 주재 미국 대사관 모두 반유대주의 혐의를 뒷받침할 만한 충분한 증거를 찾지 못했다.

1979년, 산디니스타 혁명으로 소모사 독재가 전복되던 해에, 이스라엘이 소모사 대통령을 지지한 사실은 산디니스타 측의 적대감을 불러일으켰고, 이로 인해 유대계 니카라과 시민들도 피해를 입었다. 예컨대 이삭 스타비스키는 독재자에게 이스라엘산 무기를 사들이도록 도왔다며 비난을 받았고, 그의 장인 아브라함 곤 역시 소모사의 오랜 사업 파트너였다. 니카라과 인권위원회에 따르면, 아브라함 곤은 1979년 1월 온두라스로부터 항공편으로 운송된 물자를 받아 국가경비대에 인도하라는 전문을 소모사 정권으로부터 받은 것으로 알려졌다.

그럼에도 자국 대사관의 판단을 무시한 채, 레이건 미국 대통령은 백악관 회의에서 산디니스타 정권의 '반유대주의'를 비난했다. 이는 미국 해군이 니카라과 해안 근처에서 무력 시위를 벌이던 시기였고, 미 하원이 CIA의 니카라과 반군 지원 예산을 삭감하려 하던 상황과 맞물려 있었다. 1983년 여름, 레이건은 "사실상 니카라과의 유대인 공동체 전체가 두려움 속에 나라를 떠났다"라고 주장하며, "중앙아메리카의 공산주의는 정치적 자유뿐 아니라 종교적 자유의 상실을 뜻한다"라고도 말했다.

하지만 이런 정치적 공세에도 불구하고, 미국 하원은 결국 CIA의 대 니카라과 작전 예산 지원을 거부했다. 같은 해 8월 29일, 〈워싱턴포스트〉에서 로젠탈은 자신이 틀렸을 수 있다고 인정했다. 특히 니카라과 유대인들의 '탈출'에 대한 자신의 주장이 잘못되었을 수 있음을 밝혔다. 사실, 1980년대 당시 니카라과 유대인 공동체는 150명도 채 되지 않았으며, 상당수는 이미 1972년 지진 이후 이주를 시작했고, 나머지는 대부분 1979년 소모사 정권 붕괴 직후 이 독재정권에 연루된 다른 시민들과 함께 떠났을 뿐이었다.

---

글 · 이냐시오 F. 클리히 Ignacio F. Klich
역사학자. 특히 아르헨티나 정부의 나치 전향자 이송 및 망명 허용, 유대인 및 아랍 이민자 역사, 중남미의 정치 갈등 등을 비판적으로 분석했다. 저서에 『Arab and Jewish Immigrants in Latin America』(1998)가 있다.

# 왜 〈알자지라〉 다큐멘터리는 방영이 금지됐나

### 알랭 그레쉬 Alain Gresh

프랑스의 언론인·중동 전문가. 〈르몽드 디플로마티크〉 기자와 부편집장을 역임했으며, 온라인 매체 〈Orient XXI〉 최고 책임자 겸 기자로 활동하고 있다. 팔레스타인 문제, 아랍 세계, 이슬람, 프랑스 외교정책 등 중동·북아프리카(MENA) 지역과 관련한 심층 분석으로 잘 알려져 있다. 주요 저서로는 분쟁의 역사와 오해를 바로잡는 내용의 『이스라엘-팔레스타인: 거짓과 진실』(Israël-Palestine: Vérités sur un conflit – 도미니크 비달과 공저) 등이 있다.

겉모습은 완벽한 신사다. 아직 학생티가 나는 앤서니 클라인펠드는 유대계 영국인으로 명문 옥스퍼드 대학교를 졸업했다. 네덜란드어와 이디시어를 포함해 6개 국어에 능통하며, 중동지역 갈등의 원인까지 막힘없이 설명할 수 있는 그는, 어느 서구 국가의 외교부나 유명 싱크탱크에도 무리 없이 들어갈 수 있는 능력의 인물이었다. 그러나 그의 선택은 달랐다. 그가 들어간 곳은 '이스라엘 프로젝트(TIP)'로, 언론 보도 속 이스라엘의 이미지를 개선하는 임무를 수행하는 친이스라엘 조직이었다. 뛰어난 능력자답게 바로 채용된 그는, 이스라엘을 무조건 지지하는 단체들과 미국 내 대표적인 친이스라엘 로비 단체인 미국이스라엘공공문제위원회(AIPAC)의 고위급 인사들과 5개월간 함께 생활했다. (1)

클라인펠드는 그들과 함께 칵테일 파티, 의회, 전당대회, 지지자들을 위한 교육과정 등에 빠짐없이 참석하면서 두터운 인맥을 쌓았다. 상냥하고 따뜻하면서도 일할 때는 효율성을 중시하는 클라인펠드를 사람들은 점차 신뢰했고, 가식이나 불필요한 인사치레 없이 그에게 속내를 솔직하게 털어놓기 시작했다. 클라인펠드에 대한 그들의 신뢰수준은 놀라울 정도로 높았다.

그가 의회에 영향력을 행사하는 방식은? "의원들은 압박을 가하지 않으면 아무 일도 하지 않습니다. 그들을 움직일 수 있는 유일한 방법은 다름 아닌 돈이에요." 대학교 캠퍼스에서 팔레스타인 국민들의 권리를 지켜달라고 시위하는 이들에게는 어떻게 대응해야 할까? "반이스라엘 세력에게 가장 효과적인 방법은, 일단 그들을 조사하고, 조사한 정보를 아무 웹사이트에나 올린 후 해당 웹페이지가 페이스북 광고로 그들에게 노출되도록 하는 것입니다."

클라인펠드의 지인들은 가까운 친구와 이야기하듯 진솔하고 편안한 태도로, 자신들이 이스라엘 전략부의 지원을 받아 미국 시민들을 대상으로 염탐 활동을 하고 있다고 털어놓았다. 2006년 설립된 이스라엘 전략부는 베냐민 네타냐후 총리의 직속부서다. 전략부 책임자들 중 한 명은 클라인펠드에게 "우리는 해외에서 정부 역할을 수행하는 만큼, 매우 신중해야 한다"라고 충고했다. 그들이 벌이는 활동의 일부는 미국 법원의 제재 대상이기도 하다. 클라인펠드가 '이스라엘 프로젝트(TIP)'의 '토니' 밑에서 수습 기간을 마치자, 토니의 상사인 에릭 갤러거는 클라인펠드 채용을 원했다. "나는 당신과 함께 일하길 원한다. 당신은 공동체 정신을 중요시하고, 열심히 일하고, 열정적이고, 매사에 호기심이 많고, 좋은 교육을 받았고, 화술이 뛰어나고, 독서량도 풍부한 사람이다. 나에게 꼭 필요한 사람이 바로 당신과 같은 사람이다."

그러나 클라인펠드는 거절했다. 이미 짐작했겠지만, 그는 우리가 생각하는 그런 사람이 아니기 때문이다. 물론 그의 학력과 실력은 진짜다. 그러나 그는 카타르에 거점을 둔 〈알자지라〉 방송사가 파견한 비밀취재원이었다. 그가 맡은 임무는 친이스라엘 로비 단체의 활동을 다룰 다큐멘터리 제작에 필요한 자료를 수집하는 것이었다. 이를 위해 그는 은밀히 확보한 기밀을 카메라에 담았고, 〈알자지라〉 조사부에서 필 리가 이

나디아 젤라시 - 「옷을 뒤집다」, 2010

그는 동료들과 함께 방대한 자료를 모았다. 2017년에 이미 〈알자지라〉는 영국 내 친이스라엘 로비 단체의 활동을 추적 보도한 르포르타주를 통해, 이스라엘이 외국 내정에 개입하고 친팔레스타인 성향의 장관을 강제 해임하려 했던 정황을 밝혀냈다. 이 다큐멘터리는 큰 반향을 일으켰다. 런던 주재 이스라엘 대사가 공식적으로 사과했으며, 이스라엘의 고위 외교관이 텔아비브로 급히 소환되는 사태로 이어졌다. (2)

## 친이스라엘 로비 단체들의 은밀한 공작

우리는 제작된 다큐가 방영되면, 방송 내용에 대한 부인과 반박, 그리고 거친 논쟁 등 엄청난 미디어적 파장이 있을 것으로 기대했다. 그러나 아무것도 없었다. 2018년 초로 예정됐던 이 다큐멘터리의 방영은 공식 해명조차 없이 무기한 연기됐다. 그리고 우리는 미국 유대계 언론의 기사를 통해, 〈알자지라〉 방송사의 조사부 부장인 클레이튼 스위셔가 이 다큐멘터리를 내보내지 않을 것이라고 확언한 사실을 알게 됐다.(3) 기사에서 그는 이 다큐멘터리의 제작을 후회하고 있으며, 조만간 안식년에 들어갈 예정이라고 밝혔다.(4)

  이 다큐멘터리는, 2017년 6월부터 계속된 갈등 관계의 카타르와 사우디 · UAE가 미국의 지지를 얻기 위해 치열하게 경쟁하는 상황에서(5) 희생된 셈이다. 미국의 중동정책에 막강한 영향력을 지닌 친이스라엘 로비 단체의 마음을 사는 것이 경쟁에서 우위를 점하는 최선의 방법이다. 카타르는 이 경쟁에서 이기기 위해 이와 같은 다큐멘터리가 방영될 예정이라는 사실을 '보고'했고, 그 덕분에 이미 우파 성향인 친이스라엘 로비 단체 내에서도 우파 쪽에 속해 있는 이들로부터 예상치 못한 도움을 받았다. 미국시오니즘기구(ZOA)의 수장이자 도널드 트럼프 대통령의 전 고문 스티브 배넌의 최측근인 모튼 클라인은 직접 카타르 도하를 방문해 이 다큐멘터리의 방영 취소를 자축하기까지 했다.

  얼마 전까지만 해도 카타르가 하마스(Hamas)와 테러활동에 자금을 지원했다며 강하게 비판했던 단체들이, 다큐멘터리의 방영 보류 결정에 돌연 카타르를 지지하고 나선 것이다. 이것만 봐도, 그 다큐멘터리에 담긴 내용이 얼마나 충격적이었는지를 짐작할 수 있다. 1년 넘게 제작된 이 다큐멘터리의 방영이 불투명해지자 〈알자지라〉 내부에서도 큰 논란이 일었다. 일부는 이 작품이 복잡한 지정학적 상황 속에 묻혀 사라지기를 바라지 않았다. 덕분에 우리는 중동지역에 거주하는 지인을 통해 최종본에 가까운, 각각 50분으로 편집된 4편의 다큐멘터리를 볼 수 있었다. 다큐멘터리에서 가장 인상적인 부분은, 로비 단체들이 자신의 영향력이 줄어들 것을 우려하면서 초조함과 불안감에 사로잡힌 모습이었다.

미국은 언제나 이스라엘의 든든한 지원군이고, 공화당과 민주당의 의원들 모두 이스라엘이 무엇을 하든 지원을 아끼지 않는 상황 속에서, 이런 현상을 어떻게 설명해야 할까? 트럼프가 대통령에 당선된 후 미국은 이스라엘과 아랍 간의 갈등에서 중재자 역할을 완전히 포기하고, 이스라엘 역사상 가장 우파 성향을 지닌 네타냐후 정부 편에 확실하게 서지 않았던가?

물론 그렇다. 그러나 겉으로는 우호적이기 이를 데 없는 이런 분위기 속에서 로비 단체들을 위협하는 존재가 있었으니, 이는 바로 BDS(Boycott, Divestment, Sanctions) 운동이다. 2005년에 시작된 BDS 운동은, 남아공에서 아파르트헤이트(흑인차별정책) 철폐를 이끌어냈던 비폭력 방식을 이스라엘에 맞서 도입해야 한다고 주장했다. BDS 운동은 현재 미국 대학생들을 중심으로 빠른 속도로 퍼져나가고 있다. 그러나 BDS 운동의 확산을 정말로 걱정해야 할까? 이스라엘을 위한 기독교 연합회(CUFI)와 함께 BDS 운동에 맞서 투쟁하는 친이스라엘 단체들 중 하나인 마카비 태스크포스(Maccabee Task Force)의 대표 데이비드 브로그는 의문을 제기했다.

"이스라엘은 '스타트업 국가'입니다. 역사상 가장 많은 해외 투자를 받고 있습니다. 그런데 우리는 왜 아직도 안심하지 못하고, BDS 운동을 무시해 버리지 못할까요? 제가 알기로, BDS 운동은 대학들이 이스라엘 투자를 중단하도록 부추긴 적이 없습니다. 사실 우리가 돈에만 집중한다면 크게 걱정할 일이 없습니다. 하지만 진짜 문제는 다른 데 있습니다. 이 운동이 이스라엘을 지지하는 우리 세대와, 젊은 세대 사이에 간극을 만들어내고 있기 때문입니다. 2000년 이후 탄생한 청년들과 학생들에게, 이스라엘에 대한 인식은 상당히 부정적입니다. 대다수는 이스라엘이 아닌 팔레스타인에 우호적인 유대감을 갖고 있습니다. 이 흐름이야말로 진정으로 우려해야 할 부분입니다." 대학 내 BDS 운동에 맞서기 위해 100여 명 이상을 고용한, 이스라엘 캠퍼스 연합(Israel on Campus Coalition) 대표인 제이콥 베임은 이렇게 우려했다. "의원, 대통령, 대사의 유일한 공통점은 그들도 캠퍼스에서 학창 시절을 보냈다는 것입니다. 그 시간을 통해 오늘날의 그들이 만들어진 것입니다." 앞으로 이스라엘에 비판적인 시각이 강한 젊은 세대가 정치·외교의 주역이 되었을 때, 과연 그들도 이스라엘의 친구로 남을 수 있을까?

여기에 친이스라엘 로비 단체들을 불안하게 만드는 요소가 또 하나 있다. 이제껏 이스라엘에 대한 지원은 미국에서 공화당과 민주당 간의 대립을 넘어서서 언제나 우선시돼 왔다. 버락 오바마만 해도 네타냐후와의 관계가 지독히 나빴음에도 불구하고, 임기 종료를 몇 달 앞두고 이스라엘 측에 향후 10년 동안 약 380억 달러의 지원금을 제공하는 법안을 승인하지 않았던가?

그러나 정치적 상황은 시시때때로 변한다. 최근에는 도널드 트럼프를 지지하는 로비 단체가 줄어들고 점점 공화당이나 기독교 우파 쪽으로 방향을 트는 경우가 많아졌다. 〈더 타워 매거진〉의 전 대표이자 '이스라엘 프로젝트(TIP)'의 영향력 있는 회원인 데이비드 하조니도 다큐멘터리에서 이 사실을 인정했다.

"이스라엘을 보이콧하는 당장의 상황만 문제가 아닙니다. 더 큰 문제는 바로 민주당, 버니 샌더스의 지지자들, 그리고 그들이 민주당으로 끌어들인 모든 반이스라엘 성향의 인물들입니다. 이제 이스라엘에 대한 무조건적인 지원은 더 이상 초당적 합의의 대상이 되지 않을 가능성이 높고, 집권당이 교체될 때마다 대(對)이스라엘 정책이 바뀔 수도 있습니다.

이것은 이스라엘에 매우 위험한 신호입니다. 대학 캠퍼스 내에서의 관건은 바로 이것입니다."

다큐멘터리 내용과 일맥상통하는, 로비 단체의 실상을 파헤친 베스트셀러의 공동저자인 존 미어셰이머도 이 의견에 동의했다.(6) 그에 의하면, 오늘날 이스라엘지지 세력이 공화당에서는 증가세, 민주당에서는 감소세라고 한다. "두 정당 간에 상당한 차이가 있습니다."

그렇다면 이런 변화에 어떻게 대처하는 것이 좋을까? 정치적 논쟁에 참여해야 할까? 그것은 쉽지 않다. 1993년 오슬로 협정(미국 클린턴 대통령의 중재로 이스라엘 라빈 총리와 팔레스타인 해방기구 아라파트 의장이 체결한 중동평화협정-역주)이 실패로 돌아간 이후 이스라엘은 모든 종류의 외교적 해결안을 거부하는 극우 정당에 의해 통치되고 있다.

따라서 팔레스타인인들의 처지, 식민지의 미래, 가자지구의 비극을 이야기하는 것은 아무런 의미가 없다. 게다가 친이스라엘 로비 단체들이 주로 네타냐후나 트럼프를 지지하고 있는 점도 미국의 대학생들로부터 지지를 얻어내는 데 걸림돌로 작용한다.

기자인 맥스 블루멘설은, 〈알자지라〉의 다큐멘터리 속에서도 친이스라엘 로비 단체들이 토론과 협의를 거부하는 전략을 일관되게 구사하고 있다고 지적했다. 이들은 언론사의 탐사보도를 '스파이 활동'과 동일시하고, 〈알자지라〉를 카타르의 방송사 중 하나에 불과할 뿐이라고 과소평가하고, 논점 자체를 이스라엘 정책이 아니라 '유대계 로비 단체'로 돌리려 하는 것이다. (트위터, 2018년 2월 15일). 결국, 핵심 쟁점인 이스라엘 정책과 다큐멘터리가 제작된 배경에 관한 논의는 철저히 회피하는 것이다.

## 카나리 미션, '블랙 리스트' 당사자들에게 공포감 퍼뜨려

이스라엘을 위한 긴급위원회(ECI)의 대표인 노아 폴락은 비판을 마주하는 자세를 한마디로 요약했다. "메시지를 불신하려면 우선 메시지 전달자를 불신해야 합니다. BDS 운동을 머릿속에 떠올릴 때 당신은 이 운동단체가 시민들을 증오하고 위협하는, 즉 테러를 지원하는 단체라고 생각해야 합니다." 물론 그가 이렇게 말하는 이유는, BDS 운동이 반유대주의 단체라는 인식을 전제로 하기 때문이다. '메시지 전달자를 불신'하게 만들려면, 일단 메시지 전달자의 사생활과 사회생활, 그리고 정치적 신념에 이르기까지 다양한 정보들을 수집해야 한다. 친이스라엘 로비 단체들은 최근 몇 년 사이에 스파이 네트워크를 구축했다. "우리의 조사 작업에는 최첨단 기술이 동원됩니다." 베임은 의기양양하게 말했다. "제가 몇 년 전에 이 단체에 합류했을 때만 해도 예산이 수천 달러에 불과했습니다. 이제는 150만~200만 달러나 됩니다. 정확히는 모르지만, 엄청나게 많아졌습니다." 그러나 베임과 그의 친구들은 언제나 눈에 띄지 않으려 노력한다. "안전하게 그리고 익명으로 이 모든 작업을 수행하는 것, 그것이 핵심입니다."

팔레스타인인들의 권리를 주장하는 활동가들이 가장 싫어하는 로비 단체들 중 하나로 카나리 미션(Canary Mission)이 있다.(7) 이 단체의 자금 조달 방법, 회원 정보, 운영 방식은 철저히 비밀에 부쳐져 있다. 카나리 미션을 잘 알고 있는 한 기자는 이 단체의 목표에 대해 다음과 같이 설명했다.

"카나리 미션이 증오하는 이들, 타깃으로 삼은 이들은 이른바 '블랙리스트'에 올라갑니다. 블랙리스트에는 대학생, 대학교수, 테러와 직접적으로 관련된 조직들, 유대인 국가의 파괴를 기도하는 테러리스트들이 포함돼 있습니다." 카나리 미션의 사이트에도 이 단체가 지향하는 목표가 명시돼 있다. "급진적 성향을 지닌 사람을 절대로 회사의 직원으로 고용하지 말자." 그리고 인종차별 희생자들을 나열하고는 다음과 같은 슬로건을 내걸었다. "만약 당신이 인종차별주의자라면, 우리는 당신이 그런 사람이라 낙인을 찍고, 그 사실을 최대한 널리 퍼뜨릴 것이다."

클라인펠드는 카나리 미션의 설립자이자 자본가인 애덤 밀스타인을 만날 수 있었다. 이스라엘계 미국인 위원회(IAC)의 대표이기도 한 애덤 밀스타인은 2009년 탈세 혐의로 징역형을 선고받았지만, 자신의 단체를 운영하는 데는 아무런 지장이 없었다. 밀스타인은 젊은 클라인펠드에게 자신의 철학을 피력했다.

"우선, 그들(팔레스타인을 옹호하는 활동가들)을 조사해야 합니다. 그들의 계획이 무엇일까요? 유대인들을 공격하는 것입니다. 그것이 가장 쉽고 또 대중들의 눈에 가장 잘 띄는 방법입니다. 우리는 그들의 실체, 즉 그들이 인종차별주의자이며 민주주의에 대해서도 적대적이라는 사실을 세상에 알려야 합니다. 그들 스스로 조심하도록 만들어야 합니다." 밀스타인은 이 말을 덧붙였다. "그들은 반유대주의자일 뿐만 아니라 자유와 기독교와 민주주의의 적이기도 합니다."

몇몇 대학생은 실제로 위험에 처한 적도 있다고 털어놓았다. 테네시주 녹스빌에서 팔레스타인인들의 권리를 주장하는 시위에 참여했던 섬머 어워드는 자신이 트위터에서 얼마나 집요하게 공격당했는지, 또 '그들'이 온라인에 10년도 더 된 정보들을 올려서 얼마나 곤혹스러웠는지를 이야기했다.

"그들은 계속 파고들었습니다. 저의 고용주에게 연락해 저를 당장 해고하라고 다그치고, 그렇지 않으면 고용주에게도 반유대주의자라는 낙인을 찍어버리겠다고 협박했습니다." 이런 밀고가 이뤄지면 종사하고 있는 업계에서 매장당하거나, 대학생의 경우 졸업 후 취업이 어려워진다. 그래서 표적이 된 이들 중에는 자신의 이름을 블랙리스트에서 빼주는 조건으로 '회개의 메시지'를 작성해 카나리 미션의 특별 섹션에 올린 경우도 있었다. (8) "내가 잘못했다"는 내용이 주를 이루는 이 익명의 '고백'은, 미국에서 매카시즘이 횡행하던 1950년대나 혹은 오늘날 독재정권 하에서 공산주의자로 매도당한 이들의 자아비판과 비슷하다. "일종의 심리전입니다. 그들은 두려움에 사로잡히게 됩니다." 베임은 설명을 이어갔다. "그래서 반유대주의적 언행을 그만두거나, 아니면 이스라엘을 공격하는 대신 (자신들에게 가해진 비판들을) 조사하고 해명하는 데 시간을 보냅니다. 둘 중 어느 쪽이든 효과는 확실한 셈입니다."

그러나 '토니'와 대화를 나눈 또 다른 이는 "누군가를 반유대주의자 취급하며 깎아내리는 방법은 더 이상 그리 효과적이지 않다"며 회의적인 입장을 보이기도 했다. 미국인들의 개인정보 수집을 바탕으로 이뤄지는 이런 활동은 이스라엘 전략부의 지원 없이는 사실상 불가능하다. 시마 바크닌-질 전략부 대표도 IAC 콘퍼런스에서 이 사실을 인정했다. "자료 수집, 정보 분석, 활동 단체에 대한 개입, 자금 지원—이 모든 것은 국가가 자원을 동원해 수행할 수 있는 최선의 전략입니다." 그녀는 설명을 계속했다. "이스라엘 정부 스스로 핵심주체가 되기로 결정했다는 사실은 많은 것들을 시사합니다. NGO에 없는 능력이 정부에게는 있기 때문입니다. 우리는 친이스라엘 네트워크에서 부족한 부분을 채워줄 유일한 주체입니다. 예산도 있고, 다양한 문제들을 해결할 능력도 있습니다."

그녀는 이어, 위협적인 말을 덧붙였다. "BDS 운동에 관련된 모든 이들은 BDS 운동을 선택할 것인지 아니면 다른 쪽을 선택할 것인지를 신중하게 고민해봐야 할 것입니다." 정보수집 작업에서는 "민주주의수호재단(FDD)과 다른 기관들의 도움을 받고 있다"고 바크닌-질은 밝혔다. 신보수주의 싱크탱크인 FDD는 최근 몇 년 동안 아랍에미리트와 이스라엘이 급속도로 가까워지는 데 결정적인 역할을 했다. 2017년 여름에는 카타르와 알자지라에 반대하는 캠페인에 참여해 중동지역의 안정화를 해친다는 비난을 사기도 했다. 미국 법에 따르면, 외국 정부를 위해 일하는 조직이나 개인은 미 법무부에 신고해야 한다. 그러나 이를 이행하지 않았다는 이유로 법무부는 FDD를 과연 법정에 세울 수 있을까?

〈일렉트로닉 인티파다(Electronic Intifada)〉 사이트의 운영자인 알리 아부니마도 이 부분을 지적했다. "만약 러시아, 이란, 혹은 캐나다 고위 관료의 입을 통해 그들의 본국 정부가 미국 내에 기관을 설립해 미국 시민들을 불법 염탐하고 있다는 사실이 밝혀진다면 그 파장은 엄청날 것입니다." 왜냐하면 이 일은 비단 FDD에만 국한되는 것이 아니기 때문이다. 베임을 비롯해 클라인펠드가 대화를 나누었던 많은 이들도 이런 사실을 비밀스럽게 털어놓았다. '민감한' 사안이라며 주변에 알리지 말 것을 당부하기는 했지만 말이다.

다큐멘터리 속에는 다른 폭로들도 포함돼 있었다. 예루살렘에 파견된 미국 기자들은 '이스라엘 프로젝트'에 의해 '관리'되고 있었으며, 미국으로 돌아가서 실행에 옮겨야 하는 '실전용' 지침들까지 '이스라엘 프로젝트'로부터 전달받은 것으로 확인됐다.(9) 그밖에 '이스라엘 프로젝트'가 신문사와 언론사를 압박해 전보 및 기사 내용을 수정하도록 지시한 사실도 드러났다. 오늘날 이스라엘에서 모두가 웃고 있는 것처럼 보이지만, 미국에서 이스라엘을 지지하는 이들은 막강한 힘과 권력을 움켜쥐고 있음에도 날이 서 있다. 지금까지 가장 든든한 버팀목이었던 지지기반에서조차 입지가 점점 줄어들고 있기 때문이다. 바크닌-질도 이 점을 인정했다.

"우리는 2000년 이후 출생한 유대인 세대를 잃었습니다. 부모들은 종종 저에게 저녁 식사 중에 자녀들과 논쟁한 이야기를 들려줍니다. 신세대들은 더 이상 이스라엘 국가를 존경하지도, 인정하지도 않습니다."

---

글 · 알랭 그레쉬 Alain Gresh

(1) Serge Halimi, 「Le poids du lobby pro-israélien aux États-Unis 미국 내 친이스라엘 로비 단체의 영향력」, 〈르몽드 디플로마티크〉 프랑스어판 1989년 8월.
(2) www.aljazeera.com/investigations/thelobby/
(3) Richard Silverstein, 「Israel lobby pressures Qatar to kill Al Jazeera documentary」, Tikun Olam, 2018년 2월 8일, www.richardsilverstein
(4) Clayton Swisher, 「We made a documentary exposing the Israel lobby. Why hasn't it run?」, 〈The Forward〉, New York, 2018년 3월 8일.
(5) 아크람 벨카이드, 「Le Qatar ne cède rien 카타르는 아무 것도 양보하지 않는다」, 〈르몽드 디플로마티크〉 프랑스어판 2018년 3월·한국어판 2018년 4월.
(6) John Mearsheimer & Stephen M. Walt, 『Le Lobby pro-israélien et la politique étrangère américaine 친이스라엘 로비와 미국의 외교 정책』, La Découverte, Paris, 2009년.
(7) 미국 내 유대인이 주요 독자층인 월간지 〈The Forward〉는 카나리 미션과 이스라엘 당국이 자신들의 정보를 바탕으로 이스라엘에 입국하는 '수상한' 미국시민들(유대인 포함)을 심문하는 것에 대한 기사를 실었다. Josh Nathan-Kazis, 「Canary Mission's threat grows, from the US campus to Israel's borders」, 〈The Forward〉, 2018년 8월 3일. 참조. Peter Beinart, 「I was detained at Ben Gurion Airport because of my beliefs」, 〈The Forward〉, 2018년 8월 13일.
(8) https://canarymission.org/ex-canary
(9) 「Propagande et désinformation à l'israélienne 이스라엘식 선전과 정보 조작」, I & II, Nouvelles d'Orient, 〈Les blogs du Diplo〉, 2010년 1월 13일 & 26일

## 유대인 친구 찾기에 나선 카타르

2018년 4월 10일, 미국시오니즘기구(ZOA) 사이트에는 다음과 같은 공식 성명이 올라왔다. "모튼 클라인 대표가 도하를 방문해 카타르의 국왕 및 고위 관료들과 여러 차례 길고 심층적인 회의를 하고 갖은 노력을 기울인 끝에, '미국의 유대인 로비 단체' 내부에 잠입한 비밀 취재원에 의해 촬영되고 제작된〈알자지라〉방송사의 반유대주의적 다큐멘터리의 방영이 결국 취소됐다. 이 소식을 전하게 돼 자랑스럽고 기쁘다."(1)

그로부터 1주일 뒤,〈알자지라〉방송사는 이에 반박했다. "모튼 클라인 대표는 다큐멘터리의 주제가 '미국의 유대인 로비 단체'라고 잘못 이해했다. 그러나 우리의 취재대상은 미국영토에서 미국이 아닌 다른 국가의 이익을 대변하려고 노력하는 친이스라엘 로비 단체(ZOA 포함)였다. 모튼 클라인 대표가 자신이 직접 보지도 않은 다큐멘터리를 그토록 부정적이고 부정확하며 선동적인 언어로 평가했다는 사실이 경악스럽다."(2)

〈알자지라〉는 적어도 한 가지에 대해서는 옳았다. 다큐멘터리 속에는 '유대인 로비 단체'라는 단어가 나오지 않았다는 점이다. 이 단어는 세계유대인회의 의장이었던 나홈 골드만이 처음으로 언급했으며 미국에서 일반적으로 쓰였지만, 이 방송에는 나오지 않았다.(3) 그러나〈알자지라〉방송사는 이 다큐멘터리 방영을 취소하게 된 경위에 대해서는 끝내 함구했다.

이 다큐멘터리를 둘러싼 정황을 이해하기 위해서는 우선 2017년 여름 카타르와 주변국들(사우디아라비아, 아랍에미리트, 이집트) 사이에 촉발된 위기부터 이해해야 한다.(4) 우선, 주변국들은 카타르와 단교를 선언했다. 이 국가들은 카타르에게 이란과 단교하고,〈알자지라〉방송사를 정리하고, 당시 진행 중이던 튀르키예 군사 기지의 공사를 중단하고, 무슬림형제단과 헤즈볼라와 같은 '테러 조직들'과의 교류를 끊을 것을 요구했다.

사실, 1995년 타밈 빈 하마드 알사니 현 카타르 국왕의 부친인 하마드 빈 할리파 알사니가 집권하면서부터 카타르의 외교정책은 독자적이고 독립적인 길을 걸었다. 특히 사우디아라비아를 상대로 더욱 그랬다. 예를 들어, 카타르에는 미국의 전략기지 중 한 곳이 위치해 있다. 그리고 '아랍의 봄'이 발생하기 전까지는 헤즈볼라 및 시리아 정권과 우호적인 관계를 유지하다가 후에 반군 지원 쪽으로 입장을 바꿨다. 하마스와 긴밀한 관계에 있었으며, 가자 지구에도 경제적 지원을 하고 있었다.

카타르 도하에는 한때 이스라엘 무역대표부도 있었다(2008~2009년 가자지구 전쟁 이후 폐쇄됨). 〈알자지라〉 방송사의 경우 온갖 비판을 받고 있었다. 아랍 국가들에서 발생한 봉기(특히 리비아 전쟁)를 부적절하게 다뤘다거나, 튀르키예 사태를 바라보는 시각이 잘못됐다거나, 튀르키예 에르도안 정부에 지나치게 호의적이라는 등의 비판이 있었다. 〈알자지라〉는 이런 비판들에도 불구하고, 여하튼 아랍세계에서는 최초로 논쟁의 장을 연 언론사였다. 또 그 때문에 대부분의 아랍 국가 수장들에게 성가신 존재가 된 독보적인 색채를 지닌 언론사이기도 했다.

주변국들로부터 최후통첩을 받은 후, 몇 개월 동안 카타르는 방황하는 듯 보였다. 사우디아라비아가 카타르를 공격할 것이라는 추측도 나돌았다. 도널드 트럼프 미 대통령도 자신의 사위인 재러드 쿠쉬너가 사우디아라비아와 아랍에미리트와 가까운 관계에 있는 만큼 카타르에 등을 돌렸다. 이런 긴장 분위기 속에서, 카타르는 미국 측에 자신의 존재를 적극적으로 피력해야겠다고 생각했다.

카타르의 적인 사우디아라비아와 아랍에미리트는 이미 민주주의

〈마니에르 드 부아르〉 199호 부록

수호재단(FDD) 등 여러 미국기관들과 돈독한 관계를 유지하고 있었다.(5) 카타르는 미국의 몇몇 홍보대행사와 계약을 체결했다. 트럼프와 가까운 보수주의자들, 그중에서도 친이스라엘 로비 단체들의 마음을 사는 것이 목표였다. 민주당 지지자이자 도널드 트럼프의 친구인 친이스라엘 성향의 대학교수 앨런 더쇼비츠, 공화당 출신으로 아칸소 주지사를 지낸 기독교 시오니스트이자 백악관 대변인으로 있는 딸을 둔 마이클 허카비, 보수주의 라디오 방송을 진행하는 존 배칠러. 이들이 그 후 카타르를 방문한 것을 보면, 이런 노력이 어느 정도 결실을 맺은 것으로 보인다.

그리고 그 효과는 워싱턴에까지 전해져, 미국 정부는 카타르 단교 위기에서 결국 중립적인 입장을 지켰다. 2018년 4월 트럼프 대통령은, 이에 대한 감사의 표시로 미국산 무기 구입을 약속한 알사니 국왕을 백악관으로 초대하기도 했다. 알사니 국왕은 시오니즘 단체 몇 곳에 기부도 했다. 그중 하나인 '우리 군대는 말한다(Our Soldiers

Speak)'는 미국에 이스라엘군을 홍보하는 단체였다.(6)

그러나 미국과 카타르 간의 관계 회복을 바라보는 친이스라엘 단체들의 시선이 곱지만은 않았다. 아랍의 언론매체들을 '감시'하고 기사 왜곡도 서슴지 않는 중동미디어연구센터(Middle East Media Research Institute)의 대표 이갈 카몬은 '모두를 기만하는 카타르'라는 제목의 기사를 통해 분노를 표출했다.(7) "자신과는 무관한 내부 갈등이나, 관련자들조차 이해하기 어려울 만큼 복잡한 아랍국가들 간의 갈등에 섣불리 관여해 반유대주의 선입견을 오히려 강화하는 미국의 유대인 지도자들을 보면 안타까운 마음을 금할 수 없다."(8)

신보수주의 싱크탱크인 FDD의 조나단 샨저는 이스라엘의 일간지 〈하레츠(Haaretz)〉에서 불만을 터뜨렸다. "정보를 얻기 위해 분석가들과 지식인들이 카타르를 방문하는 것에는 전혀 문제가 없다. 문제는, 방문 기간 그들이 카타르 입장에서 해석된 역사만을 듣는다는 것이다. 그들은 카타르 정부의 입장만 듣고는 본국으로 돌아간다. 그러나 카타르에 대한 비판적인 의견에도 귀를 기울일 필요가 있다. 하마스, 알카에다, 탈레반, 무슬림형제단, 그리고 여타의 문제적 단체들과 카타르의 관계를 입증해주는 자료들이 많다."(9)

〈알자지라〉의 다큐멘터리에서 샨저는 앤서니 클라인펠드와 오랜 시간 대화를 나누면서, BDS 운동(반시오니즘 운동의 일환으로 보이콧, 투자철회 및 제재를 수행한다-역주)이 '테러' 조직들(처음에는 하마스, 그다음에는 팔레스타인해방인민전선)과 연관돼 있다고 미국인들이 믿도록 온갖 노력을 기울였지만 결국 실패했다며 씁쓸해했다. 1년 전부터 카타르는 모든 위기와 위험을 극복했으며 이제는 오히려 주변의 적대 세력들을 불안에 떨게 만들고 있다.

앞으로 이 새로운 정책과 관련해, 팔레스타인인들은 대체 어떤 대가를 치르게 될까?

글 · 알랭 그레쉬 Alain Gresh

(1) 「ZOA/Mort Klein convinced Qatar to cancel anti-semitic Al Jazeera Jewish lobby series」, 〈ZOA〉, https://zoa.org
(2) 「Al Jazeera denies claims of pro-Israel group on The Lobby films」, 〈알자지라〉, 2018년 4월 17일, www.aljazeera.com
(3) 1978년 11월, 세계유대인회의의 의장이던 나훔 골드만은 당시 미 대통령이던 지미 카터에게 "파괴의 세력"이자 "중동 평화의 걸림돌"인 "유대인 로비단체"를 없애 달라고 요청했다.
(4) Fatiha Dazi-Héni, 「Drôle de guerre dans le Golfe 사우디의 야욕이 걸프지역을 위기로 내몬다」, 〈르몽드 디플로마티크〉 프랑스어판 2017년 7월·한국어판 2017년 8월.
(5) Daniel Lazare, 「La redoutable influence de Riyad à Washington 미국과 사우디의 관계는 이보다 더 좋을 수 없다!」, 〈르몽드 디플로마티크〉 프랑스어판 2017년 7월·한국어판 2017년 9월.
(6) Tamara Nassar & Ali Abunimah, 「Qatar funded Zionist Organization of America」, 〈The Electronic Intifada〉, 2018년 7월 10일, https://electronicintifada.net
(7) Mohammed El-Oifi, 「Désinformation à l'israélienne 이스라엘 식의 정보 조작」, 〈르몽드 디플로마티크〉 프랑스어판 2005년 9월.
(8) Yigal Carmon, 「Qatar, the emirate that fools them all, and its enablers」, 〈중동미디어연구센터〉, Washington, DC, 2018년 1월 18일.
(9) Amir Tibon, 「Israeli Embassy in US: We oppose Qatar's Outreach to pro-Israel U.S. Jews」, 〈Haaretz〉, 2018년 1월 31일.

[만화 _ 빗겨간 경로]

## 이스라엘이 반유대주의에 불을 붙이다

-엘리 밸리(Eli Valley)의 오리지널 창작물

"괴물들을 향한 분노로부터" 이것이 만화가 엘리 밸리(Eli Valley)가 자신의 작품을 설명하는 방식이다. 이 괴물들은 정치적·언론적으로 영향력 있는 인물들이며, 대개 미국이나 이스라엘 출신이다. 뉴욕 출신의 만화가인 그는 이들을 분노에 찬 모습, 범죄와 증오에 의해 일그러진 형태로 그려낸다.

1970년, 유대교 정통 가정에서 태어난 엘리 밸리는(아버지는 랍비였다) 어린 시절 만화책 속으로 도피하며 자랐다. 그는 토라(Torah, 구약성경의 첫 다섯 편 또는 모세오경. 창세기, 출애굽기, 레위기, 민수기, 신명기)의 여백 위에 슈퍼히어로들의 전투를 그려 넣곤 했다. 이후 그는 매드 매거진의 신랄한 풍자를 접하게 되는데, 이는 그에게 깊은 인상을 남겼다. 1992년 영문학 학위를 취득한 후 유럽으로 떠난 그는 헝가리와 체코 등지에서 몇 년을 보냈다. 그는 프라하의 구 유대인 지구에서 가이드로 일하며 중요한 자각을 얻게 된다.

"프라하 구 유대인 지구에서 가이드로 일하면서 나는 유대인 공동체의 역사와 시온주의 이전 유대 문화에 대한 새로운 열정을 갖게 되었다. 그것은 특히 시온주의 교육이 유대 디아스포라의 삶과 문화를 편협하게 이해하고, 유대교조차 혐오의 대상으로 전락시키는 방식이라는 점을 깨닫게 해주었다."

이 경험은 그가 유대인의 정체성과 기억, 종교와 정치의 관계를 비판적으로 성찰하게 되는 계기가 되었다. 이러한 깨달음은 그의 예술 활동에 결정적인 방향을 제시했고, 그는 작가이자 삽화가로서의 길을 걷기 시작했다. 1999년에는 여행 가이드북을 출간하기도 했지만, 결국 그는 자신이

어린 시절부터 매료되어 왔던 만화로 되돌아왔다. 특히 그는 정치 풍자라는 장르에 몰두하게 되었고, 미국과 이스라엘의 정치 지도자, 언론인, 그리고 유대인 보수 엘리트들을 신랄하게 풍자하는 작업에 집중했다.

엘리 밸리는 이후 〈더 네이션〉, 〈뉴 리퍼블릭〉, 〈빌리지 보이스〉, 〈가디언〉, 〈데일리 비스트〉 등 여러 언론 매체에 일러스트와 만평을 기고했다. 이러한 작업들은 그의 첫 번째 만화 앨범인 『Diaspora Boy: Comics on Crisis in America and Israel』(OR Books, 2017)로 집약되었다. 두 번째 책 『Museum of Degenerates: Portraits of the American Grotesque』는 미국 사회의 그로테스크한 인물들을 분노에 찬 시선으로 그려낸 초상화 시리즈로, 같은 출판사에서 2024년에 출간되었다. 2019년 〈뉴욕 매거진〉은 그를 두고 "엘리 밸리는 미국에서 가장 분노한 정치 만화가다"라고 평했다.

"대학은 학살에 항의하는 학생들에게 이스라엘로의 입국을 금지했다." ▶ 다음 페이지에 계속

---

기욤 바루 Guillaume Barrou
언론인. 국제 정세와 사회 문제를 다루는 만화 콘텐츠 분야의 전문가이다.

올가을, 미국의 여러 대학들이 초막절(Succot, 구약성경 3대 절기중 하나)을 공개적으로 기념한 유대인 학생들을 상대로 징계 절차를 시작했다. 어떤 공동체 단체도 이 학생들을 옹호하지 않았고, 어떤 언론도 이러한 조치를 반유대주의라고 규정하지 않았다.

대학들은 학생들이 집단학살에 항의했다는 이유로 이 전통 의식을 금지했다.

시온주의자들은 반유대주의의 정의를 '인종청소에 대한 반대'까지 확장하려 한다. 유대교는 제국주의의 도구가 되어가고 있다.

바이든 행정부의 전직 유대계 직원 릴리 그린버그 콜은 가자지구에서의 집단학살에 항의하며 사임할 당시 이렇게 비판했다.

"유대인을 미국 전쟁 기계의 얼굴로 만드는 것은 우리를 위험에 빠뜨린다."

기독교 민족주의자들이 최근 '에스테르 프로젝트'라는 계획을 발표했는데, 이는 트럼프 행정부를 겨냥한 반유대주의 대응 계획이다.

이는 반유대주의를 도구로 삼는 반유대주의자들의 몽자극이다.
이들은 조지 소로스를 "서구 민주주의를 해체하려는 사상가"라고 비난하며, '미국적 가치'와 '자본주의'를 해치는 사상을 범죄화하자고 주장한다.

이 프로젝트를 추진한 단체들 중 하나는 그들의 목표가 기독교를… 옹호하는 것이라고까지 인정했다.

"깨어 있는(woke) 이데올로기는 우선 기독교와 문제가 있다."

"기독교인은 그들의 주요 표적이다."

크리스토퍼 쇼어(Christopher Schorr), 아메리카 퍼스트 정책 연구소(America First Policy Institute) 정치 분석가

시온주의 지도자들의 연설을 다시 들여다보면, 하나의 진실이 명백하게 다가온다. 이스라엘은 현대 역사상 가장 거대한 반유대주의 생산 기계다. 이스라엘의 사회평등 및 여성 권익 담당 장관 메이 골란(May Golan)은 가자 학살이 시작된 지 몇 개월 후, 다음과 같이 자축했다.

"나는 개인적으로 가자의 폐허를 자랑스럽다고 생각한다. 80년 뒤, 오늘날의 아이들이 그들의 손자들에게 이렇게 말할 수 있을 것이다. '우리 가족이 학살당하고 민간인이 납치당했을 때, 유대인들이 어떻게 행동했는지.'"

# 진실의 소리

## 프랑스 유대인의 해방과 박해의 200년 역사

- **1791년 9월 27일** – 프랑스 혁명기에 유대인에게 시민권을 부여하는 법령이 채택되었다. 이는 유럽에서 유대인이 법적으로 해방된 첫 사례였다.
- **1808년 3월 17일** – 나폴레옹이 유대 중앙공의회(Consistoire central)를 창설하고, 같은 날 일부 지역에서 유대인의 권리를 제한하는 '치욕적 법령(décret infâme)'도 도입하였다. 이 법령은 복고왕정기까지 존속했다.
- **1848년 2월 24일** – 제2공화국 임시정부가 수립되면서 유대인 각료들이 처음으로 정부에 진출했다. 아돌프 크레미외는 법무장관, 미셸 구다는 재무장관이 되었다.
- **1870년 10월 24일** – '크레미외 법령(Décret Crémieux)'에 따라, 알제리에 거주하던 북아프리카계 유대인들이 프랑스 시민권을 자동으로 부여받았다.
- **1886년** – 러시아 등에서 포그롬을 피해 유입된 유대인 이민자 급증과 유니옹 제네랄 은행 파산 등 경제 혼란 속에서 반유대주의가 확산되었다. 에두아르 드뤼몽은 『유대인의 프랑스(La France juive)』를 출간하여 유대인을 사회 혼란의 원인으로 몰았다.
- **1894년 10월 15일** – 프랑스 유대인 장교 알프레드 드레퓌스가 간첩 혐의로 체포되어 12월 22일 무기징역을 선고받았다. 이후 1897년 재조사와 1899년 대통령 사면, 1906년 7월 12일 대법원의 복권 판결로 명예를 회복했다.
- **1935년 9월 30일** – 스타비스키 사건(러시아계 유대인 사기 사건) 이후 반유대주 정서가 고조되었고, 외국계 유대인의 상업 활동을 제한하는 5년 이상 거주 요건이 법제화되었다.
- **1936년 6월 6일** – 인민전선 정권 아래 유대계 총리 레옹 블룸이 취임하자, 극우 의원 자비에 발라가 "프랑스가 처음으로 유대인에게 통치된다"라고 비난했다.
- **1940년 7월 22일** – 비시 정권이 1927년 이후 귀화한 유대인의 시민권을 박탈하고, 10월 3일에는 유대인의 공직 진출을 금지하는 '유대인 법령'을 발표했다. 다음 날인 10월 4일에는 유대인 강제수용을 허용하는 법이 시행되었다.
- **1941년 3월 29일** – '유대인 문제 총국'이 설치되었고, 자비에 발라가 국장으로 임명되었다. 이어 6월 2일 '제2 유대인 법령'으로 차별이 강화되고, 7월 22일에는 유대인 기업 몰수 및 배제 조치가 시행되었다.
- **1942년 7월 16–17일** – 벨디브 대검거(Rafle du Vel' d'Hiv)가 단행되어, 프랑스 경찰은 파리 전역에서 유대인 27,361명을 체포했다. 13일 뒤, 아우슈비츠로 첫 열차가 출발했다.
- **1990년 5월 8일** – 카르팡트라 유대인 묘지에서 34기의 무덤이 훼손되었고, 이에 항의하는 수십만 명의 시위가 열렸다. 미테랑 대통령도 파리 시위에 참여했으며, 가해자들은 1997년 실형을 선고받았다.
- **1990년 7월 13일** – 홀로코스트 부정과 관련된 표현을 금지하는 '게소 법(Gayssot Law)'이 제정되었다.
- **1995년 7월 16일** – 자크 시라크 대통령이 제2차 세계대전 중 프랑스 국가가 저지른 유대인 박해, 특히 벨디브 대검거에 대한 공식적 책임을 처음으로 인정했다.

---

"게다가, 모든 사람이 알고 있지 않은가. 유대인들은 살해당한 게 아니다. 그들은 자발적으로 죽었다. (…) 우리는 가스실 앞에 줄을 서 있었다. 여기저기 간신히, 특히 바르샤바 게토에서 몇몇 반란이 있었을 뿐, 전반적으로는 자발성, 순종, 사라지고자 하는 의지가 있었다. (…) 그것은 집단 자살이었다. 곧 누군가가 우리 사이에 대한 진실을 말할 것이다. 새로운 베스트셀러가 나타나, 나치는 단지 스스로 죽고자 했던 유대인의 손에 들린 도구였다는 것을. 그러면서 동시에, 유대인들이 그 죽음을 통해 이익까지 챙겼다는 사실도 증명될 것이다. (…) 머지않아 어떤 작가가 나타나, 우리가 나치들을 맹목적이고 순종적인 도구로 조종하며 이 악마적인 계략을 실행에 옮겼다는 것을 폭로할 것이다."

— 로맹 가리, 『칭기즈 코언의 춤』, 갈리마르, 파리, 1967.

---

**1020년 4월 15일**

성금요일, 로마에서 지진이 발생해 도시를 황폐화시켰다. 이 재앙이 일어난 바로 그 순간, 유대인들이 예수 십자가상을 조롱했다는 소문이 퍼졌다. 교황 베네딕투스 8세는 신성 모독자들을 체포해 사형에 처했다. 그러자 곧 자연의 격노가 가라앉았다.

출처: Bernhard Blumenkranz, 「중세 라틴 기독교 작가들의 유대인 및 유대교에 대한 견해」, 〈유대인 연구 리뷰〉 제117권, 오베르빌리에, 1958년 1~12월.

---

"나는 이상한 꿈을 꾸었다. 한 학교 안에 있었고, 넓은 복도를 가로질러 여러 명의 동(東)갈리치아 랍비들에게 쫓기고 있었다. 그들은 끊임없이 외쳤다. '증오!' 나는 그들보다 몇 걸음 앞서 있었고, 그들에게 같은 외침으로 되받아쳤다. '증오!' 그렇게 몇 시간 동안 계속되었다. 그러나 그들은 나를 따라잡지 못했다. 나는 항상 몇 걸음 앞서 있었다. 이게 좋은 징조일까?"

— 조제프 괴벨스, 1929년 12월 17일

『조제프 괴벨스 일기 1923~1933』, 탈랑디에, 2006년.

## 학살

《1941년 여름부터 1945년 봄 사이, 유럽에서 홀로코스트(쇼아)로 인해 희생된 유대인 총수》

–랑스: 77,320명—1939년 –대인 인구의 22.1%
–리스: 67,000명—86.6%
–가리: 569,000명—69%
–달란드: 100,000명—71.4%
–란드: 3,000,000명—90.9%
–련(USSR): 1,100,000명—5.4%
–고슬라비아: 63,300명—1.2%

–국 역사학자 라울 힐베–크(Raul Hilberg)에 따–면, 800,000명은 게토–서 사망했고, 1,300,000–은 아이엔자츠그루펜–Einsatzgruppen, 학살 특수–대)에 의해 총살되었으–, 2,700,000명은 절멸수용–에서, 300,000명은 강제수–소에서 목숨을 잃었다.

출처: 파리 유대인기념관 Mémorial de la Shoah, Paris).

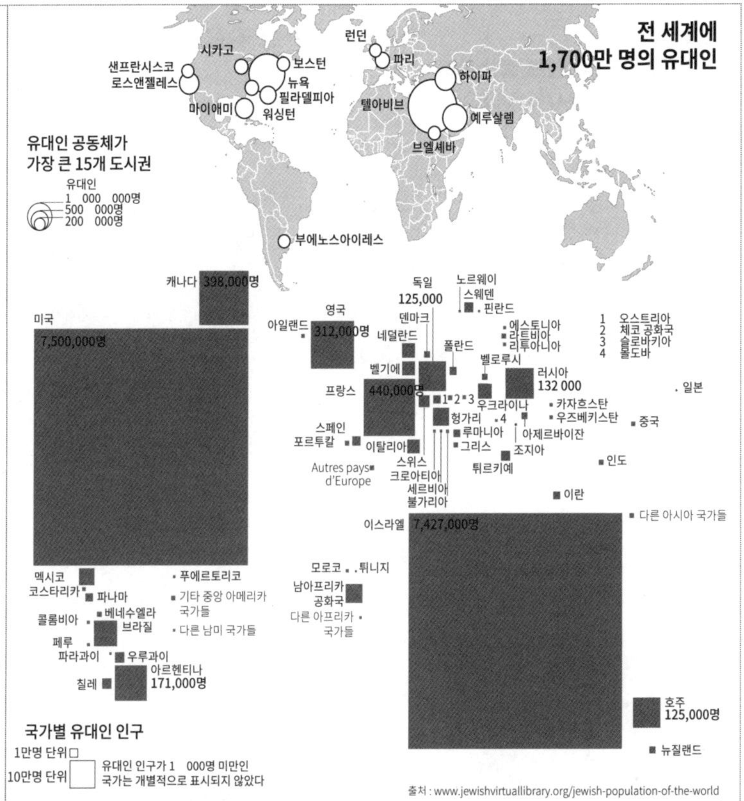

## 전 세계에 1,700만 명의 유대인

유대인 공동체가 가장 큰 15개 도시권

유대인
○ 1 000 000명
○ 500 000명
○ 200 000명

샌프란시스코 로스앤젤레스, 시카고, 마이애미, 보스턴, 뉴욕, 필라델피아, 워싱턴, 런던, 파리, 텔아비브, 하이파, 예루살렘, 브엘세바, 부에노스아이레스

캐나다 398,000명
미국 7,500,000명
독일 125,000
영국 312,000명
노르웨이, 스웨덴, 핀란드
아일랜드
덴마크
네덜란드
벨기에
프랑스 440,000명
에스토니아, 라트비아, 리투아니아
벨로루시
러시아 132 000
1 오스트리아
2 체코 공화국
3 슬로바키아
4 폴란드
폴란드
1 * 2 * 3 우크라이나
헝가리 4
스페인, 포르투갈
이탈리아
루마니아
카자흐스탄
우즈베키스탄
일본
Autres pays d'Europe
스위스
크로아티아, 세르비아
그리스
튀르키예
아제르바이잔, 조지아
중국
불가리아
인도
이스라엘 7,427,000명
이란
다른 아시아 국가들
멕시코, 코스타리카
파나마
푸에르토리코
기타 중앙 아메리카 국가들
모로코, 튀니지
콜롬비아
베네수엘라
브라질
남아프리카공화국
다른 아프리카 국가들
페루
파라과이
우루과이
아르헨티나 171,000명
칠레
호주 125,000명
뉴질랜드

국가별 유대인 인구
1만명 단위 □
10만명 단위 ■
유대인 인구가 1 000명 미만인 국가는 개별적으로 표시되지 않았다

출처: www.jewishvirtuallibrary.org/jewish-population-of-the-world

## 일면을 가득 채운 여섯 단의 기사

1898년 1월 13일, 작가 에밀 졸라는 프랑스 공화국 대통령 펠릭스 포르에게 보내는 공개서한 「나는 고발한다」를 신문 〈로로르(L'Aurore, 여명)〉에 발표했다. 이 글에서 그는 유대인 프랑스 장교 알프레드 드레퓌스를 변호했다. 이 텍스트가 발표된 직후, 졸라 자신이 법적으로 기소됐다. 1899년에 열린 그의 재판은 프랑스를 '드레퓌스 지지파'와 '반대파'로 깊이 갈라놓았다. 다음은 그 글에서 발췌했다.

그리고 그것 또한 하나의 범죄다. 타락한 언론에 기대었고, 파리의 온갖 불량배들에게 변호받도록 자처하–, 이제는 그 불량배들이 건방지게 승리의 깃발을 드는 것, 정의와 소박한 정직함의 패배 속에서 말이다. –랑스를 관용 있는 나라로 만들고자 하는 이들을 향해, 나라를 어지럽힌다고 비난한 것 또한 하나의 범죄–. 정작 자신들은 전 세계 앞에서 거짓을 강요하는 뻔뻔한 음모를 꾸미면서 말이다.

–여론을 오도하고, 그렇게 미쳐버릴 정도로 타락시킨 여론을 죽음을 향한 일에 악용한 것 또한 범죄다. –자들과 평범한 이들을 독살하고, 반동과 편협함의 열정을 자극하며, 혐오스러운 반유대주의 뒤에 숨은 –것도 죄다. 그 반유대주의는 인권의 이름으로 우뚝 섰던 자유의 프랑스를 치유하지 못한다면 죽음으로 몰– 갈 것이다. 그리고 애국심을 증오의 도구로 이용한 것, 그것 또한 명백한 범죄다.

## 개인적으로, 당신의 딸이 유대인과 결혼한다면 어떻게 반응하시겠습니까?

이에 대해 응답자의 78%는 "좋게 반응할 것이다"라고 답했으며, 22%는 "나쁘게" 또는 "매우 나쁘게" 반응할 것이라고 응답했다.

같은 질문을 무슬림 남성과의 결혼으로 바꿨을 경우, "좋게 반응할 것"이라는 응답은 45%, "나쁘게" 또는 "매우 나쁘게" 반응할 것이라는 응답도 45%로 나타났다.

출처: 「프랑스인의 반유대주의 및 유대계 프랑스인의 상황에 대한 인식 2024」, CRIF(유대인 기관 대표 평의회)를 위해 입소스(Ipsos) 여론조사 기관이 실시.

## 유대인이라는 이유로 공격당하다

- 1979년 3월 27일. 파리 메디시스 거리의 유대교회 코셔 음식을 제공하는 대학 식당에서 폭발이 발생했다. 이 테러로 26명이 다쳤고, 그중 10명은 중태에 빠졌다.
- 1980년 10월 3일. 파리의 코페르닉 거리 유대교 회당 앞에서 폭탄이 터져 네 명이 사망하고 38명이 부상당했다.
- 1982년 8월 9일. 복면을 쓴 무장 조직이 파리 로지에르 거리에 위치한 '조 골덴베르그' 식당에 난입했다. 이 공격으로 6명이 사망하고 22명이 부상당했다.
- 1985년 5월 29일. 국제 유대인 영화제가 진행 중이던 파리의 리볼리-보부르 영화관에서 폭발이 발생했다. 이로 인해 10명이 다쳤다.
- 1995년 9월 8일. 빌뢰르반의 유대인 학교 앞에서 수업 종료 10분 전에 차량 폭탄이 터졌다. 14명이 부상을 입었다.
- 2002년 4월 1일. 마르세유의 '오르 아비브(Or Aviv, 빛)' 유대교 공회가 방화로 파괴되었다.
- 2003년 11월 15일. 센-생드니 지역 가니(Gagny)의 유대인 학교가 방화로 크게 파손되었다. 경찰은 현장에서 석유병 하나를 발견했다.
- 2012년 3월 20일. 두 차례의 치명적인 오토바이 총격 이후, 모하메드 메라가 툴루즈의 유대인 중고등학교 오자르-하토라(Ozar-Hatorah) 앞과 내부에서 총격을 가했다. 그는 교사 한 명과 어린이 세 명을 살해했다.
- 2015년 1월 9일. 아메디 쿨리발리가 파리 뱅셴 문 근처의 유대인 슈퍼마켓 '하이퍼 카셔'에서 인질극을 벌이고, 경찰이 진입하기 전 네 명을 살해했다.

## 국가평의회(Conseil d'État)가 시오니즘 반대를 반유대주의와 동일시하는 것을 거부했을 때

2022년 4월 29일, 프랑스 최고 행정재판소인 국가평의회(Conseil d'État)는 결정문에서 '팔레스타인 승리 집단(Palestine Vaincra)'에 대한 정부의 해산 명령이 "필요하지도, 적절하지도 않으며, 표현의 자유와 결사의 자유를 과도하게 침해한다"고 판결했다. 그 이유는 이 집단이 "차별이나 증오, 폭력을 선동하거나 조장하지 않으며, 이스라엘과 시오니즘에 대한 그들의 입장이 반유대주의적 성격을 띠지 않고, 오히려 이들은 항상 반유대주의를 명확히 비판해왔으며, 이스라엘 상품에 대한 불매운동 역시 항의의 뜻을 표현하는 정당한 의견 표출 방식"이기 때문이다.

## 누가 '알리야(이스라엘로의 유대인 귀환)'를 하는가?

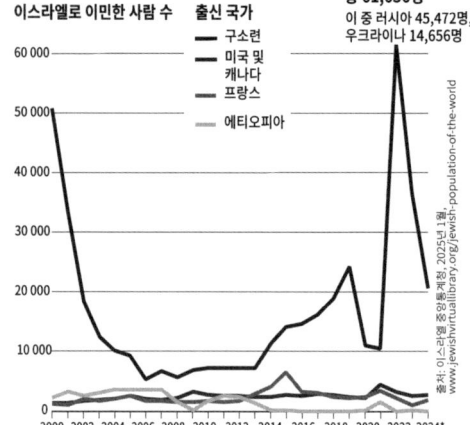

## 「라비 자코브」

1973년, 제라르 우리(Gérard Oury)감독의 영화 홍보 담당자 조르주 크라벤의 아내 다니엘 크라벤(Danielle Cravenne)은 남편과의 결혼 후 유대교로 개종했다. 그녀는 자신이 '친시온주의적'이라고 판단한 장편영화의 개봉에 충격을 받았고, 이스라엘과 아랍 세계의 화해를 바라는 입장이었다. 그해 10월 18일, 다니엘 크라벤은 파리에서 니스로 향하던 에어 앵테르 항공기를 납치해, 영화 개봉이 취소되지 않으면 기체를 폭파하겠다고 위협했다. 비행기는 마르세유에 착륙했고, 무장하고 있던 다니엘 크라벤은 경찰에 의해 사살되었다. 이 사건은 팔레스타인 해방인민전선(FPLP)의 투쟁 방식을 어설프게 모방한 형태의 항의였으며, 1973년이라는 시대적 맥락(특히 욤키푸르 전쟁-1973년 10월 6일부터 10월 25일까지 이스라엘과 아랍 연합군 사이에 일어난 네 번째 중동 전쟁)속에서 이 영화가 비록 흥행에는 성공했지만 사회적 합의를 얻은 작품은 아니었음을 보여준다.

출처: 쥘리앙 게르트네르(Julien Gaertner), 「1973년, 인종주의에 맞선 두 편의 프랑스 코미디: '서류 가방(La Valise)'과 '라비 자코브의 모험(Les Aventures de Rabbi Jacob)'」, 《옴므 & 미그라시옹(Hommes & migrations)》, 제1330호, 파리, 2020년.

**알리야(Alya)**

04년, 당시 이스라엘 총리 아리 샤론은 프랑스의 유대인들에게 "장 폭력적인 반유대주의의 확산 피해 가능한 빨리 이스라엘 이주하라"라고 촉구했다. 2015 에는 총리 베냐민 네타냐후가 다 와 같이 발언했다. "나는 프랑스 대인들에게 말합니다. 여러분의 래는 이곳에 있습니다. 조국으로 가오십시오. (…) 우리는 대규모 리야를 기다리고 있습니다."

리아('올라감'을 뜻하는 히브리 는 유대인이 이스라엘로 이주 결정을 뜻하는데, 실제로 그 프랑스에서의 알리야 수는 사상 고치를 기록했다. 특히 2015년 파리의 이페르 카셰르(Hyper cher, 유대교식 코셔 식품을 판매 는 슈퍼마켓)에 대한 테러 공격 후, 감정적 충격과 두려움이 이주 부추겼다. 하지만 유대인을 세계 초로 해방시켰던 나라를 떠나 역 적으로도 유대인에게 가장 위험 나라 중 하나인 이스라엘로 향 는 이동에는 아이러니가 존재한 . 2022년, 프랑스에서는 2,251명 알리야를 선택해 이스라엘로 이 했다.

**2023년 10월 7일 이후, 좌파 일부는 유대인 공동체와 완전히 연대하지 않았다. 이것은 드레퓌스 사건 이래로 가장 근본적인 단절이다."**

— 앤 신클레어 (Anne Sinclair), 〈RCJ 라디오〉 인 터뷰, 2025년 1월 5일.

## 사전 속의 단어

하스바라(Hasbara) 용어는 히브리 어로 문자 그대로 "설명", "홍보"를 뜻하지만, 일반적으로는 이스라엘 의 선전 활동 또는 정부 및 다양한 친이스라엘 단체들이 국제적으로 이스라엘의 긍정적인 이미지를 홍보하기 위해 펼치는 커뮤니케이 션 및 홍보 노력을 가리키는 말로 사용된다. 실제로 하스바라의 목적 은 국제 여론에 영향을 미치고, 이스라엘에 대한 허위 정보와 비판 에 대응하며, 국가의 정책과 행동을 옹호하는 데 있다. 이러한 활동은 공식 연설과 공개 성명부터 시작해, 소셜미디어 캠페인, 기고문 작성, 문화 행사 개최, 심지어는 유명인사 나 인플루언서를 활용해 이스라엘 에 대한 긍정적 메시지를 전파하는 일까지 매우 다양한 커뮤니케이션 전략을 포함한다.

출처: www.yaani.fr

## 정의 (定義)

유대인이란 누구인가? 유대성(유대인 정체성)은 어떻 게 정의되는가? 이스라엘 국가는 오랫동안 이 질문을 회피해왔다. 그러다 1970년에 이르러서야 이스라엘 대법원이 다음과 같이 결론을 내렸다. 유대인은 유대 인 어머니에게서 태어났거나 유대교로 개종한 사람이 며, 다른 종교에 속하지 않는 자를 말한다. 그러나 이 정의는 무신론자의 지위를 모호하게 남겨두었다. 또 한, '유대인 어머니란 과연 무엇인가?'라는 질문 역시 여전히 남아 있다.

출처: Alain Gresh, 「이스라엘, 팔레스타인, 갈등에 대한 진 실들」(2023년 10월 7일 이후 개정판), 파야르, 파리, 2024.

## 후회

케네스 스턴(Kenneth Stern)은 홀로코스트 기억을 위한 국제 연합(IHRA) 의 반유대주의 정의 초안 작성을 총괄한 인물로, 이 정의는 특히 프랑스 를 포함한 여러 나라에서 채택되었다. 프랑스 국회는 2019년에 이 정의를 채택했다. 그러나 같은 해, 이 미국인 법률가는 영국 일간지 〈가디언〉에서 이 정의가 남용되고 있다고 우려를 표했다.(2019년 12월 13일자) 그는 이 렇게 말했다. "만약 내가 1948년에 쫓겨난 팔레스타인 가정에서 태어났 다면, 시오니즘에 대해 지금과는 다른 시각을 가졌을지도 모른다. 그것은 유대인들이 인류를 해치기 위해 음모를 꾸민다고 믿어서가 아닐 것이다. 게다가 유대인이 시오니스트여야 하는지의 문제는 공동체 내에서도 논 쟁거리다. 이 문제에 명확한 결론이 있을지는 모르겠지만, 모든 유대인은 정부가 우리를 대신해 그 답을 내리는 상황을 두려워해야 한다."

## 「새로운 반유대주의」의 역사

- **1974년.** 벤저민 엡스타인과 아널드 포스터가 반명예훼손연맹(ADL) 소속으로 『The New Anti-Semitism』(맥그로-힐)을 출간한다.
- **1975년.** 1967년 6월 전쟁에서 이스라엘이 승리한 후, 남반구 국가들은 유엔 총회가 시온주의를 인종차별로 정의하도록 촉구한다. 투표를 며칠 앞둔 11월 3일, 당시 이스라엘 외무장관 아바 에반은 〈뉴욕타임스〉에 기고문을 실어, 처음으로 반시온주의를 포함하는 반유대주의의 정의를 구상한다. 그러나 11월 10일, 유엔 총회는 "시온주의는 인종차별의 한 형태이다"라는 제3379호 결의안을 채택한다.
- **1989년.** 당시 팔레스타인 해방기구(OLP) 의장이던 야세르 아라파트는 "팔레스타인에서 시온주의 및 제국주의 존재의 제거"를 주장한 해당 조직의 헌장을 더 이상 유효하지 않다고 선언한다.
- **1991년.** 유엔 총회는 제3379호 결의안을 철회한다. 이는 마드리드 회의에 이스라엘이 참여하는 조건이었으며, 이 회의는 오슬로 협정으로 가는 길을 열었다.
- **2005년.** 유럽연합 산하 인종차별 및 외국인혐오 감시기구(EUMC)는 웹사이트에 "반유대주의의 실용적 정의"를 게시한다. 이 정의에는 "현대의 반유대주의적 표현" 11가지 예시가 포함되며, 이 가운데 3가지는 이스라엘에 대한 비판과 관련되다.
- **2009년.** 영미권 국회의원들이 국제 반유대주 대응 의회연합(ICCA)을 창설한다. 이들은 유대인 및 "유대인 공동체로서의 이스라엘 국가"에 대한 공격에 대응하고자 EUMC의 정의를 지지한다. 캐나다 전 법무장관 어윈 코틀러는 2월 22일 〈예루살렘 포스트〉에 "새로운 반유대주의"를 이론화한다. 그는 유대인 개인에 대한 공격과 유대 민족국가에 대한 비판은 본질적으로 동일하다고 본다.
- **2013년.** EUMC는 반유대주의의 실용적 정의를 웹사이트에서 삭제한다.
- **2016년.** 5월 26일, 국제 홀로코스트 기억 연합(IHRA)은 EUMC의 정의를 채택하고, 반시온주의와 반유대주의를 혼동하는 예시들을 강화한다. 12월 12일, 영국은 IHRA의 정의와 예시 11가지를 공식 채택한다.
- **2017년.** 에마뉘엘 마크롱 프랑스 대통령은 벨디브 대규모 유대인 검거 추모식에서, 베냐민 네타냐후 이스라엘 총리(그를 "친애하는 비비"라 부르며) 앞에서 다음과 같이 선언한다. "우리는 증오의 메시지에 굴복하지 않을 것입니다. 우리는 반시온주의에도 굴복하지 않을 것입니다. 반시온주의는 재창조된 반유대주의의 한 형태이기 때문입니다."
- **2019년.** 2월 18일, 프랑스에서는 국회 내 반유대주 연구 그룹이 반시온주의를 처벌 대상으로 제안한다. 12월 3일, 집권당 '레퓌블리크 앙 마르슈'(LREM, 전진하는 공화국)의 실뱅 마이야르 의원의 제안으로, 154명의 의원이 IHRA의 반유대주의 정의 채택을 제안하는 결의안에 찬성표를 던진다(반대 72명). 12월 11일, 미국 대통령 도널드 트럼프는 동일한 정의를 행정명령으로 채택한다.
- **2022년.** 6월 22일, 이스라엘도 IHRA의 정의를 채택한다.
- **2024년.** 독일은 IHRA의 정의에서 영감을 받아 반유대주의에 대한 결의안을 채택한다. 이 결의안은, 특정 상황에서 이스라엘에 대한 비판이 반유대주의로 간주될 수 있다고 규정한다.

## 정의 (Justice)

2024년 11월 26일, '가자 지구에서의 집단학살 공모 및 집단학살 선동' 혐의로 익명의 피고인(X)을 상대로 한 민사참가 형사고소가 프랑스 파리 사법재판소 반인도범죄 담당 수석 수사판사에게 접수되었다. 고소인은 가자 지구에 친인척 13명이 있는 프랑스-팔레스타인계 여성으로, 1994년에 설립된 반시오니즘 단체 '프랑스 평화를 위한 유대인 연합(UJFP)'의 지지를 받아 고소를 제기했다.

출처: www.lemonde.fr, 2024년 11월 27일.

## 소란

2004년 8월 5일, 빌뢰르반에서 미카엘 T.는 마그레브(북아프리카) 출신의 행인을 도끼로 공격했다. "우리는 피네아스(Phinéas)라는 네오나치 분파다. 우리는 히틀러의 제2의 군대이며, 리옹은 히틀러의 늑대들의 사냥터가 될 것이다" — 경찰에 이 공격을 자처하는 편지가 도착했고, 또 다른 편지는 지역 신문 〈르 프로그레(Le Progrès)〉에 도착했다. 신문이 이를 무시한 데 실망한 그는, 나중에 공공 검사에게 말하길 "좀 더 주목을 받을 수 있는 행동"을 고민했다면서. 4일 뒤 그는 유대인 묘지 훼손에 나섰다. "사람들은 묘지 훼손에 더 주목하니까요"라고 그는 설명했다. 한편, 언론과 라디오, 텔레비전은 실제로 이러한 만행에 많은 보도를 쏟아냈다. 검사는 "그는 인정받기를 원했다"라고 말했다. 그 목표를 이룬 미카엘 T.는 파리의 구트 도르(Goutte-d'Or) 경찰서로 가서 히틀러식 경례를 한 뒤, 경찰에게 자신의 도끼를 넘겼다.

## 불명예

2023년 10월 30일 월요일. 뉴욕 유엔 안전보장이사회 회의장에서 충격적인 장면이 연출되었다. 이스라엘의 유엔 대사 길라드 에르단(Gilad Erdan)이 자신의 정장 재킷에 큼지막한 노란색 별(유대인을 식별하기 위해 나치가 사용했던 상징)을 달고 나타난 것이다. 그는 이 행동을, 3주 전 하마스가 이스라엘 남부에서 자행한 '잔혹행위'에 대해 유엔이 침묵하고 있는 것에 대한 항의라고 주장했다. 베냐민 네타냐후 이스라엘 총리의 전직 고문이기도 한 그는 이를 '침묵을 고발하는 제스처'라 정당화했다. 그러나 예루살렘의 홀로코스트 추모관 야드 바셈(Yad Vashem)의 관장 다니 다얀(Dani Dayan)은 단호히 비판했다. "이 행위는 홀로코스트 희생자들과 이스라엘 국가 자체를 욕되게 하는 일이다."

## 이미

"우리는 또 다른 형태의 반유대주의가 성장하는 것을 목도하고 있다 (…) 그것은 좌파적이며 제3세계주의적 뿌리를 가진 것으로, 동일한 혐오를 '새롭게 꾸며' 되풀이하고 있다."

— 프랑수아 바이루, 〈Tribune juive〉, 2001년 11월 22일.

## RER D

2004년 7월, 파리의 RER D 열차 안에서 젊은 마그레브(북아프리카)계와 아프리카계 청년들이 반유대주의적 폭행을 저질렀다는 혐의를 받았다. 이 사건은 언론의 대대적인 보도를 촉발했다. 7월 11일, 〈유럽 1〉 방송은 "특히 야만적인 공격"이라며 분노했고, 같은 날 〈프랑스 2〉는 "끔찍한 반유대주의적 폭행"이라며 이를 뒤따랐다. 다음 날 〈리베라시옹〉은 한층 극적인 논조로 보도했다. "반유대주의, 반시온주의, 반자본주의가 역사상 가장 암울했던 시기의 방식으로 뒤섞였다." 하지만 곧이어 폭행 사건은 조작된 것으로 드러났다. 자칭 피해자는 실상 그와 같은 피해 사실이 없었으며, 전모를 조작한 인물로 드러났다.

## 후원자 명단

| | |
|---|---|
| Rim | 최주연 |
| Zard | 김세연 |
| 구슬기 | 김정아 |
| 권송은 | 김진주 뽀미니맘 |
| 김태형 | 김진화 |
| 문보경 | 설규민 |
| 박선영 | 손유정 |
| 박성호 | 시수경 |
| 유혜령 | 오수길 |
| 이동진 | 오주석 |
| 이한석 | 우보람 |
| 정재린 | 유정민 |
| 최재원 | 이상욱 |
| 최재호 | 이아에 |
| 추성목 | 장유경 |
| 한종서 | 정포피 |
| 서재은 | 조현혁 |
| 손원재 | 황지원 |
| 윤수민 | 황지하 |
| 이은미 | |

마니에르 드 브아르 〈Why?〉 시리즈 Selection_20
첫 걸음에 동행해주셔서 감사합니다.
저희와 맺은 인연 소중하게 이어가겠습니다.

# 유대인은 왜?
―유대주의를 버린 유대인들―

마니에르 드 부아르(Manière de voir) Selcection_20
copyright© All rights reserved.

| | |
|---|---|
| **펴낸곳** | ㈜르몽드코리아 |
| **주소** | 서울특별시 마포구 양화로 1길 83 석우빌 1층 |
| **홈페이지** | www.ilemonde.com |
| **이메일** | info@ilemonde.com |
| **전화** | 02-777-2003 |
| **팩스** | 070-4009-6502 |

| | |
|---|---|
| **초판 1쇄 발행** | 2025년 8월 25일 |
| **출판등록** | 2009. 09. 제1014-000119 |
| **ISBN** | 979-11-92618-82-1 |

| | |
|---|---|
| **지은이** | 세르주 알리미, 브누아 브레빌 외 |
| **펴낸이** | 성일권 |
| **편집인** | 이종훈 |
| **편집위원장** | 방명수 |
| **편집위원** | 안치용 김민정 서곡숙 이윤진 김창주 양근애 |
| **디자인·커뮤니케이션** | 유주희 |
| **번역·교열** | 르몽드코리아 편집팀 |
| **인쇄처** | 디프넷 |

이 책의 한국어판 판권은 ㈜르몽드코리아에 있습니다.
저작권법에 따라 보호를 받는 저작물이므로 무단 전재와 복제,
광전자 매체 수록 등을 금합니다. 이 책의 전부 또는 일부를 이용하려면
반드시 ㈜르몽드코리아의 동의를 받아야 합니다.